工信精品**工业互联网**
系列教材

U0647188

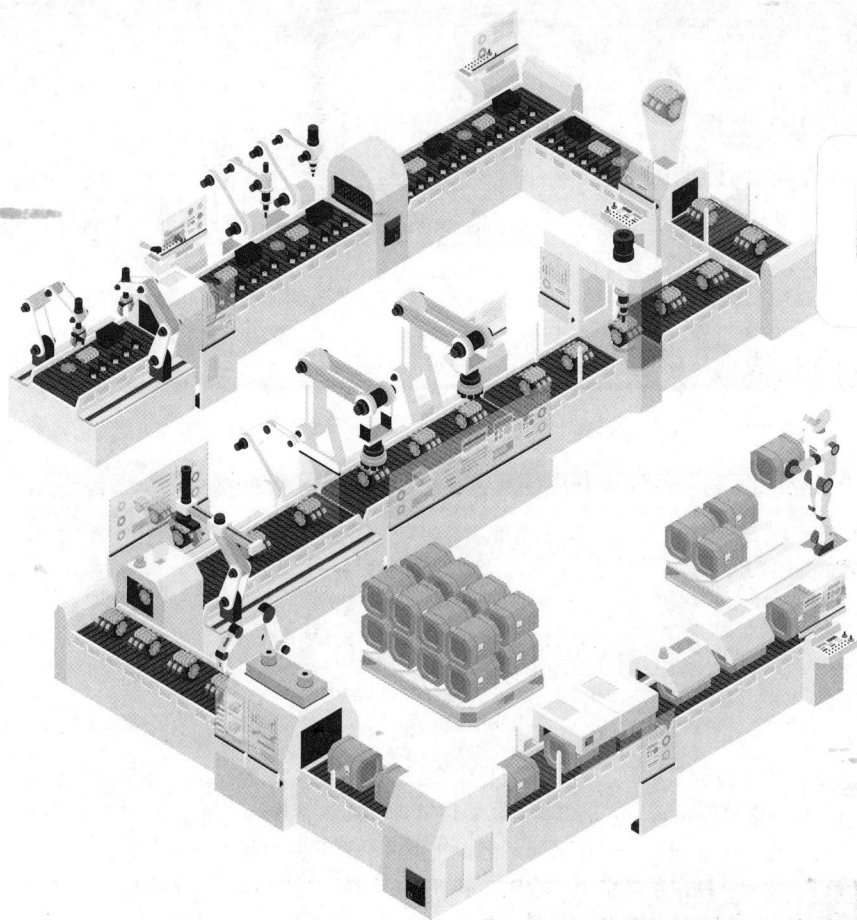

工业互联网
项目管理

微课版

庄文雅　欧阳欣◎主编

黄兰　黄晖　姚达平◎副主编

人民邮电出版社

北　京

图书在版编目（CIP）数据

工业互联网项目管理：微课版 / 庄文雅，欧阳欣主编. -- 北京 : 人民邮电出版社，2025. --（工信精品工业互联网系列教材）. -- ISBN 978-7-115-67071-7

Ⅰ. F403-39

中国国家版本馆 CIP 数据核字第 2025UU8077 号

内 容 提 要

本书以工业互联网工程项目为研究对象，以工程项目生命周期为主线，系统介绍工程项目建设全过程的管理方法和工具，重点阐述经济评价、进度管理、费用管理和质量管理等内容。全书共 10 个模块，包括工业互联网项目管理基础知识、项目团队与沟通、工业互联网项目可行性研究与经济评价、工业互联网项目进度管理、工业互联网项目费用管理、工业互联网项目质量管理、工业互联网项目风险管理、工业互联网项目安全管理、工业互联网项目信息管理、工业互联网项目竣工验收。每个模块均提供了项目案例，帮助读者理解和巩固所学的内容。

本书可作为职业院校工业互联网、项目管理、工程造价及其他相关专业的教材，也可供工程建设的项目管理人员学习参考。

◆ 主　　编　庄文雅　欧阳欣
　　副主编　黄　兰　黄　晖　姚达平
　　责任编辑　刘晓东
　　责任印制　王　郁　焦志炜
◆ 人民邮电出版社出版发行　　北京市丰台区成寿寺路 11 号
　　邮编　100164　电子邮件　315@ptpress.com.cn
　　网址　https://www.ptpress.com.cn
　　三河市君旺印务有限公司印刷
◆ 开本：787×1092　1/16
　　印张：15.5　　　　　　　　　　　2025 年 8 月第 1 版
　　字数：395 千字　　　　　　　　　2025 年 8 月河北第 1 次印刷

定价：59.80 元

读者服务热线：(010)81055256　印装质量热线：(010)81055316
反盗版热线：(010)81055315

前　言

党的二十大报告指出："推进新型工业化，加快建设制造强国"。本书结合企业生产实践，科学选取典型案例题材和安排学习内容，在学习者学习专业知识的同时，激发爱国热情、培养爱国情怀，树立绿色发展理念，培养和传承中国工匠精神，筑基中国梦。

本书结合工程项目管理发展趋势，以工业互联网项目为研究对象，融合全过程工程咨询、现场工程师等发展元素，力求内容更具系统性、完整性、时效性。本书内容涵盖工业互联网项目管理基础知识、项目团队与沟通、工业互联网项目可行性研究与经济评价、工业互联网项目进度管理、工业互联网项目费用管理、工业互联网项目质量管理、工业互联网项目风险管理、工业互联网项目安全管理、工业互联网项目信息管理、工业互联网项目竣工验收等知识领域，帮助读者全面了解项目管理的全过程和全内容。

本书的编写着重突出职业教育的实用性与应用性，融入了一级建造师、造价工程师、监理工程师等执业资格考试的相关内容，便于读者考证。本书以我国现行有效的工程标准、规范和规程为依据，紧密结合国家工业互联网项目建设实际，体现当今社会发展热点，对接旺盛的工业互联网工程项目市场人才需求。

本书的编写充分考虑了读者的需求和学习习惯，以简洁明了的语言阐述项目管理的基本概念，通过生动的案例和实用的技巧展示项目管理的实际应用。在学习过程中，建议读者采取以下方法。

（1）带着问题学习。在阅读过程中，尝试提出问题并寻求答案，有助于加深理解和记忆。

（2）注意实践操作。理论学习固然重要，但实践才是检验真理的唯一标准。尝试将所学知识应用到实际项目中，以提高实际操作能力。

（3）多角度思考。项目管理涉及多个领域和学科，需要从不同角度思考问题。尝试从多个角度分析问题，以培养全面的项目管理思维。

本书由广东轻工职业技术大学庄文雅、欧阳欣任主编，广东轻工职业技术大学黄兰、中邮消费金融有限公司黄晖和长讯通信服务有限公司姚达平任副主编。其中模块一由庄文雅、欧阳欣编写，模块二、模块三、模块四、模块五、模块六、模块七、模块九由庄文雅、黄晖编写，模块八、模块十由黄兰、姚达平编写。庄文雅负责统稿。

由于编者的经验和水平有限，书中难免有疏漏之处，恳请广大读者批评指正。

编　者
2025 年 3 月

目　录

模块一

工业互联网项目管理基础知识

【情境导入】

　　某制造企业计划引入工业互联网技术，将其生产线升级为智能生产系统，以提高生产效率、降低成本和提升产品质量。为了确保项目的顺利实施，需要对该项目进行全面的规划、执行和控制。本模块将介绍工业互联网项目管理的基础知识，包括工业互联网概述、工程项目管理概述、工业互联网工程项目建设程序及全生命周期管理、工业互联网工程项目管理模式、工程项目的分解与计划和全过程工程咨询等内容。

【学习目标】

- 了解工业互联网的概念、发展历程和应用领域。
- 理解工程项目管理的基本概念。
- 熟悉工业互联网工程项目的建设程序和全生命周期管理所包含的阶段。
- 理解工业互联网工程项目不同的管理组织模式。
- 掌握工程项目的分解与计划方法。
- 了解全过程工程咨询的主要内容及发展历程。

【能力目标】

- 能够解释工业互联网在工业领域的应用和优势。
- 能够描述项目管理在工业互联网项目中的重要性和作用。
- 能够识别和解释项目不同阶段的关键要素和活动。
- 能够识别不同工程项目管理组织模式的特点及优缺点。

- 能够分解工程项目并制订详细的工程项目计划。

【素质目标】

- 提高对工业互联网技术的理解和认知，培养对新兴技术的敏感度和适应能力。
- 培养项目管理思维和能力，具备对项目进行规划、组织、执行和控制的能力。
- 培养问题分析和解决能力，能够识别和解决工业互联网项目中的挑战和难题。
- 培养持续学习和自主学习的能力，能够跟踪工业互联网技术和项目管理领域的最新发展。

【知识链接】

任务一 工业互联网概述

近年来，新一轮科技革命和产业变革促进产业快速发展，互联网由消费领域向生产领域快速延伸，工业经济由数字化向网络化、智能化深度拓展，互联网创新发展与新工业革命形成历史性交汇，催生了工业互联网。工业互联网的概念最早由美国的通用电气公司提出，2012 年美国通用电气公司发行了工业互联网白皮书，旨在快速发展工业领域核心技术、重构美国工业化体系、降低工业能源消耗。几乎在同一时期，德国提出了"工业 4.0"国家战略，并积极规划交通、医疗、能源、制造等多领域的创新发展。

2017 年，《国务院关于深化"互联网+先进制造业"发展工业互联网的指导意见》正式印发，成为我国工业互联网发展的纲领性文件。2021 年，《中华人民共和国国民经济和社会发展第十四个五年规划和 2035 年远景目标纲要》发布，提出积极稳妥发展工业互联网，并将工业互联网作为数字经济重点产业，提出打造自主可控的标识解析体系、标准体系、安全管理体系，加强工业软件研发应用，培育形成具有国际影响力的工业互联网平台，推进"工业互联网+智能制造"产业生态建设。

1.1.1 工业互联网的定义

工业互联网（Industrial Internet）是新一代信息通信技术与工业经济深度融合的新型基础设施、应用模式和工业生态，通过对人、机、物、系统等的全面连接，构建起覆盖全产业链、全价值链的全新制造和服务体系，为工业乃至产业数字化、网络化、智能化发展提供了实现途径，是第四次工业革命的重要基石。

工业互联网不是互联网在工业的简单应用，而是具有更为丰富的内涵和外延。它以网络为基础、平台为中枢、数据为要素、安全为保障，既是工业数字化、网络化、智能化转型的基础设施，也是互联网、大数据、人工智能与实体经济深度融合的应用模式，同时也是一种新业态、新产业，将重塑企业形态、供应链和产业链。

当前，工业互联网融合应用向国民经济重点行业广泛拓展，形成平台化设计、智能化制造、网络化协同、个性化定制、服务化延伸、数字化管理六大新模式，赋能、赋智、赋值作用不断显现，有力地促进了实体经济提质、增效、降本、绿色、安全发展。

人类社会历史上经历了四次重大工业变革。第一次工业革命发生于 18 世纪末至 19 世纪初的英国，以蒸汽机的发明和运用为标志。第二次工业革命发生在 19 世纪 60 年代至 20 世纪初的欧洲和美国，以电力、内燃机和大规模生产方法的应用为特征。第三次工业革命发生于 20 世纪 70 年代末至 80 年代初，以信息技术的发展和应用为核心。第四次工业革命是在第三次工业革命的基础上发展起来的，工业互联网作为第四次工业革命的重要组成部分，通过数字化、智能化和互联化的手段，推动了传统工业向智能制造的转型。它为企业提供了实现生产方式转变、构建产业生态系统和提升竞争力的关键技术和解决方案。

1.1.2 工业互联网体系

工业互联网包含网络、平台、数据、安全四大体系。

一、网络体系

工业互联网网络体系包括网络互联、数据互通和标识解析三部分。网络互联实现要素之间的数据传输，包括企业外网、企业内网。典型技术包括传统的工业现场总线、工业以太网以及创新的时间敏感网络、确定性网络、5G 等。企业外网根据工业高性能、高可靠、高灵活、高安全网络需求建设，用于连接企业各地机构、上下游企业、用户和产品。企业内网用于连接企业内人员、机器、材料、环境、系统，主要包含信息网络和控制网络。当前，内网技术发展呈现三个特征：信息网络和控制网络正走向融合，工业现场总线向工业以太网演进，工业无线技术加速发展。

数据互通是指通过对数据进行标准化描述和统一建模，实现要素之间传输信息的相互理解，数据互通涉及数据传输、数据语义语法等不同层面。其中，数据传输典型技术包括开放性生产控制和统一架构（Open Platform Communications Unified Architecture，OPC UA）、消息队列遥测传输（Message Queuing Telemetry Transport，MQTT）、数据分发服务（Data Distribution Service，DDS）等；数据语义语法主要指信息模型，典型技术包括语义字典、自动化标记语言、仪表标记语言等。

标识解析实现要素的标记、管理和定位，由标识编码、标识解析系统和标识数据服务组成，通过为物料、机器、产品等物理资源和工序、软件、模型、数据等虚拟资源分配标识编码，实现物理实体和虚拟对象的逻辑定位和信息查询，支撑跨企业、跨地区、跨行业的数据共享共用。

二、平台体系

工业互联网平台体系包括边缘层、基础设施即服务（IaaS）、平台即服务（PaaS）和软件即服务（SaaS）四个层级，相当于工业互联网的"操作系统"，有四个主要作用。

一是数据汇聚。网络层面采集的多源、异构、海量数据，传输至工业互联网平台，为深度分析和应用提供基础。

二是建模分析。工业互联网平台提供大数据、人工智能分析的算法模型和物理、化学等各类仿真工具，结合数字孪生、工业智能等技术，对海量数据挖掘分析，实现数据驱动的科学决策和智能应用。

三是知识复用。工业互联网平台将工业经验知识转化为平台上的模型库、知识库，并通过工业微服务组件方式，方便二次开发和重复调用，加速共性能力沉淀和普及。

四是应用创新。工业互联网平台面向研发设计、设备管理、企业运营、资源调度等场景，提供各类工业 App、云化软件，帮助企业提质增效。

三、数据体系

数据是实现数字化、网络化、智能化的基础，没有数据的采集、流通、汇聚、计算、分析，各类新模式就是无源之水，数字化转型也就成为无本之木。工业互联网数据的价值在于分析利用，分析利用的途径必须依赖行业知识和工业机制。制造业规模庞大、门类丰富，不同行业、不同企业、不同场景之间千差万别，每个模型、算法背后都需要长期积累和专业队伍，只有精耕细作才能发挥数据价值。工业互联网运用的数据来源于"研产供销服"各环节，"人材机法环"各要素，企业资源计划（Enterprise Resource Planning，ERP）、可编程逻辑控制器（Programmable Logic Controller，PLC）等系统，复杂度远超消费互联网，面临采集困难、格式各异、分析复杂等挑战。

工业互联网数据涉及的主体较多，包括含有研发设计数据、生产制造数据、经营管理数据的工业企业，含有平台知识机制、数字化模型、工业 App 信息的工业互联网平台企业，含有工业网络通信数据、标识解析数据的基础电信运营企业、标识解析系统建设运营机构等工业互联网基础设施运营企业，含有设备实时数据、设备运维数据、集成测试数据的系统集成商和工控厂商，以及含有工业交易数据的数据交易所等。

四、安全体系

工业互联网安全体系涉及设备、控制、网络、平台、工业 App、数据等多方面网络安全问题，其核心任务就是要通过监测预警、应急响应、检测评估、功能测试等手段确保工业互联网健康有序发展。

与传统互联网安全相比，工业互联网安全具有三大特点。一是涉及范围广。工业互联网打破了传统工业相对封闭可信的环境，网络攻击可直达生产一线。联网设备的爆发式增长和工业互联网平台的广泛应用，使网络攻击面持续扩大。二是造成影响大。工业互联网涵盖制造业、能源等实体经济领域，一旦发生网络攻击、破坏行为，则影响严重。三是企业防护基础弱。目前我国大多数工业企业安全意识、防护能力仍然薄弱，整体安全保障能力有待进一步提升。

1.1.3　工业互联网典型模式

工业互联网融合应用推动了一批新模式、新业态孕育兴起，提质、增效、降本、绿色、安全发展成效显著，初步形成了平台化设计、智能化制造、网络化协同、个性化定制、服务化延伸、数字化管理六大类典型模式。

一、平台化设计

平台化设计依托工业互联网平台，汇聚人员、算法、模型、任务等设计资源，实现高水平、高效率的轻量化设计、并行设计、敏捷设计、交互设计和基于模型的设计，变革传统设计方式，提升研发质量和效率。

二、智能化制造

智能化制造是互联网、大数据、人工智能等新一代信息技术在制造业领域的创新应用模式，可实现材料、设备、产品等生产要素与用户之间的在线连接和实时交互，逐步实现机器代替人生产。智能化是制造业未来发展的趋势。

三、网络化协同

网络化协同通过跨部门、跨层级、跨企业的数据互通和业务互联，推动供应链上的企业和合作伙伴共享客户、订单、设计、生产、经营等各类信息资源，实现网络化的协同设计、协同生产、协同服务，进而促进资源共享、能力交易以及业务配置优化。

四、个性化定制

个性化定制是面向消费者个性化需求，发展客户需求分析、敏捷产品开发设计、柔性智能生产、精准交付服务等系统，增强用户在产品全生命周期中的参与度，实现供需精准对接和高效匹配，是以低成本、高质量和高效率的大批量生产实现产品个性化设计、生产、销售及服务的一种制造服务模式。

五、服务化延伸

服务化延伸是制造与服务融合发展的新型产业形态，是指企业从原有制造业务向价值链两端高附加值环节延伸，从以加工组装为主向"制造+服务"转型，从单纯出售产品向出售"产品+服务"转变，具体包括设备健康管理、产品远程运维、设备融资租赁、分享制造、互联网金融等。

六、数字化管理

数字化管理是企业通过打通核心数据链，贯通生产制造全场景、全过程，基于数据的广泛汇聚、集成优化和价值挖掘，优化、创新乃至重塑企业战略决策、产品研发、生产制造、经营管理、市场服务等业务活动，构建数据驱动的高效运营管理新模式。

1.1.4　工业互联网的行业应用

工业互联网目前已全面融入 49 个国民经济大类，涉及原材料、装备、消费品、电子等制造业各领域，以及采矿、电力、建筑等实体经济重点产业，实现更大范围、更高水平、更深程度发展，形成了千姿百态的融合应用实践。

电子信息行业属于知识、技术密集型产业，产品细分种类多、生产周期短、迭代速度快，对

品质管控、标准化操作与规范化管理、市场敏捷化响应等要求较高。中国电子、华为、中兴等通过工业互联网开展设备可视化管理、产品良率提升、库存管理优化、全流程调度优化和多工厂协同等典型应用探索，一方面通过机器视觉、大数据分析等新技术提升质量管理、设备故障诊断、产品库存管理等环节的效率，另一方面通过建设互联工厂实现企业级决策优化和需求敏捷响应。

建筑行业具有项目建设周期长、资金投入大、项目关联方管理复杂、人员流动性强等特点，未来将走向以工业互联网、建筑信息模型（Building Information Modeling，BIM）等技术综合应用支撑下的工业化、智能化、绿色化。中建科工、广联达、三一筑工、北京建谊等企业利用工业互联网，探索数字化协同设计与集成交付、虚实融合的施工协同管理、装配式建筑智能制造等应用，实现建设项目全过程的虚拟执行和优化调整，大幅提升设计效率、施工质量、成本进度控制和安全施工水平。同时，面向建筑本身能耗优化、安全应急和访问控制等需求，部分领先建筑企业通过工业互联网开展能耗管理、资产监测运维、虚拟演练等应用探索，实现智能化、安全化运行。

家电行业具有技术更新速度快、产品研发周期短、产品同质化程度高等特点，当前主要面临个性化需求满足困难、生产精度效率要求高、订单交付周期长、质量管控力度不足、库存周转压力大等核心需求痛点。格力、海尔、美的、TCL 等轻工家电企业依托工业互联网开展规模化定制、产品设计优化、质量管理、生产监控分析及设备管理等应用探索，提升用户交互体验、产品一次合格率与生产效率，节省设备运维成本，满足用户个性化需求。

电力行业将"5G+工业互联网"与"发、输、变、配、用"全环节融合，形成新型控制监测网络，优化流程工艺，大幅减少碳排放，降低了清洁能源并网的不确定性，同时提升电动汽车和微电网等主体的接入能力，降低了上下游企业和用能客户的成本。中国华能、南方电网、国家电网、正泰集团、特变电工等发电侧、电网侧和用电侧企业及机构纷纷开展探索，形成发电侧设备预警与节能增效、电网侧调度优化与全流程集成管控、用电侧服务提质与用电策略优化等典型应用模式，分别实现设备故障提前预测和主动维修、电能量数据可测和用电成本降低。

与消费互联网相比，工业互联网有着诸多本质不同。一是连接对象不同。消费互联网主要连接人，场景相对简单。工业互联网连接人、机、物、系统以及全产业链、全价值链，连接数量远超消费互联网，场景更为复杂。二是技术要求不同。工业互联网直接涉及工业生产，要求传输网络的可靠性更高、安全性更强、时延更低。三是用户属性不同。消费互联网面向大众用户，用户共性需求强，但专业化程度相对较低。工业互联网面向千行百业，必须与各行业各领域技术、知识、经验、痛点紧密结合。上述特点决定了工业互联网的多元性、专业性、复杂性更为突出，也决定了发展工业互联网非一日之功、难一蹴而就，需要持续发力、久久为功。

任务二　工程项目管理概述

1.2.1　项目的概念与特征

一、项目的概念

美国项目管理协会、国际标准化组织、德国国家标准（DIN69901）以及 GB/T 37507—2025《项目、项目群和项目组合管理 项目管理指南》都对"项目"的定义进行了表述，其基本含义可概括为：项目是在限定条件下完成的具有明确目标的一次性事业或任务。

二、项目的特征

项目具有以下基本特征。

1. 一次性

项目的一次性又称单件性，是项目最主要的特征。不同的项目在实施环境、限制条件、寻求的结果、面临的风险等方面不可能完全相同，都有其独特性，而且在过程中具有不可逆性。因此，在实践中应根据具体项目的特殊情况，追求有针对性的创新管理，才能保证项目的一次性成功。

2. 目标性和约束性

任何项目都具有明确的目标，而且要求在一定约束条件下实现。当然，项目目标的制定要结合项目具体的限制条件，经过充分的分析论证才能保证其科学合理性。任何项目的实施，均受到项目资源的约束，这里的资源指人力、物力、资金及工期等。

3. 生命周期性

项目的一次性决定了每个项目都具有独特的生命周期，都有其产生、发展和结束时间，在不同阶段都有特定的任务，不同阶段管理的内容和方法也会有所不同。为便于管理和控制项目，一般将项目的生命周期划分为项目立项、项目实施、项目收尾、项目运营等阶段。实施项目管理时应对项目生命周期全过程进行系统管理。

4. 系统性

项目的系统性又称整体性。每个项目都是一个开放的复杂系统，是由人、技术、资源、时间、空间、信息等各种项目要素组合到一起，为实现项目特定系统目标而形成的有机整体。正因为项目具有系统性，所以要求局部必须服从整体、阶段必须服从全过程。只有协调好各种系统目标之间、各种项目要素之间、各种约束之间的关系，以项目全过程的整体优化作为项目管理的最高准则，才能保证项目的成功。

> **提问**　在生活中，有许多活动都符合项目的定义。请列出一项，结合项目的基本特征，说明它为什么可以称为项目。

1.2.2　工程项目

一、工程项目的概念及特征

工程项目的概念及特征

工程项目（建设项目）是指通过投资建设活动，按照一定的建设程序和质量要求，在一定时间和费用预算内获得为满足人们特定需求的建筑物或构筑物等固定资产的一次性事业，主要为人们的生产、生活提供场所或辅助工程设施。工程项目建设过程需要大量人力、物力的投入，也需要借助大型的施工机械设备。

工程项目是既有投资行为又有建设行为的典型、重要的项目类型。一般来说，工程项目有如下特征。

（1）工程项目往往规模庞大且不可移动。为满足人们使用功能上的需要，工程项目往往占据广阔的空间，而且与选定地点的土地相连、不可分割，一般从建造开始直至拆除均不能移动。当

前，由于城市建设的需要和土地的稀缺性，高层建筑、超高层建筑比比皆是。例如，2008 年 8 月竣工的上海环球金融中心，高 492m，地上 101 层、地下 3 层，占地面积 14 400m²，总建筑面积达 381 600m²；再如，国内第一高塔——广州塔，高度为 600m，建设用地面积 175 460m²，总建筑面积 114 054m²。

（2）工程项目建设周期长且具有单件性。由于工程项目实体工程量大、结构和实施环境复杂，因此建设周期长。另外，由于建造时间、地点、地形和地质条件、建设所需资源的差异以及工程项目业主对其功能和使用要求的不同，工程项目存在单件性。几乎不可能存在两个完全相同的工程项目。因此，工程项目只能单件处置而不能批量生产。另外，工程项目占用大量人力、物力和财力，建设过程又不产生效益，因此工程项目的建设应充分利用网络计划技术，尽可能缩短建设周期，及时投产或交付使用，更好地发挥其投资效益。

（3）工程项目建设过程具有程序性。建设工程项目需要遵循必要的建设程序和经过特定的建设过程。一般建设工程项目的全过程包括提出项目建议书、进行可行性研究、设计、建设准备、施工和竣工验收、交付使用等阶段。在不同阶段，工作内容、参与单位及人员均不相同，做好各阶段之间的沟通衔接很重要。对于企业自筹项目，根据需要可自行选择项目建议书或可行性研究，或者在设计阶段之前增加规划阶段。

（4）工程项目建设投资大。工程项目建设少则需要几百万、几千万元，多则需要数百亿、数千亿元的资金投入。例如，三峡工程动态投资约 2 500 亿元人民币，英法海底隧道工程耗资 150 亿美元。由于建设项目的投资额巨大、建设周期长、投资回收期长，其间的物价变动、市场需求、资金利率等相关因素的不确定性会带来较大风险。当前，工程项目向高空地下的发展及向智能化、绿色建筑方向的发展，使建设标准不断提高、建设难度加大。国际工程项目更是存在较大的政治风险、社会风险和经济风险。

（5）受建设环境影响大。建设环境包括自然环境和社会环境。工程项目建设多为露天作业，受水文、气象等因素影响较大；工程项目建设地点的选择常受到地形、地貌、地质等多种复杂因素的制约；工程实体规模庞大、结构复杂，施工中常涉及地下或高空作业，其施工安全问题尤为重要；建设过程所使用的建筑材料、施工机具等价格受到工程所在地物价等因素的制约。总而言之，制约工程建设的环境因素较多。

工业互联网工程项目除了工程项目的一般性特征，还具有自身的特殊性，表现在以下几方面。

（1）工业互联网数据具备"工业"属性。相比传统网络数据，工业互联网数据种类更丰富、形态更多样，主要有：以关系表格式存储于关系数据库的结构化数据，如生产控制信息、运营管理数据；以时间序列格式存储于时序数据库的结构化数据，如工况状态、云基础设施运行信息；以文档、图片、视频格式存储的半结构化或非结构化数据，如生产监控数据、研发设计数据、外部交互数据。

（2）工业互联网数据具备"互联网"属性。工业互联网数据具有实时性、可靠性、闭环性和级联性的特点。实时性，是指工业现场对数据采集、处理、分析等具有很高的实时性要求。可靠性，是指在数据采集、传输、使用等环节中都要保证数据的可靠性，确保工业生产经营安全稳定。闭环性，是指工业互联网数据需要支撑状态感知、分析、反馈、控制等闭环场景下的动态持续调整和优化。级联性，是指不同工业生产环节的数据间关联性强，单个环节数据泄露或被篡改，就有可能造成级联影响。

（3）工业互联网涉及的网络安全关乎国计民生，关系国家总体安全。随着工业互联网的发展，数据增长迅速、体量庞大，数据安全已成为工业互联网安全保障的主线，一旦数据遭泄露、篡改、滥用等，将可能影响生产经营安全、国计民生甚至国家安全，其重要性日益凸显。因此，工业互联网工程项目必须考虑网络安全问题。

二、工程项目分类

通过对工程项目进行分类，并对不同分类进行观察分析，可深入研究固定资产投资结构，加强宏观管理和调控，更好地发挥建设投资的经济效益和社会效益。

（1）按投资建设的用途分类，工程项目可分为生产性建设项目和非生产性建设项目。生产性建设项目是指直接用于物质生产或为物质生产服务的工程项目，如工业项目、农田水利项目、运输项目、能源项目等；非生产性建设项目是指用于满足人们物质文化生活需要的项目，如住宅项目、文教项目、卫生项目和公用事业建设项目等。工业互联网工程项目一般属于非生产性建设项目。

（2）按建设项目及投资的再生产性质分类，工程项目可分为基本建设项目（如新建、扩建、改建、迁建、重建项目）和更新改造项目（以改进技术、增加产品品种、提高质量、治理"三废"、改善劳动条件、节能减排为主要目的的项目）。

（3）按建设的总规模或总投资的大小分类，基本建设项目分为大型、中型及小型三类，更新改造项目分为限额以上和限额以下两类。我国具体的建设项目规模划分标准以现行的中央各部对所属建设项目的具体规定为准。

（4）按资金来源分类，工程项目可分为国家预算拨款项目、银行贷款项目、企业自筹项目、外资项目等。例如，通信运营商建设 5G 网络使用企业自有资金，为企业自筹项目；国家电子政务项目为国家预算拨款项目。不同资金来源的工程项目，建设程序略有差别。国家预算拨款项目按照省、市要求进行项目可行性研究，经发展和改革委员会批准并立项后，才能进行项目实施。企业自筹项目由企业自行决定是否进行项目可行性研究。

（5）按建设项目的投入产出属性分类，工程项目可分为经营性建设项目和非经营性建设项目（公益性建设项目）。经营性建设项目是指用于生产经营，以创造经济效益为主要目的的项目，如高速公路、水电站和房地产开发等项目；非经营性建设项目一般由政府投资，建成之后能产生社会效益，但很难用于生产经营以创造经济效益，如防洪工程、水土保持工程和生态环境工程等项目。

三、工业互联网项目类型

2022 年 11 月，工业和信息化部办公厅印发《2022 年第三批行业标准制修订和外文版项目计划》（以下简称《项目计划》）。围绕制造强国和网络强国建设，以推动高质量发展为主题，进一步加强重点和基础通用类标准制定，提升标准技术水平、创新能力和国际化程度，建立健全满足产业高质量发展的新型标准体系。《项目计划》以产业发展、市场需要、重点突出、成体系为编制原则，共安排行业标准制修订项目计划 971 项。其中，工业互联网被划分进新型基础设施标准项目计划表，共计 52 个项目，涉及工业互联网平台、工业互联网安全、工业互联网标识解析、5G+工业互联网应用、时间敏感网络、边缘计算等方向标准的制定。

从应用领域来看，工业互联网项目主要包括工业互联网平台建设、工业互联网融合创新应用项目等。工业互联网平台建设项目包括跨行业跨领域工业互联网平台、行业级工业互联网平台、专业型工业互联网平台等，这些平台能够为工业企业和行业提供数字化、网络化、智能化转型升级的技术支撑与服务。工业互联网融合创新应用项目则涵盖工业互联网全链接工厂、典型应用场景、"5G＋工业互联网"应用等，旨在推动工业互联网技术在生产实践中的深度融合与创新应用。

从技术融合的角度来看，工业互联网项目主要包括边缘计算技术、云计算与大数据技术、工业互联网安全技术、5G与工业互联网融合技术、人工智能与工业互联网融合技术、区块链与工业互联网融合技术、数字孪生与工业互联网融合技术、标识解析与工业互联网融合技术、工业互联网标准化技术等。这些项目通过工业互联网技术的创新与应用，提升工业生产的效率和质量。

1.2.3 项目管理

一、项目管理的概念

项目管理（Project Management）是项目管理者在有限的时间和资源约束条件下，为使项目取得成功，运用系统理论和方法对项目及其资源所进行的全过程、全方位的计划、组织、协调与控制，旨在实现项目特定目标的系统化管理过程。一般认为，项目管理的过程由以下五个基本过程组成，即启动工作过程、计划工作过程、执行工作过程、控制工作过程和收尾工作过程。

项目管理贯穿于项目的整个生命周期。项目管理是以项目经理负责制为基础的目标管理，项目管理的核心是目标控制。

二、项目管理与企业管理的区别

项目管理与企业管理的基本职能都是计划、组织、协调与控制，但两者又有明显的区别，主要区别如表 1.2.1 所示。

表 1.2.1　项目管理与企业管理的主要区别

项目管理	企业管理
一次性、单件性	重复性、批量生产
不确定因素多、资源不固定	不确定因素少、资源相对固定
有明确的结束时间	结束时间不明确
缺少成熟的管理经验	管理经验可以长期积累
以目标为导向的任务型管理	职能管理与作业管理相结合的实体型管理
目标是控制进度、费用、质量和客户满意度	目标是实现企业战略、实现稳定的利润增长
需要柔性的组织	需要稳定的组织
项目经理的作用非常重要	企业战略的确定、企业文化的建设非常重要

三、项目管理个人资质认证

1991 年，西北工业大学等单位倡导成立了我国第一个跨学科的项目管理专业学术组织——中国优选法统筹法与经济数学研究会项目管理研究委员会（Project Management Research Committee, China, PMRC），它的成立是中国项目管理学科体系开始走向成熟的标志。2001 年，PMRC 正式推出了中国的项目管理知识体系文件《中国项目管理知识体系》（Chinese-Project Management Body Of Knowledge, C-PMBOK）。2022 年，全国项目管理标准化技术委员会发布了国家标准《项目管理专业人员能力评价要求》（GB/T 41831—2022）以及其他一些项目管理标准，并于 2023 年推出了项目管理专业人员能力评价等级证书（Certified Strategic Project Manager，CSPM）。

1. IPMP

国际项目经理资质认证（International Project Manager Professional，IPMP）是国际项目管理协会（International Project Management Association，IPMA）在全球推行的四级项目管理专业资质认证体系（IPMA Four Level Certification）的总称。

PMRC 是 IPMA 的成员组织，是我国跨行业、跨地区的项目管理专业组织。PMRC 作为 IPMA 在中国的授权机构，于 2001 年 7 月开始全面在中国推行国际项目经理资质的认证工作。

IPMP 是对项目管理人员知识、经验和能力水平的综合评估证明，根据 IPMP 划分的认证等级获得 IPMP 各级项目管理认证的人员，将分别具有负责大型国际项目、大型复杂项目、一般复杂项目或具有从事项目管理专业工作的能力。IPMP 划分为四个等级，分别为 A 级、B 级、C 级、D 级，分别授予相应级别的证书。A 级认证对应国际特级项目经理，B 级认证对应国际高级项目经理，C 级认证对应国际项目经理，D 级认证对应国际助理项目经理。其中，A 级、B 级认证都可分为项目管理、项目集群管理、项目组合管理三个领域。

2. PMP

PMP（Project Management Professional）是指项目管理专业人士资质认证，由美国项目管理协会（Project Management Institute，PMI）发起，是严格评估项目管理人员知识技能水平的资质认证考试。

PMP 考试涵盖项目管理的五大过程组和十大知识领域，包括项目范围管理、时间管理、成本管理、质量管理、人力资源管理、沟通管理、风险管理、采购管理、干系人管理、整合管理等方面的内容。

1.2.4 工程项目管理

一、工程项目管理的概念

工程项目管理（Construction Project Management）是指通过一定的组织形式，用系统工程的观点、理论和方法对工程项目策划决策、设计施工、竣工验收等过程进行计划、组织、指挥、协调和控制的过程，以达到保证工程质量、缩短工期、提高投资效益的目的。工程项目管理的主要内容包括质量管理、费用（对于业主称为投资、对于承包商称为成本）管理、进度管理、合同管理、风险管理、信息管理、采购管理、职业健康与安全管理和组织协调。

二、工程项目三大目标之间的关系

传统的工程项目管理主要围绕工程项目三大目标，即进度、费用、质量目标而进行，而三大目标之间为对立统一的关系。在确定具体工程项目目标时，不能将三大目标割裂开来分别孤立地分析和论证，更不能片面强调某一目标而忽略对其他两个目标的不利影响，必须将进度、费用、质量三大目标作为一个系统统筹考虑，反复协调和平衡，力求实现整个目标系统最优。

不能奢望进度、费用、质量三大目标同时达到最优，不同的工程项目因项目的不同特点，项目目标管理呈现不同的侧重点。例如，房地产开发商在商品房开发项目中一般追求成本尽量低，核电站建设项目侧重于质量和安全的绝对可靠，奥运工程项目则要求保证工期。

三、工程项目管理的类型及工作内容

在一个工程项目实施过程中，往往由许多担任不同角色的参与方，承担不同的建设任务和管理任务，包括建设单位（项目业主）、项目使用者（客户）、勘察设计单位、施工单位、材料设备供应商、工程管理咨询服务单位、监理单位、政府主管部门与质量监督机构、工程质量检测机构以及其他利益相关者。各参与方的工作性质、工作任务和利益不尽相同，因此就形成了代表不同利益方的项目管理。

按工程项目不同参与方的工作性质和组织特征划分，工程项目管理的类型包括业主方的项目管理、设计方的项目管理、施工方的项目管理、材料设备供应方的项目管理和政府对工程项目的管理等。

1. 业主方的项目管理

业主方也指投资方，或代表业主利益的工程管理咨询公司。业主方的项目管理是指由项目业主或委托人对项目建设全过程进行的监督与管理。

即使采用工程总承包模式，业主方也需开展项目管理工作。例如，以项目实施阶段为例，业主方需完成以下任务。

（1）向政府有关部门办理相关批准手续，如办理施工许可证等。

（2）满足施工所需的水、电、道路等必备条件。

（3）协调设计、施工、监理等方面的关系，组织进行施工图会审和设计交底，组织竣工验收。

（4）督促检查合同执行情况，按合同规定及时支付各项款项等。

由于业主方是工程项目实施过程的总组织者和集成者，因此对于一个工程项目而言，业主方的项目管理往往是该项目的管理核心，业主方的项目管理贯穿工程项目建设全过程。

2. 设计方的项目管理

设计方的项目管理工作主要在设计阶段进行，但也涉及设计准备阶段、施工阶段、动用前准备阶段和保修阶段。设计方的项目管理任务包括：设计成本控制和与设计工作有关的工程造价控制、设计进度控制、设计质量控制、与设计工作有关的安全管理、设计合同管理、设计信息管理、与设计工作有关的组织和协调等。

3. 施工方的项目管理

施工方包括施工总承包方、施工总承包管理方和分包方。施工方施工期间主要项目管理任务如下。

（1）制订施工组织设计和质量保证计划，经监理工程师审定后组织实施。

（2）按施工计划组织施工，认真组织好人力、机械、材料等资源的投入，并向监理工程师提供年、季、月工程进度计划及相应进度统计报表。

（3）按施工合同要求在工程进度、成本、质量方面进行过程控制，发现偏差及时纠正。

（4）遵守有关部门对施工场地交通、施工噪声以及环境保护和安全生产等方面的管理规定，办理相关手续。

（5）按专用条款约定，做好施工现场地下管线和邻近建筑物、构筑物，以及有关文物、古树等的保护工作。

（6）保证施工现场清洁，使之符合环境卫生管理的有关规定。

（7）在施工过程中按规定程序，及时、主动、自觉接受监理工程师的监督检查，提供业主和监理工程师需要的各种统计数据报表。

（8）及时向委托方提交竣工验收申请报告，对验收中发现的问题及时整改。

（9）负责已完工程的保护工作。

（10）完整及时地移交有关工程资料档案。

4．材料设备供应方的项目管理

材料设备供应方作为项目建设的一个参与方，其项目管理任务具体如下。

（1）按合同规定的价格、时间、质量和数量提供设备和建设物资，并做好现场服务，及时解决有关设备的技术质量、缺损件等问题。

（2）按照合同约定，完成设备有关的包装、保险、运输、安装、调试、技术援助、培训等工作。

（3）保证提交的设备和建设物资与技术规范和委托文件的要求一致。

5．政府对工程项目的管理

政府对工程项目的管理是指政府为了履行社会管理的职能，维护社会公共利益，以相关法律法规、工程技术标准与规范为依据，由有关机构与部门对工程项目所进行的强制性监督和管理。政府对工程项目的管理属于宏观管理。

政府对工程项目管理的主要任务表现在以下方面。

（1）制定各种宏观经济政策及相关法律法规。例如，《中华人民共和国建筑法》《中华人民共和国招标投标法》等。

（2）制定国家、地区、行业发展规划等，对工程项目建设进行引导和调控。例如，有关部门2021年发布了《"十四五"数字经济发展规划》（要求建设可靠、灵活、安全的工业互联网基础设施，完善工业互联网等重点产业供应链体系）、《"十四五"智能制造发展规划》和《工业互联网综合标准化体系建设指南（2021版）》等。

（3）加强重要资源的管理。例如，国家对工程项目建设中土地资源的合理利用、对涉及矿产资源和其他重要自然资源的开发利用等规定了极为严格的审批程序与条件。

（4）环境与安全管理。例如，《中华人民共和国环境保护法》和《建设项目环境保护管理条例》要求工程项目在环境保护方面应做到环保设施与项目主体工程同时设计、同时开工和同时投产使用（"三同时"）。国家制定了项目建设和运营中在施工、生产、消防等方面的安全防护标准，工程项目在进行设计与施工时必须严格贯彻执行这些标准。

（5）加强市场准入。在充分发挥政府宏观管理作用的同时，发挥行业协会的作用，对工程项目参与主体和个人实行市场准入制度和个人执业资格制度。

（6）对工程项目建设重要环节的监督与管理。例如，在工程项目可行性研究阶段审查工程项目建设的可行性；在工程项目设计阶段审查工程项目的设计是否符合有关建设用地、城市规划的要求，审查工程项目是否符合建筑技术性法规、设计标准的规定；在工程项目施工招标投标阶段对施工招标投标过程进行监管；在工程项目施工阶段进行开工条件审核，施工阶段定期、非定期检查，竣工检查等。

1.2.5　工程项目管理的发展

一、工程项目管理在我国的发展

我国工程项目管理实践的历史非常早，较典型的有"丁谓建宫"，至今传为佳话。

北宋年间，地处开封的皇城不慎失火，使皇宫被焚，宋真宗诏令大臣丁谓限期修复。丁谓提出，首先把皇宫前的一条大街挖成一条大沟，取土烧砖；再将附近的汴河水引入沟内，形成一条临时运河，可将沉重的建筑材料用船直接送到工地；材料备齐后，再将水放掉，并把建筑垃圾统统填入沟内，这样又恢复了皇宫前宽阔的大道。此方案一举解决了取土、运输、清理废墟三方面的问题，以当时的施工条件，不但做到了提前完成工程，而且"省费以亿万计"。用现在的理论分析，丁谓在此过程中运用了综合思维，体现了运筹学的思想。

虽然我国工程项目管理实践的历史悠久，但真正将项目管理上升到理论与科学的层次是近代的事。我国从 20 世纪 80 年代初开始引进先进的工程项目管理理论和方法。国际金融组织贷款建设的项目，按其贷款规定，必须按国际惯例实行项目管理，这进一步加速了项目管理理论在我国的推广和应用。

1982 年，云南鲁布革水电站引水系统工程是我国第一个利用世界银行贷款，并按世界银行规定进行国际竞争性招标和项目管理的工程。当时，日本的大成公司以低于国内概算造价 43% 的报价中标，从正式开工到竣工，大成公司仅派了 30 名日方管理人员，采用非尖端设备和技术手段，靠科学管理，创造了造价、进度、质量三个高水平纪录。建设部（现为住房和城乡建设部）等五部委对其进行了经验总结，形成了著名的鲁布革工程项目管理经验，并在全国推广。

以此为契机，我国首先在施工企业中推行项目管理，于 1988 年开始推行建设工程监理制。国家先后颁布的一大批政策法规，使得工程项目管理有法可依，为工程项目管理在我国的推行和发展打下了坚实的基础。具有代表性的主要有：1999 年 8 月颁布，2017 年 12 月修订的《中华人民共和国招标投标法》；2000 年 1 月颁布，经 2017 年和 2019 年两次修订的《建设工程质量管理条例》；2003 年 11 月颁布的《建设工程安全生产管理条例》；2011 年 12 月颁布，经 2017 年、2018 年、2019 年三次修订的《中华人民共和国招标投标法实施条例》；2020 年 5 月颁布的《中华人民共和国民法典》。

目前，在我国工程建设领域主要的工程项目管理制度有招标投标制和工程建设监理制。

二、工程项目管理发展趋势

项目管理近 30 年来发展突飞猛进。项目管理呈现如下发展趋势。

1. 项目管理理论、方法、手段科学化

现代管理理论的科学化，包括系统论、信息论、控制论、行为科学等在项目管理中的应用；现代管理方法的应用，包括预测技术、决策技术、数理统计方法、模糊数学、线性规划、图论和排队论等；管理手段的科学化，最显著的是物联网、大数据、人工智能、云计算、5G 等新一代信息技术的应用，大大提高了项目管理的效率。

2. 项目管理的标准化和规范化

项目管理成为通用的管理技术，摆脱了经验型管理。标准化和规范化主要体现在：规范化的项目管理工作流程；统一的工程投资（成本）项目的划分和工程计量方法；信息系统的标准化，如信息流程、数据格式、文档系统、信息的表达形式以及工程文件的标准化；使用标准的合同条件、标准的招标投标文件等。

3. 项目管理信息化

2022 年 1 月住房和城乡建设部发布的《"十四五"建筑业发展规划》指出，要加快智能建造与新型建筑工业化协同发展，具体内容有完善智能建造政策和产业体系、夯实标准化和数字化基础、推广数字化协同设计、大力发展装配式建筑、打造建筑产业互联网平台、加快建筑机器人研发和应用、推广绿色建造方式等。

工程项目管理信息化主要体现在以下方面。

（1）信息化带来沟通交流方式的变革。随着现代信息技术的发展，视频会议、远程在线讨论组等技术的产生，使本地沟通和异地沟通的界限不再明显。

（2）利用工程项目管理信息系统或智慧项目管理平台，使目标控制更为有效。项目管理平台是工程项目管理领域信息化最为集中的体现之一，能够解决各参与方之间的信息孤岛问题，通过统一的网络入口，进行项目数据的交换和共享，在项目实施中能够进行及时有效的信息沟通与组织协调。

（3）BIM技术在工程项目管理中的应用，能够实现工程项目建设过程的可视化，提高模拟性、协调性、优化性，实现对项目目标的有效管控。BIM是利用数字模型对工程进行设计、施工和运营的技术，是三维可视化的数字建设模型。BIM技术通过数字信息仿真模拟建设方案具有的信息，包括三维几何形状信息，如建筑构件的材料、性能、价格、重量、位置、进度等，使建设工程在其整个进程中显著提高效率、支持项目生命周期管理。BIM技术作为一种全新的计算机应用技术，在全世界范围内得到了广泛的推广与应用。尤其在美国，BIM技术的研究和应用起步较早并具备一定规模，各大设计事务所、承包商和业主纷纷主动在工程项目中应用BIM技术。上海中心大厦项目是我国首个全面应用BIM技术的标杆工程。我国越来越多的工程项目在不同阶段和不同程度上使用BIM技术。

任务三　工业互联网工程项目建设程序及全生命周期管理

1.3.1　工业互联网工程项目建设程序

工程项目建设程序的阶段划分如图1.3.1所示。

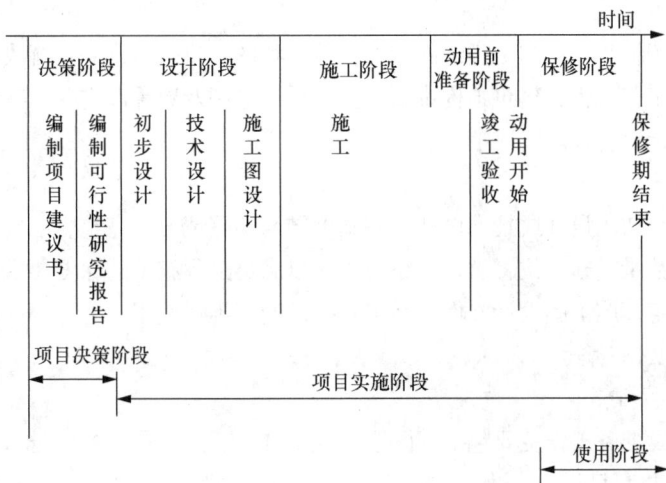

工业互联网工程项目建设程序及全生命周期管理

图1.3.1　工程项目建设程序的阶段划分

我国的工程项目建设程序及具体运作过程中的工程项目管理制度经过了一个不断完善的过程，与计划经济时期相比较，关键性的变化如下。

（1）在投资决策阶段实行了项目决策评估制。

（2）交易阶段实行了招标投标制。

（3）实行了工程建设监理制。

这些变化使我国工程建设进一步顺应了市场经济的要求，并且与国际惯例趋于一致。

一、项目建议书阶段

项目建议书是业主单位向国家提出的要求建设某一建设项目的建议文件，是对建设项目的轮廓设想，是从拟建项目的必要性、产品方案、拟建规模、建设地点、建设条件等方面加以论证的。批准的建设项目要符合国民经济长远规划，符合部门、行业和地区规划的要求。

二、可行性研究阶段

可行性研究是通过对市场、技术、经济、环境等方面的深入论证和评价，经过多方案比较，提出最佳项目方案，为项目决策提供依据的过程。可行性研究报告经批准，项目才算正式立项。经批准后的可行性研究报告是初步设计的依据，不得随意修改和变更。如果在建设规模、产品方案、主要协作关系等方面有变动以及突破控制数额时，应经原批准机关同意。

三、设计阶段

我国大中型建设项目一般采用两阶段设计，即初步设计和施工图设计。技术上比较复杂而又缺乏设计经验的重大项目和特殊项目采用三阶段设计，即初步设计、技术设计、施工图设计。

1. 初步设计

初步设计是根据可行性研究报告的要求制定具体实施方案，目的是在指定地点、时间和投资控制数额内，做出技术上可行、经济上合理的设计和规定，并编制项目总概算。初步设计不得随意改变被批准的可行性研究报告所确定的建设规模、产品方案、工程标准、建设地址和总投资等控制指标。

2. 技术设计

技术设计是基于初步设计和更详细的调查资料进行的，目的是进一步解决初步设计中的重大技术问题，如复杂工艺流程、建筑结构难点、关键设备选型及数量确定等，使建设项目的设计更可靠，技术经济指标更合理。

3. 施工图设计

施工图设计是在初步设计或技术设计的基础上结合实际情况，完整、准确地表达出项目采用的各类设备型号和数量、施工位置、走线路由等，以满足工程施工的深度要求。我国《建设工程质量管理条例》规定，施工图设计文件未经审查批准的，不得使用。

四、施工阶段

建设单位的建设准备工作主要包括：征地、拆迁和"三通一平"（指水通、电通、路通和场地平整），组织设备、材料订货，建设工程报建，委托工程监理，组织施工招标投标、择优选定施工单位，办理施工许可证等。

施工是把设计蓝图变成工程实体的过程，是设计意图的实现过程，也是投入最大、管理最为复杂的阶段。按照规定，工程第一次破土动工的日期为正式开工日期。在施工阶段，施工单位应当认真做好图样会审工作，参加设计交底，了解设计意图，明确质量要求，按图施工；选择合适的材料供应商和合格的分包商，做好人员培训和技术交底；按照施工合同和批准的施工组织设计合理组织施工，建立并落实技术管理、质量管理体系；中间质量验收和竣工验收环节严格把关，经过竣工验收合格，将工程移交给建设单位。

五、动用前准备阶段

动用前准备阶段是从施工阶段转入运营阶段的衔接阶段。工程投产前，建设单位应当做好各项生产准备工作，主要包括：组建管理机构，制定有关制度和规定；招聘并培训生产人员，组织有关人员参加设备安装、调试和验收；签订原材料、协作产品、燃料、水、电等供应及运输的协议等。

六、竣工验收阶段

竣工验收阶段是建设全过程的最后一道程序，是转入运营阶段的标志，项目未经竣工验收或竣工验收不合格不得交付使用。建设项目按设计文件的规定内容全部完工后，便可组织竣工验收。竣工验收对促进建设项目及时投产，发挥投资效益及总结建设经验，都有重要作用。利用竣工验收，可以检查建设项目实际形成生产的能力或效益，也可避免项目建成后继续消耗建设费用。竣工验收后，建设单位应及时向建设行政主管部门或其他有关部门备案并移交建设项目档案。

七、保修阶段

保修阶段是工程项目竣工之后，为确保工程质量，由施工单位或承包商对该竣工工程负责保修的期限。保修阶段通常根据《建设工程质量管理条例》等相关法规确定。保修期的起始时间通常从工程竣工验收合格之日开始计算。

在保修阶段内，如果工程项目出现任何质量问题或损坏，施工单位或承包商都有责任及时进行修复和保养，以满足业主或用户的需求。

1.3.2 工业互联网工程项目全生命周期管理

从管理的角度来说，工程项目的生命周期通常可划分为三个阶段，即工程项目的决策阶段、实施阶段和运营（使用）阶段。通常，工程项目的生命周期主要包括投资前期决策、设计准备、设计、招标投标、施工、竣工验收交付使用、运营和报废等过程，其中，从设计开始到保修期结束称为工程项目实施阶段。传统概念的工程项目管理是指工程项目实施阶段的管理。

工程项目投资额巨大、建设使用年限和投资回收期长，对资源的消耗和对环境的影响都很大，所以应从工程项目的全生命周期角度进行策划、决策、设计和实施，并进行系统管理，提高工程项目的全生命周期价值。

以物联网解决方案项目为例，其生命周期一般包括：方案策划、设计论证、实施部署、运行维护、业务退出。方案策划、设计论证和实施部署这三个阶段就是常见的工程项目管理所覆盖的阶段。从全生命周期管理的角度，在方案策划和设计论证阶段需充分考虑后续优化升级的可能性，不能为了满足当前业务需求而一味降低项目投资。

因此，用全生命周期的观点考虑问题非常重要。

任务四　工业互联网工程项目管理模式

1.4.1　现阶段工程项目管理基本模式

经过相关法律法规的贯彻和相关制度的实施，形成了现阶段我国工程项目管理体制的三元主体结构模式（见图 1.4.1）：在政府有关部门的监督管理下，以项目法人为工程招标发包主体、以承建单位为工程投标承包主体、以监理单位为建设咨询监督管理主体，三者相互协作、相互制约。

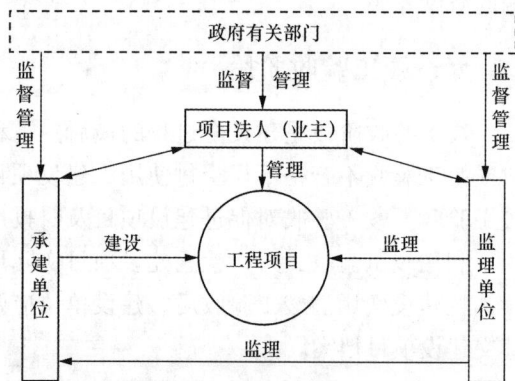

图 1.4.1　工程项目管理体制的三元主体结构模式

主要参与各方关系如下。

1. 项目法人与政府有关部门的关系

项目法人作为独立的经济实体，政府有关部门不直接干预其投资与建设活动，政府有关部门对建设活动的管理，由原来的直接管理为主转变为间接管理为主，由原来的微观管理为主转变为宏观管理为主。

2. 项目法人与承建单位的关系

承建单位是指参与工程建设设计、施工等的单位。项目法人与承建单位之间是具有平等地位的经济合同关系。生效的承包合同具有法律效力，任何一方违约，都要承担相应的违约责任。

3. 项目法人与监理单位的关系

项目法人与监理单位之间是一种经济法律关系，即委托与被委托的合同关系。监理单位不是项目法人的代理人，不是以项目法人的名义开展监理活动的，而是作为独立于项目法人与承建单位之外的第三方履行其职责和义务。

4. 监理单位与承建单位的关系

监理单位与承建单位之间是监理与被监理的关系，这种关系是通过项目法人与承建单位签订的工程承包合同确定的。监理单位与承建单位之间虽然没有任何经济合同关系，但承建单位应接受并主动配合监理单位的监督管理。监理工程师既要监督检查承建单位是否履行合同的职责，也要注意按照合同规定公正地处理有关索赔和工程款支付等问题，维护承建单位的合法权益。

1.4.2　工程项目管理组织模式

结合工程项目实施的主客观条件，业主可以选择不同的管理组织模式。工程项目管理组织模式主要有以下几种。

一、平行承发包模式

采用平行承发包模式，业主把任务分别委托给多个设计单位和多个施工单位，如图 1.4.2 所示。各设计单位之间的关系是平行的，各施工单位之间的关系也是平行的。

平行承发包模式

采用平行承发包模式，业主签订的合同数量多，协调工作量相当大。但这种模式下合同包较小，符合资质要求的潜在投标商数量较多，激烈的投标竞争有利于业主压低中标价，有利于业主深度控制设计施工。

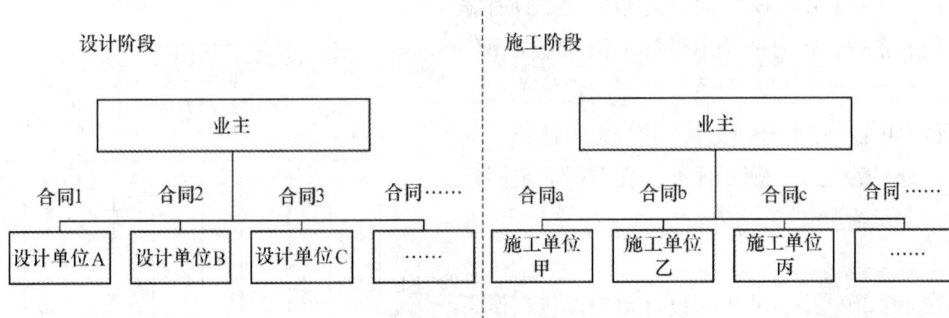

图 1.4.2 平行承发包模式

二、设计施工分别总承包模式（总分包模式）

在设计阶段，业主将工程设计发包给一家设计单位，只与这个设计总包单位签订合同；在施工阶段，业主将工程施工发包给一家施工单位，只与这个施工总包单位签订合同。在这种模式下，由于承包合同数量少，因此业主协调工作量较小。设计、施工分别总承包模式如图 1.4.3 所示。

设计施工分别总承包模式

平行承发包模式和设计、施工分别总承包模式都属于设计-施工分离式模式。

设计-施工分离式模式的优点如下。

（1）管理方法较为成熟，参与各方都对有关的运作程序熟悉。

（2）业主可以自由选择咨询、设计人员，可对设计进行深度控制。

（3）有详细设计之后进行施工招标，使评标

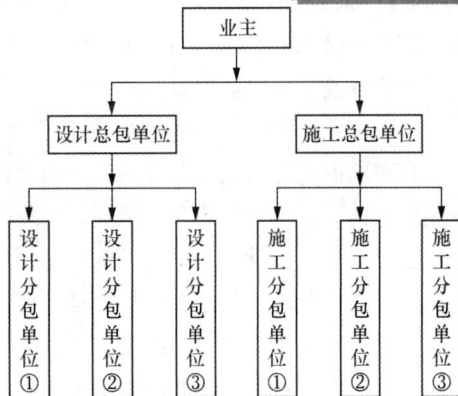

图 1.4.3 设计、施工分别总承包模式

及以后的签订合同、施工管理都有了可靠和准确的依据。

（4）可采用各方熟悉的标准合同文本，有利于合同管理、风险管理和减少投资。

设计-施工分离式模式的缺点如下。

（1）设计和施工阶段完全独立，容易造成设计方案与施工的实际条件脱节。

（2）承包单位按图施工，当业主有新的要求或对原图样做出变更时，沟通协调难度较大。

（3）设计、施工两方都是分别与业主签订合同的，常出现不协调的情况。

（4）整个项目的建设周期长。

三、总承包模式

总承包模式包括设计-施工（Design-Build，DB）、采购-施工（Procurement-Construction，PC）、设计-采购-施工（Engineering-Procurement-Construction，EPC）以及交钥匙等模式。

1. DB模式

DB模式是指业主将工程项目的全部设计和施工任务发包给一家具有工程项目总承包资质的承包商，如图1.4.4所示。总承包商可能是具有综合资质的企业，也可能是由设计单位和施工单位共同组织的工程承包联合体。对于承包的工程，总承包商可以自行完成部分设计与施工任务，其余适合分包的设计、施工任务，在取得业主同意后，再发包给分包商完成。

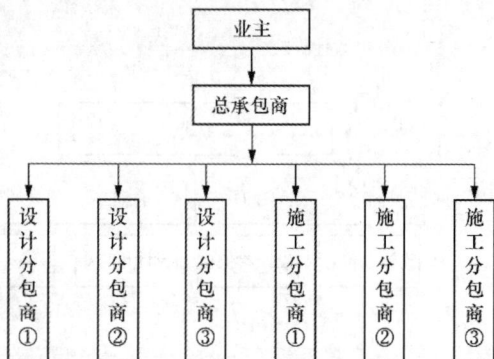

2. PC模式

在PC模式中，业主将设计单独发包，设备及材料的采购和施工建造任务同时发包给同一总承包商，总承包商负责组织项目配套涉及材料的选型、采购和施工等。

图1.4.4　DB模式

3. EPC模式

在EPC模式中，材料和工程设备的采购由EPC承包商负责。EPC模式中承包商承担大部分风险。在EPC模式条件下，由于承包商的承包范围包括设计，因此很自然地要承担设计风险。采购、施工风险在EPC模式中也由承包商承担。EPC模式所适用的工程一般规模较大，工期较长，且多为技术复杂的工业项目。

4. 交钥匙模式

交钥匙模式是为满足业主对承包商提供全面服务的需求而产生的。通常由一家总承包商为业主提供包括项目可行性研究、融资、土地购买、设计、施工、设备采购、安装调试直至竣工移交等的全面服务。与其他总承包模式相比，交钥匙模式服务范围进一步扩大，业主只需大致说明一下投资意图和要求，其他工作均由承包商来完成，在此模式下承包商承担的风险最大。

在此模式中，业主只关心交付的成果，不过多介入项目实施过程，并且希望收到一个完整配套的工程。由于希望承包商承担更多风险，因此在此模式中，业主愿意支付更多的风险费用。但这对总承包商提出了更高的要求，总承包商除具备融资能力、复杂项目管理能力外，还应具有某一领域的专有技术和成套设备采购能力。

总承包模式的优点如下。

（1）设计施工的连贯性强，对业主项目管理有利，大大减少业主的组织与协调工作量。

（2）避免了设计和施工的矛盾，责任单一，可显著合理缩短工期。

（3）在选定承包商时，把设计方案的优劣作为主要评标因素，可保证业主得到高质量的工程项目。

总承包模式的缺点如下。

（1）业主对设计的控制能力减弱，工程设计可能会受到总承包商施工利益的影响。

（2）对总承包商要求高，总承包商需要具有较高的管理水平和丰富的项目经验，投标报价较高。

（3）总承包商能获得较高利润，但对总承包商而言，该模式风险较大。

四、联合体承包模式

联合体承包模式是指当工程项目规模巨大且技术复杂，以及承包市场竞争激烈，由一家公司承包有困难时，可以由几家公司联合起来建立联合体去竞争承包合同，以发挥各公司的特长和优势，降低报价，提高工程质量，缩短工期，赢得竞争的模式。

联合体以其名义共投一个标，联合体成员在投标前签订联合体协议，联合体协议是投标书的组成部分。联合体与业主签订一个合同，联合体成员承担连带责任。联合体成员可以发挥各自长处，同时减少风险。项目的组织管理越简单，对业主的项目管理越有利。联合体承包模式可用在工程项目的设计、施工和监理上，可以是国内联合，也可以是国际联合。

联合体承包模式及 BOT 模式

五、BOT 模式

BOT（Build-Operate-Transfer）模式即建设-经营-移交模式，也称为公共工程特许权模式。这种模式是 20 世纪 80 年代初由土耳其政府提出的，之后成为许多发展中国家采用的依靠国外私人资本进行本国基础设施建设的一种融资和建造项目管理模式。我国第一个使用 BOT 模式建成运营的项目是深圳沙角 B 火力发电厂，其他采用 BOT 模式的项目有广西来宾电厂 B 厂、湖南长沙电厂和成都自来水六厂 B 厂等。

BOT 模式一般由私营企业（包括国外企业）作为项目发起人，从政府部门获得某基础设施项目的建设和运营特许权，然后由其组建项目公司负责项目的融资、设计、建造和运营等，整个特许期内项目公司通过项目的运营获得利润，特许期满后将此设施移交给政府部门。

除了标准 BOT 模式，还有多种由 BOT 模式演变而来的模式，如 BT 模式、BOOT 模式。

BT 模式，即建设-移交（Build-Transfer）模式，项目发起人与投资者签订合同，由投资者负责项目的融资、建设，并在规定时限内将竣工后的项目移交项目发起人，项目发起人根据事先签订的回购协议分期向投资者支付项目总投资及确定的回报。山西阳侯高速公路是我国第一条采用 BT 模式建设的高速公路。

BOOT 模式，即建设-拥有-经营-移交（Build-Own-Operate-Transfer）模式。BOOT 模式与 BOT 模式的不同在于：BOOT 模式下，项目发起人在特许期内既拥有经营权也拥有所有权。

另外，还有建设-经营-出售（Build-Own-Sell，BOS）模式、修复-经营-移交（Rehabilitate-Operate-Transfer，ROT）模式等。

任务五　工程项目的分解与计划

工作分解结构

1.5.1　工作分解结构

工作分解结构（Work Breakdown Structure，WBS）就是把一个项目按一定的原则分解成任务，

再把任务分解成一项项工作，然后把一项项工作分配到每个人的日常活动中，直到分解不下去为止。分解顺序为：项目→任务→工作→日常活动。

WBS 以可交付成果为导向，对项目要素进行分组，它归纳和定义了项目的整个工作范围，每分解一层代表对项目工作的更详细定义。WBS 总是处于计划过程的中心，也是制订进度计划、资源需求计划、成本预算、风险管理计划和采购计划等的重要基础。

一般应在项目总目标和总任务确定后，按照项目自身的特点，剖析整个项目，进行详细、周密、科学的项目结构系统分析。

一、WBS 的作用

（1）确定项目范围：明确和准确说明项目的范围。

（2）分配项目工作：为各独立单元分派人员，规定这些人员的相应职责。

（3）预估项目成本：针对各独立单元，进行时间、费用和资源需要量的估算，提高时间、费用和资源需要量估算的准确度。

（4）把控项目进度：为成本、进度、质量、安全和费用等控制奠定共同基础，确定项目进度和控制的基准，确定工作内容和工作顺序。

二、项目分解应遵循的原则

（1）应在各层次上保持项目在内容上的完整性，不能遗漏任何必要的组成部分。

（2）一个项目单元只能从属于某一上层单元，不能同时交叉从属于两个或两个以上的上层单元。

（3）相同层次的项目单元应有相同的性质。

（4）项目单元应能区分不同的责任者和不同的工作内容，便于进行责任分担和成果分享。

（5）项目单元的划分应能保证项目管理工作的效率，方便应用各种管理方法和手段，便于项目目标的跟踪和控制。

（6）分解出的项目结构应有一定的弹性。工程项目在实施过程中，计划的修改、设计的变更、工程范围的扩大或缩小是难免的，结构有弹性有利于在必要时方便地扩展项目的范围、内容，变更项目的结构。

（7）应分解到符合要求的详细程度。由于项目的规模、性质不同，因此分解多少个层次，分解多少个项目单元，分解到什么详细程度，是很难界定的。分解得过粗，任务太笼统，很难具体落实；分解得过细，将会增加管理难度和费用，信息处理量成倍增加，执行中灵活性弱。分解的详细程度一般取决于项目的规模和复杂程度、项目承担者的要求、项目实施的不同阶段等因素。

三、项目结构系统分析的主要工作

项目结构系统分析的主要工作包括以下三个方面。

1. 项目结构分解

项目结构分解是指按系统规则将一个项目分解，得到不同层次的项目单元。

项目结构分解的基本思路是：以项目目标体系为主导，以项目文件和项目信息为依据，由上而下、由粗到细地分解。常见的工程项目分解方法有按阶段分解、按实施过程分解、按功能分解、按平面或空间位置分解、按组成要素分解等。图 1.5.1 是 WBS 示例。

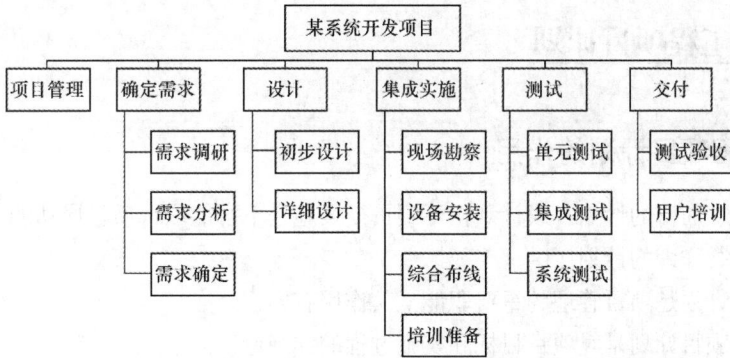

图 1.5.1　WBS 示例

2. 项目单元定义

将项目分解为相互关联的项目单元后，还需对各项目单元的具体工作内容进行详细的描述，从质量、技术要求、负责人、费用限制、时间限制和工作关系等方面，做出具体的说明和规定，使实际工作者在实施过程中清晰地领会工作内容。

3. 项目单元之间逻辑关系的分析

通过项目结构分解，将一个完整项目分解为各个项目单元，但项目单元之间是相互联系的，根据项目单元之间的逻辑关系，可将全部项目单元还原成一个有机的项目整体。

项目结构系统分析是一个渐进的过程，它随着项目目标设计、详细设计和计划工作的进展而逐步细化。

1.5.2　责任分配矩阵

责任分配矩阵是一种将所分解的工作任务落实到项目有关部门或个人，并明确表示出其在组织工作中的关系、责任和地位的一种方法和工具。

表 1.5.1 所示为责任分配矩阵示例。

表 1.5.1　责任分配矩阵示例

组织责任者	项目经理	土建总工	机电总工	总会计师	工程管理部	财务部	合同造价部	材料供应部	设计院	咨询专家	电力局	水电部	技术公司	某施工公司
设计	●	●	●	●					▲	●	□	○		□
招投标	●	●	●	●		●	▲		●	●	○	□	□	□
施工准备	▲	●	□	□					○	●				△
采购	○	□	●	□	□	●	●	▲						
施工	○	▲	●	□										▲
项目管理	▲	●	●	●	●	●								□

注：▲表示负责；□表示通知；●表示辅助；△表示承包；○表示审批。

责任分配矩阵是由符号和简洁文字组成的，不仅易于制作和解读，而且能清楚地反映出项目各工作部门或个人之间的工作责任和相互关系。责任分配矩阵可用于结构分析的各个层次。

1.5.3　工程项目计划

一、工程项目计划的作用

没有科学、周密的计划，或计划得不到贯彻实施是不可能取得项目成功的。所以，任何工程项目都必须进行详细的计划。

工程项目计划是项目管理的重要职能，其作用有如下几点。

（1）工程项目计划是对项目目标和实施过程的详细论证。

（2）工程项目计划是实现总目标的重要手段。

（3）工程项目计划文件经批准后作为项目的工作指南，在项目实施中作为对实施过程进行监督、跟踪和诊断的重要依据。

（4）工程项目计划能促进项目有关各方之间的沟通，便于协调。

（5）工程项目计划是评价和检验实施成果的尺度。

二、工程项目计划的内容

工程项目计划主要包括以下几个方面的内容。

1. 进度计划

进度计划是其他各项计划的编制依据。进度计划是基于拟建项目竣工投产或交付使用的时间目标，根据项目推进的合理顺序和合同的要求所安排的实施日程。进度计划的表达形式有网络图和甘特图等。

2. 费用计划

费用计划是指在对工程项目所需费用总额做出合理估计的前提下，合理确定各项目单元所需费用，以保证费用目标实现的计划。费用计划是工程项目建设全过程中进行费用控制的基本依据。

3. 质量计划

质量计划是指确定工程项目应该达到的质量标准和如何达到这些质量标准的工作计划与安排。质量计划应是针对具体工程项目的要求，结合国家、地方及行业的相关标准规范，对工程项目设计、采购、实施、检验等质量环节编制的质量控制方案。

4. 沟通计划

沟通计划反映工程项目相关方之间以及内部的信息交流和沟通方式、方法和渠道。

5. 风险应对计划

风险应对计划是指工程项目管理者首先通过风险识别得出工程项目面临的主要风险，再根据各风险的评估结果进行排序，分别针对各风险制定不同的应对措施和应急方案的过程。风险应对措施包括风险回避、风险转移、风险自留和风险控制等。

6. 采购计划

采购计划主要用于确定项目所需设备、物资清单，设备和物资必需的设计、制造、验收和运输等时间，设备和物资的进货来源和渠道等。

7. 变更控制计划

变更控制计划主要用于规定处理变更的步骤、程序，确定变更行动的准则。由于工程项目的一次性特点，在工程项目实施过程中，计划与实际不符的情况是经常发生的，及时有效地处理工程项目变更有助于工程项目控制。

应当指出的是，不同的工程项目、不同的工程项目参与者所负责的计划内容和范围不一样。工程项目计划一般按照任务书或合同规定的工作范围、工作责任确定。工程项目计划的各种基础资料和计划的结果应形成文件，以便沟通，且具有可追溯性。工程项目计划应采用适应不同用户需要的、统一的标准化表述方式，如报告、图、表的形式等。

任务六　全过程工程咨询

1.6.1　全过程工程咨询的发展历程

工程咨询是为政府部门、项目业主及其他各类客户的工程项目决策和管理提供咨询活动的智力服务，包括前期立项阶段咨询、勘察设计阶段咨询、施工阶段咨询、投产或交付使用后的评价等工作。

工程咨询企业在第二次工业革命期间于西方国家产生，在其多年的历史中，由小到大，从单项咨询到多项咨询，无论是组织模式、运行制度还是运营模式，都在不断地完善和发展。

20世纪80年代，国际上尤其是发达国家，在工程建设领域产生了一种有别于设计院和监理公司的新公司类型，即国际工程顾问公司，同时开始了发展全过程工程咨询的历程。目前许多国家已经形成较为成熟的全过程工程咨询运行模式及收费标准，实现了产业一体化，并不断扩展业务领域和范围，提升自身综合实力，为正在发展全过程工程咨询的国家起到典范作用。

国际工程顾问公司和全过程工程咨询服务在不断发展中取得的良好成绩，使得我国咨询行业意识到传统的单项咨询简单叠加的服务模式已经过时，急需探索出符合我国国情和工程行业实际情况的全过程工程咨询服务模式，为原有工程领域存在的问题提供解决方案。

2001年，国家计划委员会（现国家发展和改革委员会）委托中国工程咨询协会颁布《工程咨询单位资格认定实施办法（修订）》，提出工程咨询服务包括规划咨询、项目建议书编制、项目可行性研究报告编制、评估咨询、工程设计、招投标咨询、工程监理、管理咨询8项内容。

2010年，国家发展和改革委员会印发《工程咨询业2010—2015年发展规划纲要》（发改投资〔2010〕264号），提出了工程咨询的服务范围，主要包括规划编制与咨询、投资机会研究、可行性研究、评估咨询、勘察设计、招标代理、工程和设备监理、工程项目管理等。

2017年2月，《国务院办公厅关于促进建筑业持续健康发展的意见》提出，将培育全过程工程咨询作为完善工程建设组织模式的重要内容。而后，各部委陆续出台了相应的配套性文件，为全过程工程咨询服务的开展提供框架性指导和意见。全过程工程咨询成为我国改革的热点领域和探索方向。

2019年3月，国家发展和改革委员会联合住房和城乡建设部印发《关于推进全过程工程咨询服务发展的指导意见》，提出以工程建设环节为重点推进全过程咨询。在房屋建筑、市政基础设施等工程建设中，鼓励建设单位委托咨询单位提供招标代理、勘察、设计、监理、造价、项目管理等全过程咨询服务，满足建设单位一体化服务需求，增强工程建设过程的协同性。工程建设全过程咨询服务应当由一家具有综合能力的咨询单位实施，也可由多家具有招标代理、勘察、设计、监理、造价、项目管理等不同能力的咨询单位联合实施。

2021 年 4 月，中国工程咨询协会印发的《工程咨询行业 2021—2025 年发展规划纲要》中提出，全过程工程咨询成为发展新引擎。推动全过程工程咨询服务理念和服务模式创新，加快相关标准规范制定，培育一批全过程工程咨询骨干企业，促进提高全过程工程咨询的供给质量和能力。相应地，工程咨询企业作为政策的实施者之一，必须进行理念、模式和方法上的创新，共同探索符合我国实际的全过程工程咨询服务。

1.6.2　全过程工程咨询的主要内容

一、全过程工程咨询的定义

工程咨询是遵循独立、公正、科学的原则，综合运用多学科知识、工程实践经验、现代科学和管理方法，在经济社会发展、境内外投资建设项目决策与实施活动中，为投资者和政府部门提供阶段性或全过程咨询和管理的智力服务。

全过程工程咨询是指采用多种形式，为项目决策阶段、施工准备阶段、施工阶段和运维阶段提供部分或整体工程咨询服务，包括项目管理、决策咨询、工程勘察、工程设计、招标采购咨询、造价咨询、工程监理、运营维护咨询以及 BIM 咨询等服务。

全过程工程咨询不是工程建设各环节、各阶段咨询工作的简单罗列，而是把各阶段的咨询服务看作一个有机整体，在决策指导设计、设计指导交易、交易指导施工、施工指导竣工的同时，使后一阶段的信息在前期集成、前一阶段的工作指导后一阶段的工作，从而优化咨询成果。采用全过程工程咨询模式有利于工程咨询企业较早介入工程，更早熟悉建设图纸和设计理念，明确投资控制要点，预测风险，并制定合理有效的防范性对策，以避免或减少索赔事件的发生。全过程工程咨询的内涵即让内行做管理，实现提高效率、精细管理的目标。

二、全过程工程咨询的服务形式

国家发展和改革委员会与住房和城乡建设部联合发布的《关于推进全过程工程咨询服务发展的指导意见》要求，工程建设全过程咨询服务应当由一家具有综合能力的咨询单位实施，也可由多家具有招标代理、勘察、设计、监理、造价、项目管理等不同能力的咨询单位联合实施。由多家咨询单位联合实施的，应当明确牵头单位及各单位的权利、义务和责任。要充分发挥政府投资项目和国有企业投资项目的示范引领作用，引导一批有影响力、有示范作用的政府投资项目和国有企业投资项目带头推行工程建设全过程咨询。鼓励民间投资项目的建设单位根据项目规模和特点，本着信誉可靠、综合能力和效率优先的原则，依法选择优秀团队实施工程建设全过程咨询。

全过程工程咨询的服务形式主要有"1+N"、一体化和联合体三种。

（1）"1+N"形式。由一家在咨询、勘察、设计、监理、造价等方面至少具备一项资质的咨询企业承担建设项目管理及一项或多项专业咨询服务。"1"是指项目管理，服务范围包括项目决策、施工准备、施工、运维四个阶段中的一个或多个阶段，由建设单位自主确定。"N"是指一项或多项专业咨询服务。

（2）一体化形式。由一家咨询企业承担全过程工程咨询服务，咨询企业应具备国家法律法规要求的相应资质。

（3）联合体形式。由两家或两家以上咨询企业组成联合体承担全过程工程咨询服务，咨询企业联合体应具备国家法律法规要求的相应资质。

三、全过程工程咨询的服务内容

全过程工程咨询可划分为项目决策、勘察设计、招标采购、工程施工、竣工验收、运营维护六个阶段。全过程工程咨询内容如图 1.6.1 所示。

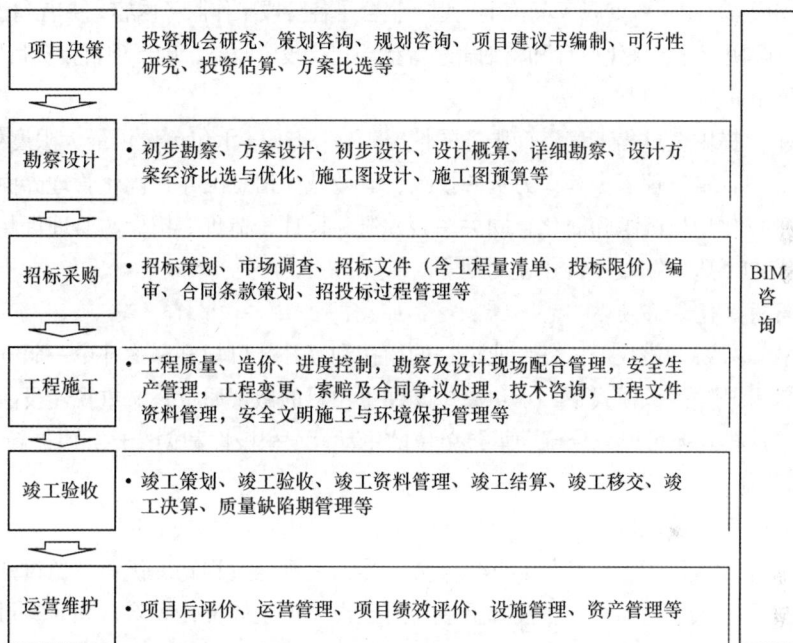

项目决策	• 投资机会研究、策划咨询、规划咨询、项目建议书编制、可行性研究、投资估算、方案比选等	BIM咨询
勘察设计	• 初步勘察、方案设计、初步设计、设计概算、详细勘察、设计方案经济比选与优化、施工图设计、施工图预算等	
招标采购	• 招标策划、市场调查、招标文件（含工程量清单、投标限价）编审、合同条款策划、招投标过程管理等	
工程施工	• 工程质量、造价、进度控制，勘察及设计现场配合管理，安全生产管理，工程变更、索赔及合同争议处理，技术咨询，工程文件资料管理，安全文明施工与环境保护管理等	
竣工验收	• 竣工策划、竣工验收、竣工资料管理、竣工结算、竣工移交、竣工决算、质量缺陷期管理等	
运营维护	• 项目后评价、运营管理、项目绩效评价、设施管理、资产管理等	

图 1.6.1　全过程工程咨询内容

全过程工程咨询服务的内容多样并有不同的形式，总体上可划分为如下五类。

（1）融资咨询与资金管理。其内容包括：在融资方面，为业主提出融资方案，确定融资渠道与方式；在资金管理方面，开展工程预算管理咨询、工程核算管理咨询、工程资金管理咨询、固定资产管理咨询、工程税务管理咨询、工程财务分析等。

（2）投资专项咨询。其内容包括：项目前期的投资策划论证，项目建议书编制、可行性研究及可行性研究报告编制，项目审批、核准、备案等立项服务咨询，建设条件专项咨询；项目后期的环境与可持续发展规划与认证服务、能源管理服务、房地产营销策划咨询、市场调查、项目后评价、其他单项咨询等。

（3）工程勘察设计咨询。其内容包括：工程勘察，概念规划、方案设计，初步设计，技术设计，施工图设计，施工图审查，设计图纸过程审核与监督，并伴随技术规格书编制、工程量清单编制、设计概算、施工图预算等服务。

（4）施工管理咨询。其内容包括但不限于：施工及材料设备招标采购咨询服务、施工生产要素管理、施工监理与项目管理服务，如制定施工项目管理规划、组织技术交底会、审批施工详图、审批施工组织设计和各类专项方案、设备材料管理、人员管理、施工过程管理、工程变更管理、中期验收、竣工预验收及竣工验收、竣工图管理、竣工结算、施工相关方协调管理等。

（5）运营维护管理咨询。其内容包括：运营维护或物业策划、运营维护或物业总体计划、运营维护或物业人员组织架构和技术与管理培训、运营维护或物业资源组织供应、运营维护或物业日常例行服务等。

四、全过程工程咨询的优势

1. 节省项目总投资

承包单位单次投标的优势，可使其合同成本大大低于传统模式下设计、造价、监理等相关单位多次发包的合同成本。由于咨询服务覆盖全过程，整合了各阶段工作服务内容，更有利于实现全过程投资控制，通过限额设计、优化设计和精细管理等措施提高投资收益，确保项目投资目标的实现。

2. 缩短项目建设周期

在一家单位提供全过程工程咨询服务的情况下，一方面，承包单位可最大限度处理内部关系，大幅度减少业主日常管理工作和人力资源投入，有效减少信息漏斗，优化管理界面；另一方面，该模式可有效优化项目组织和简化合同关系，并避免设计、造价、招标、监理等相关单位责任分离、相互脱节的矛盾，缩短项目建设周期。

3. 提高项目建设品质

在全过程工程咨询模式下，各专业过程的衔接和互补，可规避和弥补单一服务模式下可能出现的管理疏漏和缺陷。该模式下，承包单位既注重项目的微观质量，又重视建设品质、使用功能等宏观质量。该模式还可以充分调动承包单位的主动性、积极性和创造性，促进新技术、新工艺、新方法的应用。

4. 减小项目建设风险

承包单位作为项目的主要参与方和负责方，尽力发挥全过程管理优势，通过强化管控减少甚至杜绝生产安全事故，从而较大程度降低或规避建设单位主体责任风险；同时，可有效避免与众多管理关系伴生的廉洁风险，有利于规范建筑市场秩序，减少违法违规的行为。

五、全过程工程咨询人员的工作职责

虽然全过程工程咨询服务可由一家具有综合能力的咨询单位实施，也可由多家具有招标代理、勘察、设计、监理、造价、项目管理等不同能力的咨询单位联合实施，但是建设单位更愿意选择一家综合性工程咨询单位来提供服务，以避免各个单位之间过长的信息传递链条，降低项目管理复杂度。通常要求工程咨询单位具备勘察、设计、监理、造价、项目管理等一项或多项资质。

全过程工程咨询项目负责人应履行下列职责。

（1）牵头组建工程咨询机构，明确咨询岗位职责及人员分工，并报送工程咨询单位或联合体批准。

（2）组织制定咨询工作大纲及咨询工作制度，明确咨询工作流程和咨询成果文件模板。

（3）组织审核咨询工作计划。

（4）根据咨询工作需要及时调配专业咨询人员。

（5）代表工程咨询方协调咨询项目内外部相关方关系，调解相关争议，解决项目实施中出现的问题。

（6）监督检查咨询工作进展情况，组织评价咨询工作绩效。

（7）参与工程咨询单位或联合体重大决策，在授权范围内决定咨询任务分解、利益分配和资源使用。

（8）审核确认工程咨询成果文件，并在其确认的相关咨询成果文件上签章。

（9）参与或配合工程咨询服务质量事故的调查和处理。

（10）定期向委托方报告项目进展计划完成情况及所有与其利益密切相关的重要信息。

全过程工程咨询部门负责人应履行下列职责。

（1）参与编制咨询工作大纲，组织编制本部门咨询工作计划。

（2）根据咨询工作大纲、咨询工作计划、相关标准及咨询任务分配，组织实施咨询服务工作。

（3）组织编制工程咨询成果文件，需要咨询项目负责人审核签章的，报送咨询项目负责人审核签章。

工程咨询单位其他专业咨询人员根据咨询岗位职责分工，履行相应咨询职责。

提问 全过程工程咨询和总承包模式是在工业互联网工程项目管理中常见的两种管理模式，它们在项目执行过程中存在哪些异同之处？

【实训演练】

项目案例——5G+工业互联网工程项目助力智能制造

一、建设需求

某设备厂商，其有线连接方式限制设备的工作空间及协同能力，导致车间生产周期紧、产能降低；传统车间的自动化管理水平较低、机器操作难度和安全隐患大、日常巡检效率低、产品质检缺少统一标准。

通过工业互联网工程项目发挥 5G 高速率、大容量、低时延、高可靠性的特性，在"5G+智能制造"的三个方面开展应用，分别是 5G+工业数据采集、5G+工业超高清视频、5G+工业人工智能（Artificial Intelligence，AI）质量检测。同时，通过与生产自动化、信息化以及 AI 技术、大数据分析技术的完全融合，实现在线实时监控和实时预警，提升整个生产的品质检测效率。

二、解决方案

该项目首先通过 5G 基站的建设，利用工业级 5G 芯片、模组、网关等通信设备与 PLC、PC 设备进行工业控制系统的融合创新，实现生产数据采集、下发、生产过程的监控采集。其次，通过 5G 设备将大容量数据传输到私有云服务器，经过设备自动化编程（Equipment Automation Programming，EAP）系统和制造执行系统（Manufacturing Execution System，MES）的处理，同时结合 MES 生产管理、计划管理、品质管理，进行大数据分析，实现生产可视化管理、实时预警。最后，将数据通过 5G 信号传输到移动展示端、监控中心、数据看板中心，实现生产和品质的实时监控以及问题处理的溯源。同时，对大容量、高清晰度的图片进行 5G 传输，结合边缘计算实现快速的 AI 反应，提高 AI 的精确度和及时响应能力，提高产品的检测效率。

三、应用成效

5G+工业数据采集打破传统网络结构的限制，使数据的收集分析更加准确、时效大幅度提高；

5G+工业超高清视频实现生产现场的可视化管理，减少沟通过程中的信息遗漏；5G+工业 AI 质量检测实现自动诊断检测，精准判断产品质量状况。

5G 智能化项目实施后，该设备厂商产品的竞争力进一步提升。人均效率提升 450%，产品生产周期缩短 30%，人均产值增长 100%，生产效率提高 114%，运营成本降低 27%，产品不良品率降低 50%，能源利用率提高 17%，2021 年该设备厂商营业收入同比增长 79%，净利润增长 56%。

本工业互联网工程项目充分考虑运营阶段的成效，极大提升了项目投资效益。

【模块小结】

本模块涵盖了工业互联网工程项目管理的核心内容和要点，深入讨论了工业互联网、工程项目管理的基本概念、工程项目建设程序和全生命周期管理、工程项目管理模式、工程项目的分解与计划以及全过程工程咨询。通过本模块的学习，应全面了解工业互联网工程项目管理的基础知识，为后续的学习和实践打下坚实的基础，能够更好地应用所学知识，确保工程项目的成功管理和实施。

【思考与练习】

一、单选题

1. 项目最主要的特征是（　　　）。
   A. 一次性　　　　　　B. 目标明确性　　　　C. 约束性　　　　　　D. 生命周期性

2. 某体育场在建设过程中经设计变更虽然减少了部分用钢量，但是对后期的运营带来较大影响，说明工程项目建设要重视（　　　）。
   A. 目标管理　　　　　　　　　　　B. 风险管理
   C. 变更管理　　　　　　　　　　　D. 全生命周期价值管理

3. 工程项目如果适当提高其功能和质量要求，并进行严格的质量控制，虽然需要增加一次性投资，但是可减少实施过程中的返工费用，可降低工程投入使用后的运行费用和维修费用，提高运营收益，延长使用寿命，这说明工程项目三大目标之间具有（　　　）。
   A. 对立关系　　　B. 统一关系　　　C. 对立统一关系　　　D. 辩证统一关系

4. 以下有关项目法人与监理单位关系的说法中错误的是（　　　）。
   A. 二者之间为合同关系　　　　　　B. 监理单位以项目法人的名义开展监理活动
   C. 监理单位不是项目法人的代理人　　D. 二者之间为经济法律关系

5. 以下有关监理单位与承建单位关系的说法中错误的是（　　　）。
   A. 二者之间为经济合同关系
   B. 承建单位应接受并主动配合监理单位的监督管理
   C. 平等主体之间的关系
   D. 监理工程师既要监督检查承建单位是否履行合同的职责，也要维护承包人的合法权益

6. 有关项目分解的基本原则，正确的是（　　　）。
   A. 应在各层次上保持项目在内容上的完整性
   B. 不同层次的项目单元应有相同的性质

C. 分解得越细越好

D. 一个项目单元可以从属于两个以上上层单元

7. 总承包模式的优点不包括（　　）。

A. 有效避免设计和施工的矛盾，连贯性强，责任单一

B. 可以显著缩短工期

C. 能够大大减少业主的组织与协调工作量

D. 管理方法较为成熟

8. 工程项目管理组织采用 EPC 模式，是指将（　　）发包给一家总承包单位。

A. 设计、施工　　　　　　　　　B. 设计、采购

C. 设计、采购、施工　　　　　　D. 可行性研究、设计、施工、设备采购、运营

二、多选题

1. 工程项目按建设项目及投资的再生产性质可分为（　　）。

A. 生产性建设项目　　　　　　　B. 基本建设项目

C. 经营性建设项目　　　　　　　D. 更新改造项目

E. 非经营性建设项目

2. 项目管理相对于企业管理的主要区别在于（　　）。

A. 不确定因素多　　　　　　　　B. 结束时间不明确

C. 是以目标为导向的任务型管理　D. 具有稳定的组织

E. 需要柔性的组织

3. 以下属于施工方项目管理工作内容的有（　　）。

A. 取得环境保护等方面的批准文件

B. 办理施工许可证

C. 保证施工现场清洁，使之符合环境卫生管理的有关规定

D. 满足施工所需的水、电、道路等条件

E. 制订施工组织设计和质量保证计划

4. 工程项目管理的标准化和规范化主要体现在（　　）。

A. 规范化的工程项目管理工作流程　B. 信息系统的标准化

C. 使用标准的合同条件　　　　　　D. 使用标准的招标投标文件

E. 提倡价值工程

5. 全过程工程咨询的优势包括（　　）。

A. 节省项目总投资　　　　　　　B. 缩短项目建设周期

C. 提高项目建设品质　　　　　　D. 减小项目建设风险

E. 提高项目安全系数

6. BIM 技术在工程项目管理中的应用，能够提高工程项目建设过程的（　　）。

A. 协调性　　　　　　　B. 优化性　　　　　　C. 可视化

D. 专业化　　　　　　　E. 模拟性

模块二

项目团队与沟通

【情境导入】

项目管理的工作需要依托项目团队来进行。项目开展前，应建立科学合理的组织结构，确定项目团队的组成和沟通方式。项目团队成立后，有效的项目沟通，能够使项目团队全体成员的思想高度统一、步伐协调一致、各项资料版本统一，使项目团队内部和外部相关单位能及时、准确地得到所需要的信息，保证项目目标的实现。

工业互联网的多元性、专业性、复杂性使得工业互联网项目实施并非易事。工业互联网项目涉及技术和业务多个部门，各部门间存在专业壁垒和沟通障碍。如何确保不同背景的团队成员能够高效协作，共同推动项目进展？另外，工业互联网项目的成功与否很大程度上取决于是否能满足客户的实际需求并适应市场变化，如何确保项目团队能够及时了解并响应客户和市场的需求？组建一个高效、协同的团队，确保项目的顺利实施，成为摆在我们面前的一大挑战。

【学习目标】

- 理解项目组织结构的形式及其优缺点。
- 理解项目经理的工作职责、能力要求及工作技巧。
- 掌握项目团队沟通的多种方式和技巧。
- 理解现场工程师的产生背景及工作职责。

【能力目标】

- 能够明确项目团队不同角色的职责。

- 能够阐述项目经理的工作职责和能力要求。
- 能够运用多种沟通技巧，提升项目沟通能力。

【素质目标】

- 树立团队意识，正确认识个人在团队中的角色和作用，能够为实现项目目标而努力。
- 培养团队合作精神，能够与团队成员和外部人员有效沟通和合作。
- 培养解决问题和冲突的能力，能够正确处理项目实施过程中出现的问题和冲突。

【知识链接】

任务一　项目组织结构

2.1.1　项目组织的特点

组织是指完成特定使命的人们为了实现共同目标而组合成的有机整体，其具有以下三个特点。

（1）目标明确。没有目标就不是组织，而仅是一个人群。目标受环境的影响和制约，环境包括政治（Political，P）、经济（Economical，E）、社会（Social，S）和技术（Technological，T）环境，构成 PEST 分析模型。

（2）拥有资源。组织拥有的资源主要包括五大类，即人、财、物、信息和时间。人力资源是组织最核心的资源，是组织创造力的源泉，是五种资源中唯一的"活"的要素，具有能动性。

（3）保持一定的权责结构。这种权责结构表现为层次清晰，任务有明确的承担者，权力和责任对等。

项目组织是人们为了实现特定的项目目标，通过明确分工协作关系，建立不同层次的责任、权力、利益制度而构成的从事项目具体工作的运行系统。

项目组织的特点如下。

（1）一次性。每个项目都是一次性的，所以项目组织也是一次性的、临时的，具有临时组合性特点。项目结束或相应项目任务结束后，项目组织就会解散或重新构成其他项目组织。

（2）弹性及可变性。其表现为许多组织成员随项目任务的承接和完成，以及项目的实施过程而进入或退出项目组织，或承担不同的角色，而且可以随目标和计划变化而变化。

（3）项目组织与企业组织之间关系复杂。项目组织依附于企业组织，项目管理的人员来自企业。

工程项目管理的一切工作都要依托组织来进行。建立科学合理的组织结构和组织制度是实现工程项目目标的组织保证。

2.1.2 项目组织结构的设计原则

组织结构（Organizational Structure）是整个管理系统的框架，是组织在责、权、利方面的动态结构体系。组织结构必须随着组织的重大战略和内外环境的调整而调整。

组织结构的设计非常重要，必须遵循一定的原则。

1. 目标性

任何一个组织的设立都有其特定的任务和目标，应围绕任务和目标确立管理层次、人员、职责等要素。同时，组织在随外部环境变化，对内部要素进行调整、合并、取消时，也必须遵守目标性的原则，以是否有利于实现其任务目标作为衡量组织结构的标准。

为了共同完成管理目标，组织要素之间既要分工协作又必须统一目标。分工协作是把管理任务目标分解到人、到岗位，同时各岗位之间须相互协作。

2. 管理跨度和管理层次适当

管理跨度是指一个领导者所直接领导的人员数量。例如，一名经理配备两名副经理和三名主管，那么经理的管理跨度就是 5。

管理层次是指从最高管理者到一线工作人员的等级层次的数量。组织结构中一般分为三个管理层次：一是决策层，二是中间控制层，三是作业层（操作层）。决策层一般指项目经理；中间控制层一般由专业工程师组成，是项目具体工作任务的监督和执行者；操作层一般由熟练的作业技能人员组成。

组织规模一定时，管理跨度与管理层次成反比，增加管理跨度则会减少管理层次，相反，减少管理跨度会增加管理层次，要结合具体情况制定出合理的管理层次和管理跨度。科学的管理跨度，加上适当的管理层次划分和适当的授权，是建立高效率组织结构的基本条件。

3. 责权利相平衡

组织内部有了明确的分工，就意味着每个人或职位要承担一定的责任，而组织成员要完成责任就必须拥有相应的权力，同时必须享受相应的利益。在设计组织结构时，要考虑到一个人所负的责任应和他所拥有的权力和所享受的利益相一致，也要考虑到同一层次人员之间的责权利相平衡。同工不同酬、同岗不同酬都不利于调动人员的积极性，更不利于管理，难以保证管理目标的实现。

4. 精简高效

精简高效是任何一个组织建立时都力求实现的组织目标。组织成员越多，管理费用就越高，而且越不利于组织运转。但是精简不是指人少，而应做到人员少而精。因此，精简的原则是在保证完成组织任务的前提下，尽量简化机构，选用精干的队伍，选用"一专多能"的人员，这样才有利于提高组织工作效率，更好地实现组织管理目标。

5. 稳定性和灵活性相结合

随着项目实施的进展，管理目标有所改变，组织的任务目标也应发生相应的变化，组织结构必须适时调整，有针对性地对组织因素加以适当调整以适应新的管理要求。一成不变的组织不可能创造出业绩，也不能完成管理目标。因此，组织结构必须在稳定的基础上可以灵活改变，具有较高适应性。

2.1.3 项目组织结构的形式

组织结构的形式反映了一个组织系统中各子系统、各工作部门、各管理人员之间的指令关系。指令关系指的是哪个工作部门或人员可以对哪个工作部门或人员下达工作指令。

组织分工反映了一个组织系统中各子系统或各元素的工作任务分工和管理职能分工。

一、项目式

项目式组织结构又称直线式组织结构。项目经理负责整个项目的实施。项目团队成员接受项目经理的领导。项目经理具有较强的独立性和对项目的绝对权力，对项目总体负全责。

项目式组织结构是最早也是最简单的组织形式之一。其特点是组织系统职权从组织上层流向组织基层。上下级关系是直线关系，即命令与服从的关系。项目式组织结构如图 2.1.1 所示。

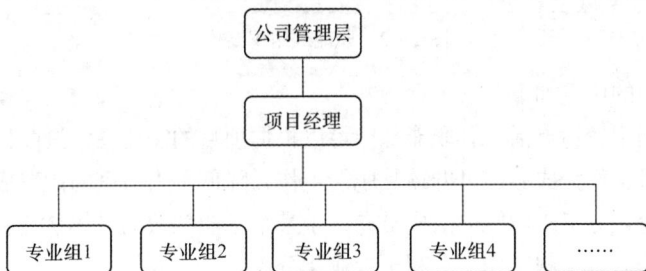

图 2.1.1 项目式组织结构

项目式组织结构的优点如下。

（1）组织结构设置简单，权责明确，信息沟通快。

（2）便于统一指挥、集中管理。

（3）管理费用低。

项目式组织结构的缺点如下。

（1）权力过分集中，易导致权力的滥用。

（2）缺乏横向协调，适应性弱。

项目式组织结构有助于组织迅速、有效地对项目目标和客户需要做出反应，适用于价值高、期限长的大型项目。

二、职能式

职能式组织结构是在项目式组织结构的基础上发展起来的。企业一般按职能划分部门，如采购、市场、财务、人事等职能部门。

在职能式组织结构中，项目的各个任务分配给相应的职能部门，项目团队成员来自多个职能部门。每个团队成员都有一个明确的直接上司——职能经理。职能经理对分配到本部门的项目任务负责，职能部门在自己的职能范围内独立于其他职能部门进行工作。项目的全部工作作为各职能部门的一部分工作进行。

项目团队成员来自各职能部门，既要服从项目经理的指挥，又要听从本部门职能经理的指挥。

由图 2.1.2 可知，部门成员 A 既要受本部门职能经理的指挥，又要听从所在两个项目的项目经理的指挥。

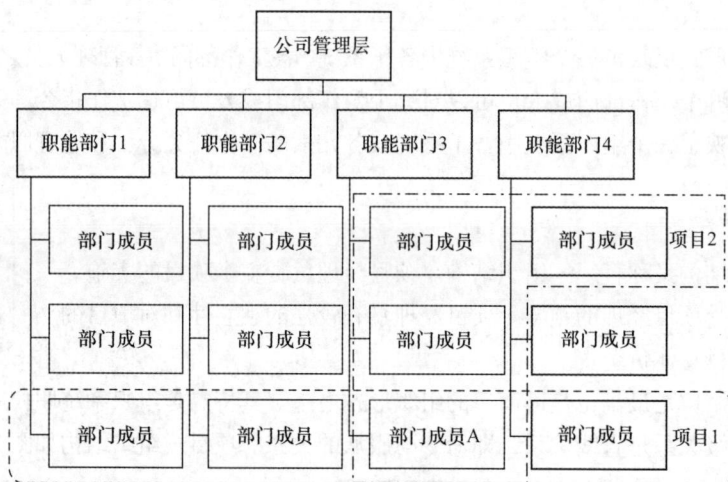

图 2.1.2　职能式组织结构

职能式组织结构的优点如下。

（1）人力资源利用较为灵活。各职能部门可以根据项目的需要灵活调配人力资源。项目团队成员待所分配的项目工作完成后，可继续其职能工作，降低了人力资源闲置成本。

（2）有利于专业化分工。职能部门成员专注于某个专业领域的具体事务，如职能部门的某个成员负责多个项目的质量控制工作，有利于专业化分工。

职能式组织结构的缺点如下。

（1）工作中常会出现交叉和矛盾的工作指令。项目团队成员可能同时收到所在职能部门和几个项目经理下达的工作指令，这样就会形成多头领导，可能会严重影响项目管理机制的运行和项目目标的实现。

（2）部门之间的沟通和协作不足。由于各职能部门只负责项目的一部分，部门之间的冲突难以避免。

职能式组织结构主要适用于中小型、生产技术发展变化较慢、外部环境比较稳定的项目。

三、矩阵式

矩阵式组织结构结合了项目式和职能式双重特点，形成横向项目团队与纵向职能部门的交叉管理。项目团队由来自不同职能部门的成员组成。项目成员需向项目经理和职能经理双向汇报。这种结构强调跨部门协作和资源共享，有利于提高项目执行效率和响应市场变化的能力。矩阵式组织结构如图 2.1.3 所示。

企业职能部门是永久性的，项目组织结构是临时的。职能经理对参与项目的成员有调动、考察和业务指导的责任；项目经理则将参与项目的人员有效地组织起来，进行项目管理的各项工作。

项目团队成员接受企业职能经理和项目经理的双重领导。从图 2.1.3 可看出，部门成员 A 受本部门职能经理的领导，也受项目经理的领导。项目经理对参与项目的成员有使用、奖惩、增补、调换或辞退的权力。

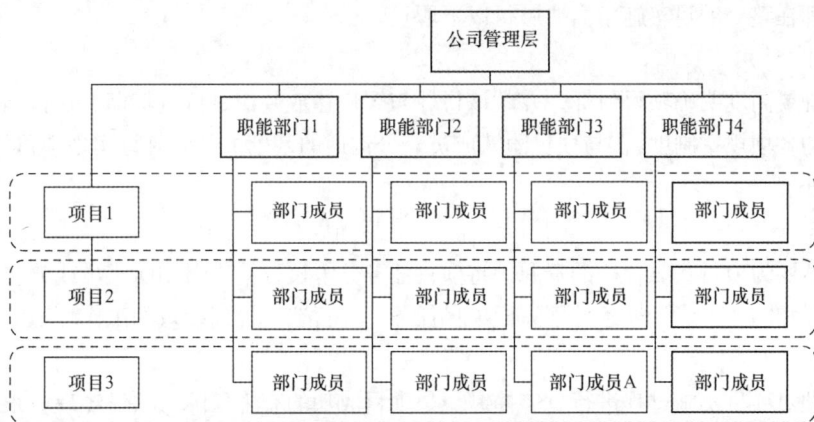

图 2.1.3 矩阵式组织结构

矩阵式组织结构的优点如下。

（1）兼有项目式和职能式两种项目组织结构形式的优点，将职能原则和项目原则结合为一体，实现企业战略发展目标管理和项目一次性管理的一致。

（2）能通过对人员的及时调配，以较少的人力资源实现多个项目管理的效率提高。

（3）项目组织具有弹性和应变能力。

矩阵式组织结构的缺点如下。

（1）矩阵式组织结构的接合部门多，组织内部的人际关系、业务关系、沟通渠道等都较复杂，易造成信息量膨胀，引起信息流失或失真，需要依靠有力的组织措施和规章制度规范管理。

（2）项目团队成员接受职能经理和项目经理的双重领导，命令可能难以统一。

矩阵式组织结构对企业的管理水平、项目经理的管理水平、组织结构的办事效率、信息沟通渠道的畅通性等，都有较高的要求。

任务二 项目经理

《建设工程项目管理规范》（GB/T 50326—2017）规定实行项目管理责任制，即组织制定的、以项目负责人（项目经理）为主体，确保项目管理目标实现的责任制度。

项目经理领导项目组织的运转，其最主要的职能是保证项目目标成功实现，在项目及项目管理过程中起着关键的作用，是决定项目成败的关键角色。

项目经理同时也是项目的指挥者，首要担负的职责是对项目的计划、组织和控制。首先，项目经理要明确项目目标。接下来，项目经理应与团队共同制订实现目标的计划，确保全体达成共识，并切实地执行计划。

因此，项目经理既要有实践经验又要有理论知识。

2.2.1 工作职责

根据《建设工程项目管理规范》（GB/T 50326—2017），项目经理是组织法定代表人在建设工程项目上的授权委托代理人。

项目经理在整个项目实施中需要履行以下职责。

1. 计划

项目经理要高度明确项目目标，并就该目标与客户达成共识，认真贯彻、执行国家的政策、法规和公司的各项规章制度，在与项目团队成员充分沟通的基础上共同制订实现项目目标的计划，指导项目的开展。

2. 组织

项目经理要为项目获取合适的资源，将项目任务分解授权给项目团队成员或分包商，组织团队在给定预算和时间进度计划条件下完成项目任务，并营造一种高绩效的工作环境。

3. 控制

项目经理对项目实施过程进行总体控制，是项目成功的有力保障。项目经理应跟踪实际工作进展并将其与计划进行比较，不断纠正项目偏差，完善项目计划。

以某 EPC 工程总承包项目为例，项目经理的具体职责如下。

（1）项目经理经公司法定代表人授权或公司委派，全面负责项目实施。

（2）贯彻执行国家法律、法规和规范、标准，执行公司的各项管理制度，履行项目承包合同和项目管理目标责任书。

（3）负责总承包项目经理部的建立，主持项目经理部组织架构、管理制度的制定并组织实施。

（4）负责根据业主要求编制、调整项目实施方案和总进度计划，并分解到各专业，负责跟踪落实执行情况。

（5）负责协调、督促设计、施工、采购、物流等专业的工作，对各专业工作有审核的权力和责任。

（6）负责与监理单位、厂商、材料供应商等项目相关单位以及地区政府相关部门的沟通协调工作。

（7）负责组织和督促各专业进行现场交底，负责组织和督促各专业开展必要的培训和宣贯工作，落实项目各项技术要求。

（8）负责组织开展项目各阶段风险评估，并根据风险状况及时调整实施方案和应对策略。

（9）负责总承包区域内项目预算管理，负责项目总体成本管控，管理审核各专业上报的成本预算、结算申请、支付申请等。

（10）负责总承包区域内施工现场、质量、安全生产等各项有关项目管理要素的整体管理工作，并按照国家相关法规和公司制度开展检查、考核工作。

（11）负责定期组织召开总承包项目经理部工作例会，总结交流项目实施过程中的各类问题，协调解决问题，形成会议纪要，确保项目完成。

（12）参与建设单位、监理单位、政府相关部门等监管单位召开的有关会议，汇报项目开展情况，了解各类新要求、新信息，并根据会议要求，在本项目内落实各项工作。

（13）负责督促、落实项目相关信息的收集、整理、汇总、报送工作，负责落实项目相关信息、数据的入库存档工作。

（14）负责统筹安排、接受各级安全及质量检查，负责督促检查不合格项的整改、整顿工作。

（15）负责管理总承包区域内的验收、保修、交维工作，负责协调各专业的项目结算和关闭工作。

（16）负责制定项目经理部人员绩效考核制度，并落实内部考核及分配工作。

（17）配合业主完成各项合理的指令性、服务性工作。

2.2.2 能力要求

项目的复杂性和多样性，要求项目经理具备以下能力。

1. 领导能力

项目经理的领导能力强是项目成功的重要前提之一。项目经理应能对项目有明确的领导和指导，能解决和处理各种问题，善于起用新人，并使之与团队融洽相处，能迅速做出集体决策与个人决策，能准确无误地沟通信息，能代表项目团队与外界交流，能平衡经济与人力间的矛盾。

2. 专业技术能力

项目经理除了应具备扎实的项目管理知识和技能等，还应有工程项目实践经验。工业互联网工程项目的项目经理对工业互联网行业领域应有全面的了解，掌握与所在企业业务相关的某一专业领域的技术知识。

3. 建设项目团队的能力

建设项目团队是项目经理的主要职责之一。为保证项目团队高效运作，项目经理应创造一种学习的环境，鼓励成员在项目活动中自我发展、勇敢创新，营造项目团队良好的协作氛围，从而建设有着不竭动力的高绩效项目团队。

4. 解决问题的能力

项目经理应在项目团队、项目相关单位之间进行开放而及时的信息沟通，尽早发现项目存在的问题，把问题可能对项目造成的影响或危害降到最低。当出现可能导致项目决策失误、进度延缓、项目搁浅甚至彻底失败等情况的事件时，项目经理应保持敏锐的洞察力，识别潜在风险，尽量降低和消除这些情况对项目的危害。

项目经理不仅自身要有解决问题的能力，还要培养项目团队成员及早发现问题并独立解决问题的能力。当项目出现较复杂的问题时，项目经理要具有洞察全局的能力，领导团队成员及项目利益关系者共同提出最佳的解决方案。

以某大型企业对承担总承包项目的项目经理资历的能力要求为例，项目经理应具备的能力如下。

（1）应具有注册一级建造师执业资格或 PMP 证书。

（2）具备工程类中级及以上职称证书，或者具有同等专业水平。

（3）具备有效期内的行业主管部门核发的项目负责人安全生产考核合格证。

（4）具备决策、组织、领导和沟通能力，能正确处理和协调与业主、相关方之间及企业内部各专业、各部门之间的关系。

（5）应熟悉总承包项目管理的专业技术及有关项目管理的经济和法律、法规知识。

（6）应具有类似项目的管理经验。

（7）应具有良好的职业道德。

2.2.3 工作技巧

在具备相关能力的同时，项目经理还应该具备以下与人相处的重要技巧：影响力、授权、谈判和沟通。

1．影响力

项目经理应注意培养自己的影响力，以获得所有项目团队成员的支持。项目经理的正式权力通常是由项目组织中的高层领导授予的。但项目经理的正式权力往往不大，项目经理的实际权力通常来自其丰富经验、过往优秀成绩、果断的决策能力以及人们对其人格的尊重，即影响力。有时候，项目经理的影响力甚至比正式权力更能在对项目的领导中发挥作用。

2．授权

和影响力一样，授权也是项目经理的重要工作技巧。授权明确项目团队成员在目标实现过程中的地位与角色。项目经理授权时，应在充分了解项目团队成员的基础上选择适当的人选，阐明所授权力的内容、期限、成本及成果要求，并建立适当的控制机制确保授权在正确的范围内运行。

授权可以使项目经理从日常琐事中脱身，全力处理全局性、战略性问题；同时也是充分利用项目团队人才资源，提高决策速度及科学性的有效措施。但授权不等于下放责任，项目经理仍必须对整个项目负责。

3．谈判

谈判是在满足项目要求的前提下，与他人达成协议或妥协的过程。一个优秀的项目经理应是一个优秀的谈判者，项目经理通过与公司领导的谈判，可以为项目争取充足的人、财、物资源，这是项目成功的重要保障。在项目实施过程中，项目经理应与利益相关者谈判，尽量使谈判双方的利益差距缩小，以避免矛盾。

4．沟通

经常而有效的沟通是项目顺利进行、客户满意度高的保证。项目经理应具备良好的沟通能力，通过多渠道进行及时、真实和明确的沟通，帮助客户获得对项目预期目标的清晰理解，实现项目团队内部相互信任、协同工作。

项目沟通要把握这些原则：非正式的沟通有利于关系的融洽；采用对方能够接受的沟通风格；扫清沟通的障碍，如明确职责，建立并完善沟通机制等。

任务三　项目团队沟通

2.3.1　沟通的具体形式

沟通分为团队内部沟通、团队外部沟通。

团队内部沟通主要指项目团队内部的交流沟通。为了让项目团队每个成员都能很好地领会项目的目标和下一步计划，让每位成员都清楚自己的任务和责任，项目经理必须保持与项目团队成员的日常沟通，听取每位成员的工作心得及其工作进展情况，激励项目团队成员的工作积极性。

团队外部沟通主要是与项目相关单位之间的交流和沟通，使客户及时了解项目进展情况，保证项目按照计划和客户要求的方向推进，使客户认同项目的进展。除了平时的口头沟通，根据项目沟通管理计划，项目经理应反映项目实施中出现的问题，并与客户协商解决方案，正式提出需要客户提供的支持或配合事项及需要客户确定的业务流程等。

沟通的具体形式和做法有以下几种。

1. 随时交流与沟通

对于重大的工程，应不定期地或在每天下班前后进行针对当天工作情况的沟通。这种沟通时间较短，通常为十几分钟，目的是及时发现项目中出现的问题，并讨论解决措施。个别项目涉及的各种未知风险因素很多，需要协调的事情也多。项目经理的任务之一就是做好沟通和交流。这样的沟通以非正式的口头沟通居多，有些时候也需要书面沟通和正式的口头沟通。

2. 定期召开项目会议

每周项目团队内部定期召开交流会议，主题是互相交流一周内的工作进展情况；分析已经出现和潜在的风险与问题；总结项目实施中的经验教训，以保证每位项目团队成员在项目中都能发挥出良好的作用。特别是在项目开始阶段，开会的频率可以是一周多次；在项目执行过程中，一般一周开一次会。

例会可邀请客户相关部门领导参加。有决定权的领导出席，会使得例会更有效果。项目经理应积极进行协调，主动邀请领导参加重要会议。通过增进与客户的沟通，分散和降低项目实施的风险，保证项目阶段结果和最终成果的顺利验收。所有与客户之间的交流沟通、项目团队内部每周的例行沟通均应形成会议纪要。

3. 保持与上级主管沟通

除了定期的周报和月报，项目经理应与上级领导保持随时的交流与沟通。如果发生突发事件或重要情况，项目经理应立即与上级领导联系，及时反映和解决问题。

沟通前，项目经理要明确这次沟通的真正目的。漫无目的的沟通是无效的沟通。确定了沟通目的，应围绕沟通目的规划沟通的具体内容。可根据不同的目的选择不同的沟通方式。

4. 采用多种多样的沟通方式

沟通是信息的传递，也是相互之间加深了解的桥梁，项目经理必须掌握一定的沟通方法和技巧，如面对面沟通、电话沟通、工作群沟通、电子邮件沟通、传真沟通或书面报告等。电子邮件、项目管理软件等现代化工具的确可以提高沟通效率，拉近沟通双方的距离，减少不必要的面谈和会议。

在项目中，应提倡主动沟通，尤其是当已经明确了必须沟通的时候。当项目经理面对客户或上级、团队成员面对项目经理时，主动沟通不仅能建立紧密的联系，还能表现对项目的重视，会使沟通的另一方满意度大大提高，对整个项目非常有利。

2.3.2　沟通管理计划

《建设工程项目管理规范》（GB/T 50326—2017）明确提出，组织应建立项目相关方沟通管理机制，健全项目协调制度，确保组织内部与外部各个层面的交流与合作。

项目各相关方应通过制度建设、完善程序，实现相互之间沟通的零距离和运行的有效性。

项目管理机构应将沟通管理纳入日常管理计划，沟通信息，协调工作，避免和消除在项目运行过程中的障碍、冲突和不一致。

项目管理机构应在项目运行之前，由项目负责人组织编制项目沟通管理计划。项目沟通管理计划应明确各岗位沟通管理职责、相互关系、沟通方式、沟通管理记录，以及会议沟通的具体安排、文件沟通的具体流程等，具体包括下列内容。

（1）沟通范围、对象、内容与目标。

（2）沟通方法、手段及人员职责。

（3）信息发布时间与方式。

（4）项目绩效报告安排及沟通需要的资源。

（5）沟通效果检查与沟通管理计划的调整。

项目部内部沟通实施要求如下。

（1）定时召开项目阶段性总结会议（月会）。

（2）召开项目部项目进展沟通会议（周会）。

（3）召开项目质量、安全生产等各项专题会议。

（4）各种会议按规定形成会议纪要或记录并保存。

任务四　现场工程师

2022年10月，教育部办公厅等五部门发布的《关于实施职业教育现场工程师专项培养计划的通知》中指出，面向重点领域数字化、智能化职业场景下人才紧缺技术岗位，遴选发布生产企业岗位需求，对接匹配职业教育资源，以中国特色学徒制为主要培养形式，在实践中探索形成现场工程师培养标准，建设一批现场工程师学院，培养一大批具备工匠精神、精操作、懂工艺、会管理、善协作、能创新的现场工程师。到2025年，累计不少于500所职业院校、1 000家企业参加项目实施，累计培养不少于20万名现场工程师。

现场工程师也被称为现场应用工程师，是在生产、工程、管理、服务等一线岗位上，用科学技术创造性地解决技术应用问题的应用型、复合型技能人才。

现场工程师要通过一种职业工作来发展职业认知能力，掌握解决某一特定工作领域复杂且不可预知问题的高级技能。从市场需求来说，现场工程师处于短缺的状态。

现场工程师的工作职责如下。

（1）负责施工管理工作。

（2）负责协调工程相关各方的关系。

（3）负责施工规范、标准的制定和管理。

（4）负责项目成本控制管理。

（5）熟悉施工图纸，参加设计交底、图纸会审，根据工程结构特点和施工技术措施，向工程相关人员提供技术咨询，保证按图施工，保证项目施工质量。

（6）参与编制施工组织设计、专业施工方案和施工进度计划。

（7）组织施工工艺的改进，提出合理化建议。

（8）对所执行的标准、文件、图纸的有效性负责。

（9）负责本专业施工资料的收集整理，保证及时性、准确性、完整性。

（10）完成项目经理交办的其他工作。

职业教育学校应联合社会合作企业，紧密围绕人才紧缺技术岗位需求，以中国特色学徒制为主要培养形式，产教协同育人，培养造就工程实践能力强、适应产业数字化转型升级的技术技能人才。

【实训演练】

项目案例1——制订沟通管理计划

一、案例背景

某集团为提升企业的项目管理水平和效率,通过招投标选定 A 公司为其开发企业数字化项目管理平台。A 公司组建了项目团队,任命老张担任项目经理,并将系统中的数据可视化模块外包给某一软件公司。在制订项目管理计划的过程中,老张让负责研发的小陈制订沟通管理计划,作为项目管理计划的子计划。小陈认为编制沟通管理计划是一件重复性的工作,于是参考过去的沟通管理计划,简单进行修改后将其放入了项目管理计划文件夹中作为公共信息供大家查阅。

【问题】

指出项目经理在沟通管理方面的做法有何不妥,并请协助完成沟通管理计划。

二、案例分析及解答

项目经理的沟通管理经验不足,不妥之处如下。

(1)不应该由负责研发的小陈制订沟通管理计划,工作安排不合理。

(2)制订沟通管理计划没有结合项目实际情况,只参考了以往的文件。

(3)制订的沟通管理计划没有经过评审。

三、制订计划

结合项目实际情况,项目经理组织召开项目团队内部会议,进行头脑风暴,共同制订沟通管理计划,如表 2.5.1 所示。

表 2.5.1　沟通管理计划

名称	沟通方式	时间	参与人	沟通目的
需求调研	面对面访谈	与对方协商	A 公司项目团队成员、客户相关主管	掌握平台开发具体功能和使用需求
项目团队工作群	即时通信	随时	A 公司项目团队成员	随时沟通任何问题
工作例会	会议	每周五 16:00	A 公司项目团队成员	汇报项目进展,讨论存在的问题、评估项目潜在风险
项目专题会	会议	阶段性	A 公司项目团队成员及领导、相关单位主要人员	控制项目实际情况与项目目标存在的偏差,解决质量、进度、投资等专题性问题
方案评审	会议	阶段性	A 公司项目团队成员及领导、客户、专家等	修订完善项目方案,使其符合客户需求
平台使用技能培训	线上课程	项目结束时	A 公司项目团队成员、平台运营人员	保证平台运营人员能熟练使用平台系统

项目案例 2——项目沟通问题处理

一、案例背景

某公司是一家专业的应用系统集成公司。老张在该公司工作了 8 年，职位为高级技术经理，对部门经理（职能经理）负责。由于他参与过多个项目的工作，在公司里备受尊重。

不久，公司获得一个 1 500 万元的合同。老张与部门经理一起为这一项目配备了合适的人员，他们大多数是亲密的伙伴，以前与老张一起在项目中工作。

老张被提升为项目经理，高级技术经理这一职位空缺，但是公司又没有合适的人选填补空缺。于是，部门经理招聘了新员工李四。李四是软件工程博士，拥有 20 年工作经验，薪水标准很高，甚至比老张高。他被委派到老张的项目中担任技术专家。

老张特别关注李四的工作，他建议李四应该怎样设计，完全不理会李四的说法。最后李四询问老张为何总是检查他的工作，而不去检查项目中其他成员的工作。老张说："我不必去检查他们的工作，我了解他们的工作方式，我和他们在其他项目中一起工作过。你是新来的，我想让你理解我们这里的工作方法，这也许与你以前的工作方法不一样。"

一次，李四向老张表示他想了一个创新的设计方案，可使平台成本降低。老张告诉他："我虽然没有博士头衔，但我也知道这个方案没有意义，不要故作高深，踏实作好基本的工程设计。"

李四向另一位被分配到项目中的工程师小邓吐槽："老张在项目中的作用，与其说是项目经理，倒不如说是软件工程师。另外，他的软件设计方法早已过时。"他还说他打算向部门经理反映这一情况，他要是早知道这种状况，绝不会来这家公司工作。

【问题 1】

请对老张和李四在项目中的行为进行点评。老张是否能够胜任项目经理？

【问题 2】

请描述项目中的沟通问题，并分析产生问题的原因。

【问题 3】

如果你是项目经理，你将如何处理上述事情？

二、案例分析与解答

【问题 1】

根据案例场景描述，可以判断，项目经理老张在沟通方面存在问题。老张与团队其他成员有多年的项目合作基础，并具备多年的技术经验。但老张对李四缺乏信任、尊重，沟通缺乏技巧。

一个合格的项目经理至少应该具备以下素质。

（1）广博的专业技术知识。

（2）丰富的项目实践经验。

（3）良好的沟通协调能力。

（4）良好的团队建设及激励能力。

（5）良好的职业道德。

但是老张显然还缺乏其中的部分能力，还没有从技术角色向管理角色进行转变，无法达到项目经理的职能要求，缺乏沟通能力。项目经理要能够允许别人发表意见，能够仔细聆听他人的意见，能够说服别人并获得理解和支持。

因此，老张不太适合项目经理的职位。

而李四在项目中也较少积极主动地与老张进行沟通。在本案例中，李四应该尝试先与项目经理老张进行沟通，在没有与老张进行沟通前向职能经理进行汇报是不明智的做法。

【问题2】

在本案例中，项目经理与技术专家之间存在沟通障碍。项目经理老张没有成功地从技术角色向管理角色进行转变，过多地关注技术，缺乏项目经理工作技巧，沟通与协调能力欠缺。李四作为技术专家，是项目团队成员，应该尝试先与项目经理老张进行沟通，不宜直接向职能经理进行汇报。总体而言，项目团队缺乏有效的沟通计划。

此外，在人力资源管理上也存在问题。部门经理在组建项目团队时，没有仔细考察老张是否能够胜任项目经理这一职位。

【问题3】

项目经理应进行项目团队建设，鼓励成员勇敢创新，营造良好的协作氛围。

（1）明确项目团队成员各自的职责，确定项目接口人、专业技术负责人等，各人专注于自己的岗位职责并互相沟通，防止出现本案例中项目经理充当技术发言人的角色。

（2）制订团队沟通计划，重视团队成员之间的沟通以及团队建设。

（3）建立项目文档评审制度，充分进行讨论协商。

（4）听取并讨论团队成员的意见。

对于李四的问题，采用对方能够接受的沟通方式进行沟通，譬如可采用非正式的沟通方式，可在工作闲暇时间了解一些非工作的情况，然后再对工作中出现的问题进行交流。

【模块小结】

项目开展前，应建立科学合理的项目组织结构。本模块主要介绍了不同项目组织结构的形式及其优缺点；项目经理应承担的工作职责以及需具备的能力，应学习并运用的沟通技巧；沟通管理计划的内容；现场工程师的产生背景及工作职责等。

【思考与练习】

一、单选题

1. 下列不属于项目组织的特点的是（　　　）。

    A. 弹性   B. 可变性   C. 多次性   D. 目标明确

2. 项目团队每个成员只有唯一的上级主管，指令来源是唯一的，这种组织结构是（　　　）组织结构。

    A. 项目式   B. 矩阵式   C. 职能式   D. 事业部

3. 项目团队每个成员可能有多个矛盾的指令源，这种组织结构是（　　　）组织结构。

    A. 项目式   B. 矩阵式   C. 职能式   D. 事业部

4. 项目团队中的成员都受项目经理和职能经理领导，指令源有两个的组织结构是（　　）组织结构。

  A. 项目式   B. 矩阵式   C. 职能式   D. 事业部

5. 项目经理的工作职责不包括（　　）。

  A. 计划   B. 组织   C. 服从   D. 控制

6. 项目团队成员与项目经理沟通的程度主要取决于（　　）。

  A. 项目经理如何有效地与团队建立关系

  B. 项目经理在组织层级中的地位

  C. 项目的规模和性质

  D. 项目经理的薪水和年龄

7. 项目经理发现一个团队成员的工作表现不佳。他处理该问题的最佳沟通方法是（　　）。

  A. 正式书面沟通   B. 正式口头沟通

  C. 非正式书面沟通   D. 非正式口头沟通

8. 项目经理应具备的能力不包括（　　）。

  A. 领导能力 B. 专业技术能力 C. 团队建设能力 D. 公关能力

9. 2022 年 10 月，教育部办公厅等五部门发布的《关于实施职业教育现场工程师专项培养计划的通知》中指出，到 2025 年，在全国范围内累计培养不少于（　　）名现场工程师。

  A. 5 万   B. 10 万   C. 20 万   D. 30 万

10. 项目经理在项目中的核心职责是（　　）。

  A. 负责具体技术工作   B. 制定项目预算

  C. 确保项目目标实现   D. 管理项目文档

11. 职能型组织结构的主要缺点是（　　）。

  A. 项目经理权力过大   B. 资源分配灵活性高

  C. 项目团队成员归属感差   D. 跨部门协调困难

12. 项目团队成员之间的沟通障碍最有可能导致（　　）。

  A. 项目成本降低   B. 项目进度延误

  C. 项目质量提升   D. 项目范围缩小

13. 项目沟通中，以下哪种沟通方式信息传递速度最快（　　）。

  A. 书面报告 B. 面对面沟通 C. 电话沟通 D. 电子邮件沟通

二、简答题

1. 项目经理应具有哪些能力？
2. 简述项目团队沟通的具体形式和做法。
3. 制作一份沟通管理计划，并描述每项沟通的目的。

模块三

工业互联网项目可行性研究与经济评价

【情境导入】

　　可行性研究是国际通行的项目决策管理工具。高质量发展需要高质量的投资，高质量的投资需要高质量的投资决策，而可行性研究是投资决策的核心环节。要实现投资高质量发展，就必须强化投资项目可行性研究的基础作用。可行性研究报告包括哪些内容？如何评价项目在经济上是否可行？这是本模块重点解决的问题。

【学习目标】

- 理解可行性研究的含义、内容和作用。
- 掌握绘制现金流量图和计算资金现值、终值的方法。
- 掌握相关经济评价指标的含义和计算方法。
- 理解不确定性分析和线性盈亏平衡数学模型。

【能力目标】

- 能够初步编写工业互联网项目可行性研究报告。
- 能够计算资金时间价值并实际运用。
- 能够通过计算净现值、投资回收期等经济评价指标进行经济分析。
- 能够进行线性盈亏平衡分析。

【素质目标】

- 准确把握政策发展方向，精准服务国家战略，推动高质量发展。
- 从项目全生命周期角度统筹拟订项目建设方案，强化项目全生命周期系统理念。
- 通过经济评价培养独立思考的能力。

【知识链接】

任务一　工业互联网项目可行性研究概述

3.1.1　可行性研究的含义

可行性研究是在对拟建项目进行全面综合调查研究和分析预测的基础上，运用科学的方法对投资项目技术上的先进性和适用性、经济上的盈利性和合理性以及建设上的可能性和可行性进行技术经济论证，确定项目是否可行的过程。技术上的先进性和适用性、经济上的盈利性和合理性、建设上的可能性和可行性是可行性研究的目标。

可行性研究通过对项目的建设条件、生产技术的可行性以及产品的竞争能力等方面的深入调查论证和预测，减少决策失误可能造成的风险，保证项目效益的实现。

在实践中，缺少可行性研究，导致项目投资失误的主要表现有：与国家宏观经济调控的方针政策不一致或相违背，没有做好市场预测，技术不成熟或盲目引进技术，资源不明，缺乏便利的交通条件。

广义上，可行性研究成果包括项目建议书和可行性研究报告。狭义上，可行性研究成果不包括项目建议书。

一、项目建议书

项目建议书重在论述项目建设的必要性，主要对项目的功能定位、主要建设内容和规模、投资匡算、资金筹措、社会效益和经济效益进行初步研究，为后续开展深化研究提供基础。

项目建议书的重点是根据国民经济和社会发展长期规划、行业规划、地区规划、国家产业政策等，经过调查研究和市场预测，从宏观上论证项目建设的必要性和可能性。在初步研究中，项目投资和成本费用可主要采用相对粗略的指标估算法进行估算，有条件的可采用分类估算法进行估算，投资估算的误差率要控制在 ±20% 以内。

二、可行性研究报告

可行性研究报告是基于项目建议书的深化研究所形成的。深化研究的主要任务是深入研究有关产品、资源供应、厂址选择、工艺技术、设备选型、筹资计划、组织管理机构等各种可能的方案，选择最佳方案，并对投资总体建设方案的企业财务效益、经济费用和社会效益进行分析与评价，对拟建项目提出结论性意见。

可行性研究报告的内容，因项目的性质和行业特点而异。从总体上看，可行性研究报告的内容与项目建议书的内容相比，研究重点有所不同，研究深度有所提高，研究范围有所扩大。在深化研究中，投资估算的误差率要控制在 ±10% 以内。

3.1.2 可行性研究的作用

"先论证，后决策"是现代项目管理的基本原则。

项目论证应该围绕着市场需求、工艺技术、经济效益等方面展开，采取由粗到细、由浅入深的递推过程，进行项目可行性研究。

项目决策是指从项目投资主体的目标出发，根据客观条件和投资项目的特点，在掌握大量有关信息的基础上，运用科学的决策理论和方法，按一定的程序和标准对各种可供实施的方案进行分析、评价和选择，并对投资项目做出选择或决定的过程。

可行性研究的作用体现在以下五个方面。

1. 作为确定建设项目的依据

围绕项目建设必要性、方案可行性及风险可控性等三大目标，注重从项目全生命周期出发统筹拟订项目投融资和建设实施方案，注重经济、社会、环境等新评价理念的应用。可行性研究评价项目的经济效益和社会效益，深入分析项目风险，明确提出项目是否可行的结论和建议。

2. 作为向银行等金融机构申请贷款的依据

可行性研究中的拟建项目融资方案和经济效益评价结论是项目向银行等金融机构申请贷款的重要依据。只有当确认项目具有还款能力，银行等金融机构不承担过大风险时，其才同意向拟建项目贷款。

3. 作为编制设计文件及与有关协作单位签订合同、协议的依据

可行性研究中对建设规模、产品方案、选址、工程技术、环境保护、劳动安全、资金筹措、工程进度安排等方面都有详细的分析论证，为编制设计文件及与有关协作单位签订合同、协议提供了依据。

4. 作为环保部门审查项目对环境影响的依据和向当地政府或规划部门申请建设相关许可证的依据

项目在建设中和投产后对市政建设、环境等会产生影响，因此项目的开工建设需要得到环保部门和当地政府、规划部门的许可。环保部门通过对可行性研究中关于拟建项目的环境影响论证进行评估，审查拟建项目是否符合环保要求；同时可行性研究中对选址、技术方案、环境及生态保护方案等方面的论证，为向当地政府或规划部门申请建设相关许可证提供重要的依据。

5. 作为项目后评价的依据

项目在经过一段时间的生产运行后，投资者可对项目的立项决策、设计、施工、竣工验收、交付使用、生产运营等进行系统的项目后评价，依据可行性研究中关于经济效益、社会效益、环境影响等方面的评价结论，将项目的预期效果与实际效果进行对比，从而对项目进行全面综合的评价。

3.1.3 可行性研究的内容

一、可行性研究报告编写大纲

根据《国家发展改革委关于印发投资项目可行性研究报告编写大纲及说明的通知》（发改投资规〔2023〕304号），投资项目可行性研究报告编写大纲主要内容如下。

1. 概述

"项目概况"是对拟建项目的建设地点、建设内容和规模、总体布局、主要产出、总投资和资金来源、主要技术经济指标等内容的阐述，为项目决策机构对拟建项目的相关事项开展分析评价奠定基础。

"项目单位(企业)概况"是对项目单位基本信息的阐述，为项目决策机构分析判断项目单位是否具备承担拟建项目的能力、国有控股企业是否聚焦主责主业等提供依据。

"编制依据"主要说明拟建项目取得相关前置性审批要件、主要标准规范及专题研究成果等情况，为相关研究评价和数据提供来源和支撑。

"主要结论和建议"简述可行性研究的主要结论和建议，必要时可进行列表展示。

2. 项目建设背景和必要性

"项目建设背景"主要简述项目提出背景、前期工作进展等情况，便于项目决策机构掌握项目来源、工作基础和需要解决的重要问题等。

"规划政策符合性"应体现经济社会发展战略和规划，从扩大内需、共同富裕、乡村振兴、科技创新、节能减排、国家安全、基本公共服务保障等重大政策目标层面进行分析，研究提出项目建设的必要性，评价项目与战略目标、政策要求的一致性。

"项目建设必要性"主要从宏观、中观和微观层面展开分析，研究项目建设的理由和依据。对于主要满足社会公共需求的非经营性项目，应进行社会需求研究，通过对项目的产出品、投入品或服务的社会容量、供应结构和数量等进行分析，为确定项目的目标受益群体、建设规模和服务方案提供依据。

3. 项目需求分析与产出方案

"需求分析"要根据经济社会发展规划、国家和地方标准规范及项目自身特点，通过文案资料、现场调研、数字化技术等方法分析需求现状和未来预期等情况，研究提出拟建项目近期和远期目标、产品或服务的需求总量及结构，为研究确定项目建设内容和规模提供支撑。

"项目建设内容和规模""产出方案"在需求分析的基础上，阐述拟建项目总体目标及分阶段目标，提出拟建项目建设内容和规模，明确项目产品方案或服务方案及其质量要求，并评价项目建设内容、规模以及产品方案的合理性。

4. 项目选址与要素保障

"项目选址或选线"应坚持国土空间"唯一性"要求，从规划条件、技术条件、经济条件和资源节约集约利用等方面，以国土空间规划和用途管制规则为基本依据，基于国土空间规划"一张图"，将耕地和永久基本农田保护、生态红线保护、节约集约利用土地作为方案比选核心要素，对拟订的备选场址方案或线路方案进行比较和择优。

"项目建设条件"主要分析拟建项目所在地的自然环境、交通运输、公用工程等支撑项目建设的外在因素。

"要素保障分析"包括土地要素保障，以及水资源、能耗、碳排放强度和污染减排指标控制要求及保障能力等。

5. 项目建设方案

项目建设方案主要从工程技术方案及工程实体建设的角度研究工程可行性，在绿色低碳、节约集约、智慧创新、安全韧性等方面加强比选。为有序推进项目实施，建设方案要对项目组织实施、工期安排、招标方案等进行分析，明确"建设管理方案"，并根据项目实际情况研究提出"数字化方案"，促进投资建设全过程数字化应用。同时，要对项目"技术方案""设备方案""工程方案"的合理性、先进性、适用性、自主性、可靠性、安全性、经济性等进行多方案比选，研究工程技术方案的可行性。

6. 项目运营方案

可行性研究要改变"重建设、轻运营"的做法，强调项目全生命周期的方案优化和系统性论证，既要重视工程建设方案可行性研究，也要重视项目建成后的运营方案可行性研究。同时，还要结合项目的工程技术特点，遵循有关部门颁布的各类运营管理标准（包括强制性标准和参考性标准等），确保满足产品或服务质量、安全标准等要求。

运营方案要重视研究"运营模式选择"和创新。项目运营需要研究"运营组织方案"，并制定项目全生命周期关键绩效指标和绩效管理机制。

7. 项目投融资与财务方案

项目投融资与财务方案是在明确项目产出方案、建设方案和运营方案的基础上，研究项目投资需求和融资方案，计算有关财务评价指标，评价项目盈利能力、偿债能力和财务持续能力，据以判断拟建项目的财务合理性，分析项目对不同主体的价值贡献，为项目投资决策、融资决策和财务管理提供依据。

可行性研究阶段对项目"投资估算"的准确度要求在 ±10% 以内，以切实提高投资估算的精度，为项目全过程投资控制提供依据。

项目"盈利能力分析"重点是现金流分析，通过相关财务报表计算财务内部收益率、财务净现值等指标，判断投资项目盈利能力。

"债务清偿能力分析"是论证项目计算期内是否有足够的现金流量，按照债务偿还期限、还本付息方式偿还项目的债务资金，从而判断项目支付利息、偿还到期债务的能力。

"财务可持续性分析"是根据财务计划现金流量表，综合考察项目计算期内各年度的投资活动、融资活动和经营活动所产生的各项现金流入和流出，计算净现金流量和累计盈余资金，判断项目是否有足够的净现金流量维持项目的正常运营。

8. 项目影响效果分析

"经济影响分析"是从经济资源优化配置的角度，利用经济费用效益分析或经济费用效果分析等方法，评价项目投资的真实经济价值，判断项目投资的经济合理性，从而确保项目取得合理的经济影响效果。

"社会影响分析"主要从项目可能产生的社会影响、社会效益和社会接受性等方面，研究项目对当地产生的各种社会影响，评价项目在促进个人发展、社区发展和社会发展等方面的社会责任，并提出减缓负面社会影响的措施和方案。

"生态环境影响分析"是从推动绿色发展、促进人与自然和谐共生的角度，分析拟建项目所在地的生态环境现状，评价项目在污染物排放、生态保护、生物多样性和环境敏感区等方面的影响。

"资源和能源利用效果分析"是从实施全面节约战略、发展循环经济等角度，分析论证除项目用地（海）之外的各类资源节约集约利用的合理性和有效性，提出关键资源保障和供应链安全等方面的措施，评价项目能效水平以及对当地能耗调控的影响。

9. 项目风险管控方案

可行性研究应重视风险管控，确保有效规避项目全生命周期风险。"风险识别与评价"主要是识别项目存在的各种潜在风险因素，包括市场需求、要素保障、关键技术、供应链、融资环境、建设运营、财务盈利性、生态环境、经济社会等领域的风险，并分析评价风险发生的可能性及其危害程度，提出规避重大和较大风险的对策措施及应急预案，即"风险管控方案"和"风险应急预案"，建立健全投资项目风险管控机制。

二、政府和企业投资项目可行性研究报告编写要求

《政府投资项目可行性研究报告编写通用大纲（2023年版）》属于强制适用范畴，政府投资项目可行性研究报告原则上应按照此大纲进行编写，并作为各级政府及有关部门审批政府投资项目的基本依据。政府投资项目可行性研究应根据经济社会发展需要和财政可负担性，合理确定建设标准、建设内容、投资规模等，防范地方政府隐性债务风险。

《企业投资项目可行性研究报告编写参考大纲（2023年版）》不具有强制性，属于参考适用范畴。企业投资项目可行性研究应以满足市场需求为导向，加强企业发展战略需求分析，引导企业提高项目决策的科学性和财务的可持续性，促进依法合规生产经营，防范各类风险，实现健康可持续发展。

可行性研究要围绕投资项目建设必要性、方案可行性及风险可控性三大目标开展系统、专业、深入的论证，重点要把握"七个维度"的研究论证内容。其中，项目建设必要性应从需求可靠性维度研究得出结论，项目方案可行性应从要素保障性、工程可行性、运营有效性、财务合理性和影响可持续性等五个维度进行研究论证，项目风险可控性应通过各类风险管控方案维度研究得出结论。

三、工业互联网平台业务需求分析

业务需求分析是工业互联网平台项目可行性研究的重中之重。由中国电子技术标准化研究院牵头制定的《工业互联网平台选型要求》（GB/T 42562—2023）标准提出了工业互联网平台业务需求分析建议，如表3.1.1所示。

表3.1.1　工业互联网平台业务需求分析

工业互联网平台应用 典型业务场景	业务需求分析建议
产品设计	分析产品构型设计、设计标准库、合规性校验、协同设计等方面的工业互联网平台应用需求
工艺设计	分析工艺设计标准管理、工艺流程自定义、工艺三维仿真、并行协同设计、工艺与制造数据集成等方面的工业互联网平台应用需求
供应链管理	分析供应商管理、采购策略优化、订单协同、订单可视化、精准对账等方面的工业互联网平台应用需求

工业互联网平台应用典型业务场景	业务需求分析建议
计划调度	分析生产计划优化、模型构建开发、高级排产、进度监控与调度等方面的工业互联网平台应用需求
生产管控	分析精益生产管理、过程管控、电子看板、工艺参数调优等方面的工业互联网平台应用需求
质量管控	分析质量管理体系管理、质量目标分解、质量管理模型开发、在线检测控制、质量数据分析等方面的工业互联网平台应用需求
仓储配送	分析物流设备数据建模、物料配送方案设计、仓储布局仿真、调度运行仿真、仓储配送与生产作业协同等方面的工业互联网平台应用需求
物流管理	分析物流状态实时监测、协同物流等方面的工业互联网平台应用需求
营销管理	分析营销策划、营销执行过程管控、客户管理、需求预测等方面的工业互联网平台应用需求
设备管理	分析设备数据采集、统一汇聚、可视化展示、健康监测预警等方面的工业互联网平台应用需求
产品运维	分析产品状态实时监控、远程升级与控制、告警推送、报修管理等方面的工业互联网平台应用需求
客户服务	分析客户在线服务、需求及时响应等方面的工业互联网平台应用需求
组织管理	分析人才招聘选拔、人才画像、薪酬管理、绩效考核、员工服务等方面的工业互联网平台应用需求
财务管理	分析财务预算分析、成本控制、会计、投融资管理等方面的工业互联网平台应用需求
能源管理	分析能源数据接入汇聚、运行状态实时监控、能效优化、能源调度等方面的工业互联网平台应用需求
安全管控	分析危险信息实时监控、安全态势感知报警、安全应急联动等方面的工业互联网平台应用需求
环保管控	分析污染物实时监测、数据可视化展示、实时预警等方面的工业互联网平台应用需求
园区管控	分析园区安全管控、能耗管控、产业监测、产业链金融等方面的工业互联网平台应用需求

任务二　资金时间价值

3.2.1　现金流量

一、现金流量的概念

在进行工程经济分析时，所考查的对象可以是一个工程项目或一个企业，也可以是一个地区或一个国家，而投入的资金、花费的成本、获取的收入，均可看成该考查对象以货币形式体现的资金流出或资金流入。

考查对象在一定时期各时点上实际发生的资金流出或资金流入称为现金流量，其中流出系统的资金称为现金流出（Cash-Outflow，CO），流入系统的资金称为现金流入（Cash-Inflow，CI）。现金流入与现金流出之差（CI–CO）称为净现金流量（Net Cash Flow，NCF）。工程经济分析的任务就是根据所考查对象的预期目标和所拥有的资源条件，分析该对象的现金流量情况，选择合适的技术方案，以获得最大的经济效果。

二、现金流量图的作图方法

现金流量图是一种以时间为横轴、以现金流量为纵轴，用图形直观地表示项目系统在整个寿命期内各时点上现金流入与现金流出状况的工具。它通过在时间坐标图中，以箭头的方向表示现金流动的方向，向上的箭头表示现金流入，向下的箭头表示现金流出，箭头的长短在一定程度上反映现金流量的大小，清晰地展现现金流出、流入与时间的对应关系。现金流量图的一般形式如图 3.2.1 所示。

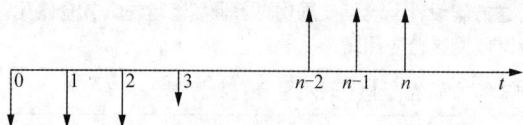

图 3.2.1　现金流量图的一般形式

以图 3.2.1 说明现金流量图的作图方法和规则。

1. 画出时间轴和时点

以横轴为时间轴，从左向右进行等分格，每个格子代表一个时间单位，时间单位可取年、半年、季或月等。

现金流量发生的时点可服从年末习惯法或年初习惯法。年末习惯法中，0 表示时间序列的起点，当年的年末同时也是下一年的年初。一般采用年末习惯法，图 3.2.1 中，时间轴"0"表示期初，"1"表示第 1 年年末或第 2 年年初，"2"表示第 2 年年末或第 3 年年初，以此类推。

2. 标出现金流量

在现金流量图中，现金流量用按比例绘制的带箭头短线条表示，垂直于时间轴的各短线条代表不同时点的现金流量。其中，现金流入用向上的箭头在现金流量图时间轴上表示，现金流出则用向下的箭头在时间轴下方表示。

在现金流量图中，短线条长短与现金流量数额的大小理论上应成比例，但现实经济活动中各时点现金流量的数额往往相差较大而无法成比例绘出，为了方便绘制，短线条长短只是示意性地体现各时点现金流量数额的相对差异，并在各短线条上方（或下方）注明其现金流量的数值。

3. 现金流量的方向

现金流量的方向（流出与流入）是对特定系统而言的，站在不同的视角，获得的结果往往相反。贷款方的流入就是借款方的流出，反之亦然。

总而言之，要正确绘制现金流量图，必须把握好现金流量图的三要素，即现金流量的大小（资金数额）、流向（资金流入或流出）和时点（资金发生的时间节点）。

【例 3.2.1】　某项目的各年现金流入流出情况如表 3.2.1 所示，请绘制该项目的现金流量图。

表 3.2.1　某项目的各年现金流入流出情况（金额单位：万元）

年	现金流入	现金流出
0	—	60
1	—	30
2	22	12

年	现金流入	现金流出
3	35	10
4	35	10
5	35	10
6	35	10
7	35	10
8	40	10

注：本书均用年末习惯法，即第 1 年表示第 1 年年末。

【解】　根据各年的现金流入及现金流出，计算得到各年的净现金流量分别为−60 万元、−30 万元、10 万元、25 万元及 30 万元。

根据各年的净现金流量大小和方向，绘制现金流量图，如图 3.2.2 所示。

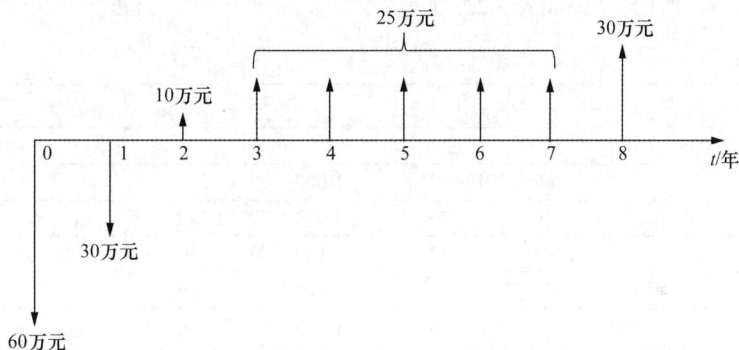

图 3.2.2　现金流量图

3.2.2　资金时间价值的概念及计算

一、资金时间价值的概念

资金时间价值，又称货币时间价值，是资金随时间的推移而产生的增值。资金时间价值可从以下两方面来理解。

第一，资金时间价值是资金作为生产要素，在技术创新、社会化大生产、资金流通等过程中，随时间的变化而产生的增值。资金的增值过程必须与占有市场份额的生产和流通过程相结合，如果没有市场需求，或离开了生产过程和流通过程，资金是不可能实现增值的。

第二，资金时间价值是使用稀缺资源（资金）的一种机会成本，是使用货币的利息；或者是让渡资金使用权所得的报偿，是放弃近期消费所得的补偿。

资金的时间价值是客观存在的，应充分利用资金的时间价值并最大限度地获得其时间价值。

二、资金时间价值的计算

由于利息是资金时间价值的直观体现，计算资金时间价值的方法就是计算利息的方法，利息计算有单利和复利两种方法。

1. 单利

单利（Simple Interest）是指在计算利息时，仅考虑最初的本金，而不计入在先前利息周期中所累积增加的利息，即通常所说的"利不生利"的计息方法。

单利情况下，计息期内利息额的计算式为

$$I = P \cdot i \cdot n$$

（3-1）

式中　I——计息期内利息额；

　　　P——本金；

　　　i——计息期利率；

　　　n——计息期数。

【例 3.2.2】　某企业从贸易伙伴公司借入 1 000 万元用于企业扩建，年利率为 7%，单利计息，5 年后一次偿还，试计算各年的利息及本利和。

【解】计算过程和计算结果如表 3.2.2 所示。

表 3.2.2　单利方式利息计算（金额单位：万元）

年	借款本金	当年利息	本利和	偿还额
0	1 000			
1		1 000 × 7% = 70	1 000 + 70 = 1 070	
2		1 000 × 7% = 70	1 070 + 70 = 1 140	
3		1 000 × 7% = 70	1 140 + 70 = 1 210	
4		1 000 × 7% = 70	1 210 + 70 = 1 280	
5		1 000 × 7% = 70	1 280 + 70 = 1 350	1 000 × (1 + 7% × 5) = 1 350

第 1~5 年的利息均为 70 万元。第 5 年年末一次偿还本利和 1 350 万元，其中包括利息 350 万元以及本金 1 000 万元。

可见，单利的年利息额都仅由本金产生，其新生利息不再加入本金产生利息，此即"利不生利"。单利不符合客观的经济发展规律，没有反映资金可能随时都在"增值"的概念，即没有完全反映资金的时间价值。因此，在工程经济分析中单利使用较少，通常只适用于短期投资及不超过 1 年的短期贷款。

2. 复利

复利是指在计算利息时，某一计息期的利息是由本金加上先前所累积利息总额来计算的计息方式，也即通常所说的"利生利""利滚利"。

复利情况下，计息期利息额的计算式为

$$I_t = F_{t-1} \cdot i$$

（3-2）

式中　I_t——第 t 期利息；

　　　i——计息期利率；

　　F_{t-1}——第（$t-1$）期期末本利和。

第 t 期期末复利本利和的表达式为

$$F_t = F_{t-1} \cdot (1+i)$$

（3-3）

【例 3.2.3】　某企业从贸易伙伴公司借入 1 000 万元，年利率为 7%，复利计息，5 年后一次偿

还，试计算各年的利息及本利和。

【解】 按复利计息，得到的结果如表 3.2.3 所示。

表 3.2.3 复利方式利息计算（金额单位：万元）

年	借款本金	当年利息	本利和	偿还额
0	1 000			
1		$1\ 000 \times 7\% = 70$	$1\ 000 + 70 = 1\ 070$	
2		$1\ 070 \times 7\% = 74.90$	$1\ 070 + 74.90 = 1\ 144.90$	
3		$1\ 144.90 \times 7\% \approx 80.14$	$1\ 144.90 + 80.14 = 1\ 225.04$	
4		$1\ 225.04 \times 7\% \approx 85.75$	$1\ 225.04 + 85.75 = 1\ 310.79$	
5		$1\ 310.79 \times 7\% \approx 91.76$	$1\ 310.79 + 91.76 = 1\ 402.55$	$1\ 000 \times (1 + 7\%)^5 = 1\ 402.55$

因此，第 1 年年末的利息及本利和分别为 70 万元、1 070 万元；第 2 年年末的利息及本利和分别为 144.90（70+74.90）万元、1 144.90 万元；第 3 年年末的利息及本利和分别为 225.04（70+74.90+80.14）万元、1 225.04 万元；第 4 年年末的利息及本利和分别为 310.79（70+74.90+80.14+85.75）万元、1 310.79 万元。第 5 年年末一次偿还总金额 1 402.55 万元，其中包括利息 402.55（70+74.90+80.14+85.75+91.76）万元以及本金 1 000 万元。

比较表 3.2.2 和表 3.2.3 的各年利息以及最终偿还额，同一笔借款，在利率和计息期均相同的情况下，复利的利息额比单利的利息额大，两者相差 52.55（402.55－350）万元。本金越多、利率越高、计算期越长，两者差距就越大。

在工程经济分析中，一般采用复利计息。复利计息符合资金在社会再生产过程中流动的实际状况，在实际中应用广泛。

三、现值和终值的计算

资金具有时间价值。即使金额相同，因其发生在不同时点，其价值就不相同，反之，不同时点绝对值不等的资金却可能具有相等的价值。这些不同时期、不同数额但其"价值等效"的资金称为等值资金。

1. 已知现值 P，求终值 F

现有一笔资金 P，按年利率 i 计算，n 年以后的本利和为多少？根据复利的定义即可求得终值 F 的计算公式，其计算过程如表 3.2.4 所示。

在表 3.2.4 中，i 为计息期利率；n 为计息期数；P 为现值，即现在的资金或本金，或者为资金发生在（或折算为）某一特定时间序列起点的价值；F 为终值（期末资金值或本利和），或者为资金发生在（或折算为）某一特定时间序列终点的价值。

表 3.2.4 终值计算过程

计息期	期初金额	当年利息	终值
1	P	Pi	$F_1 = P + Pi = P(1+i)$
2	$P(1+i)$	$P(1+i)i$	$F_2 = P(1+i) + P(1+i)i = P(1+i)^2$
3	$P(1+i)^2$	$P(1+i)^2 i$	$F_3 = P(1+i)^2 + P(1+i)^2 i = P(1+i)^3$
4	$P(1+i)^3$	$P(1+i)^3 i$	$F_4 = P(1+i)^3 + P(1+i)^3 i = P(1+i)^4$
……	……	……	……
n	$P(1+i)^{n-1}$	$P(1+i)^{n-1} i$	$F_n = P(1+i)^{n-1} + P(1+i)^{n-1} i = P(1+i)^n$

由表 3.2.4 可以看出，n 期末的终值 F 与现值 P 的关系为

$$F = P(1+i)^n \qquad (3\text{-}4)$$

式中 $(1+i)^n$ 也称为一次支付复利终值系数，用 $(F/P, i, n)$ 表示。

故式 $F = P(1+i)^n$ 又可写为

$$F = P(F/P, i, n) \qquad (3\text{-}5)$$

$(F/P, i, n)$ 括号内斜线前的符号表示所求的未知数，斜线后的符号表示已知数。整个 $(F/P, i, n)$ 符号表示在已知 i、n 和 P 的情况下求解 F 的值。为了计算方便，通常按照不同的利率 i 和计息期 n 分别计算出对应的 $(1+i)^n$ 的值，形成一次支付复利终值系数表。在计算终值 F 时，只要从一次支付复利终值系数表中查出相应的一次支付复利终值系数再乘以本金即为所求。一次支付复利终值系数表（部分）如表 3.2.5 所示。

表 3.2.5　一次支付复利终值系数表（部分）

期数	1%	2%	3%	4%	5%	6%	7%	8%
1	1.0 100	1.0 200	1.0 300	1.0 400	1.0 500	1.0 600	1.0 700	1.0 800
2	1.0 201	1.0 404	1.0 609	1.0 816	1.1 025	1.1 236	1.1 449	1.1 664
3	1.0 303	1.0 612	1.0 927	1.1 249	1.1 576	1.1 910	1.2 250	1.2 597
4	1.0 406	1.0 824	1.1 255	1.1 699	1.2 155	1.2 625	1.3 108	1.3 605
5	1.0 510	1.1 041	1.1 593	1.2 167	1.2 763	1.3 382	1.4 026	1.4 693
6	1.0 615	1.1 262	1.1 941	1.2 653	1.3 401	1.4 185	1.5 007	1.5 869
7	1.0 721	1.1 487	1.2 299	1.3 159	1.4 071	1.5 036	1.6 058	1.7 138
8	1.0 829	1.1 717	1.2 668	1.3 686	1.4 775	1.5 938	1.7 182	1.8 509
9	1.0 937	1.1 951	1.3 048	1.4 233	1.5 513	1.6 895	1.8 385	1.9 990
10	1.1 046	1.2 190	1.3 439	1.4 802	1.6 289	1.7 908	1.9 672	2.1 589

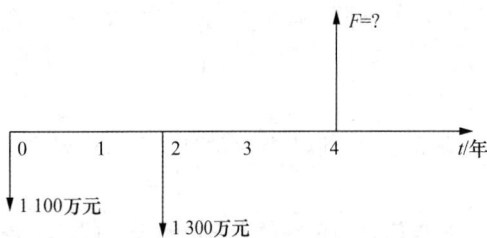

图 3.2.3　例 3.2.4 现金流量图

【例 3.2.4】 某项目期初投资 1 100 万元，第 2 年年末再投资 1 300 万元，年利率为 6%。该投资项目的现金流量图如图 3.2.3 所示。第 4 年年末应收回多少资金项目才可行？

【解】 由终值计算公式，得 $F = 1\,100 \times (F/P, 6\%, 4) + 1\,300 \times (F/P, 6\%, 2)$

查一次支付复利终值系数表，得到相应的系数，可得

$$F = 1\,100 \times 1.2\,625 + 1\,300 \times 1.1\,236$$

$$= 2\,849.43（万元）$$

因此，第 4 年年末应回收超过 2 849.43 万元，项目收益率才能达到 6%，项目才可行。

2. 已知终值 F，求现值 P

由终值计算公式的逆运算，可以很容易得到如下公式。

$$P = F(1+i)^{-n} \qquad (3\text{-}6)$$

$(1+i)^{-n}$ 称为一次支付复利现值系数，用符号 $(P/F, i, n)$ 表示。一次支付复利现值系数这个

名称描述了它的功能，即未来一笔资金乘上该系数就可求出其现值。

在工程经济分析中，一般将未来值折现到期初，计算现值 P 的过程称为"折现"或"贴现"，其所使用的利率常称为折现率、贴现率或收益率。贴现率、折现率反映了利率在资金时间价值计算中的作用，而收益率反映了利率的经济含义。故 $(1+i)^{-n}$ 或（P/F，i，n）也可称为折现系数或贴现系数，式 $P=F(1+i)^{-n}$ 常写为

$$P=F(P/F,\ i,\ n) \tag{3-7}$$

【例 3.2.5】某投资项目，预计在今后 3 年的每个年末均可获利 1 000 万元，预期年利率为 6%。这些利润相当于现在获利多少？

【解】 将有关数据代入公式

$$P=1\ 000 \times (P/F, 6\%, 1) + 1\ 000 \times (P/F, 6\%, 2) + 1\ 000 \times (P/F, 6\%, 3)$$
$$=1\ 000 \times (1+6\%)^{-1} + 1\ 000 \times (1+6\%)^{-2} + 1\ 000 \times (1+6\%)^{-3}$$
$$\approx 2\ 673(万元)$$

答：这些利润相当于现在获利 2 673 万元。

3. 常用的资金等值计算公式

由于资金存在时间价值，不同时点上的等额资金具有不同的价值，因此在考虑时间价值的情况下，不同时点上的现金流量不能直接相加或进行比较。在工程经济分析中，为了进行方案比较，需要将一个时点上发生的资金换算成一个时点上价值相同的资金，即对资金进行等值计算。

常用的资金等值计算公式如表 3.2.6 所示。

表 3.2.6　常用的资金等值计算公式

支付方式	公式名称	已知	求解	公式	系数名称及符号
一次支付	一次支付复利终值公式	P	F	$F=P(1+i)^n$	一次支付复利终值系数（F/P，i，n）
	一次支付复利现值公式	F	P	$P=F(1+i)^{-n}$	一次支付复利现值系数（P/F，i，n）
等额支付	等额支付年金终值公式	A	F	$F=A\dfrac{(1+i)^n-1}{i}$	等额支付年金终值系数（F/A，i，n）
	等额支付偿债基金公式	F	A	$A=F\dfrac{i}{(1+i)^n-1}$	等额支付偿债基金系数（A/F，i，n）
	等额支付年金现值公式	A	P	$P=A\dfrac{(1+i)^n-1}{i(1+i)^n}$	等额支付年金现值系数（P/A，i，n）
	等额支付资金回收公式	P	A	$A=P\dfrac{i(1+i)^n}{(1+i)^n-1}$	等额支付资金回收系数（A/P，i，n）

表 3.2.6 中，A 称为年金，是发生在（或折算为）某一特定时间序列计息期末（不包括 0 期）的等额资金序列的价值。

应用公式时应注意以下问题。

（1）本期期末即等于下期期初，0 点就是第一期期初，也称 0 期，第一期期末即等于第二期期初。

（2）现值 P 在第一期开始时（0 期）发生。

（3）终值 F 发生在计算期的期末，即第 n 期期末。

（4）各期等额支付的年金 A 发生在各期期末。

（5）当公式包括 P 与 A 时，系列的第一个 A 与 P 隔一期，即 P 发生在系列 A 的前一期。

（6）当公式包括 A 与 F 时，系列的最后一个 A 与 F 同时发生。

四、名义利率与实际利率

名义利率与实际利率

在复利计算中，利率周期通常以年为单位。利率周期可以与计息周期相同，也可以不同。当利率周期与计息周期不一致时，就出现了名义利率和实际利率的概念。

1. 名义利率

名义利率是指计息周期利率 i 乘以一个利率周期内的计息周期数 m 所得的利率周期利率。

$$r = i \cdot m \tag{3-8}$$

其中 r 为名义利率。

例如，若计息周期为月，月利率为1%。一年内计息12次，则名义利率为12%。很显然，计算名义利率时忽略了前面各期利息再生的因素，与单利的计算相同，而实际是按复利计算的，从而使得实际利率与名义利率存在差异。

2. 实际利率

若用计息周期利率来计算利率周期利率，并将利率周期内的利息再生因素考虑进去，这时所得的利率周期利率称为实际利率，又称有效利率。实际利率也指在按照给定的计息周期利率和每年复利次数计算时，能够产生相同结果的每年复利一次的年利率。

根据利率的概念可推导出实际利率的计算式。

已知年名义利率 r，一年内计息 m 次，则每个计息周期的利率为 $\dfrac{r}{m}$。根据一次支付复利终值公式可得该利率周期的终值 F，即

$$F = P\left(1 + \frac{r}{m}\right)^m \tag{3-9}$$

利息相当于终值与现值的差额，可得一年的利息 I 为

$$I = F - P = P\left(1 + \frac{r}{m}\right)^m - P = P\left[\left(1 + \frac{r}{m}\right)^m - 1\right] \tag{3-10}$$

利率是利息与本金的比率，可得该利率周期的实际利率 i 为

$$i = \frac{I}{P} = \left(1 + \frac{r}{m}\right)^m - 1 \tag{3-11}$$

同样的名义利率，在不同计息周期下，实际利率有所不同。假设名义利率为6%，不同计息周期下的实际利率如表3.2.7所示。

表 3.2.7　实际利率与名义利率的对比

名义利率 r	计息周期	年计息次数 m	计息周期利率 $i = \dfrac{r}{m}$	实际年利率 $i = \left(1 + \dfrac{r}{m}\right)^m - 1$
6%	年	1	6%	6%
	半年	2	3%	6.09%
	季	4	1.50%	6.1 364%
	月	12	0.50%	6.1 678%
	日	365	0.0 164%	6.1 683%

从表 3.2.7 可以看出，年计息次数 m 越多，实际利率 i 与名义利率 r 相差越大。当计息周期为一年时，名义利率和实际利率相等，计息周期短于一年时，实际利率大于名义利率。

名义利率不能完全反映资金时间价值，实际利率才真实地反映了资金的时间价值。所以，在工程经济分析中，如果各方案的计息周期数不同，那么不能简单地使用名义利率来评价，必须换算成实际利率进行评价，否则可能会得出不正确的结论。

【例 3.2.6】 若年利率为 6%，半年复利计息一次，第 5 年年末的本利和为 10 000 元，求现在存入的金额。

【解】 方法一：因计息不是以年为周期的，故年利率 6% 为名义利率。

实际利率 $$i = \frac{I}{P} = \left(1 + \frac{r}{m}\right)^m - 1 = \left(1 + \frac{6\%}{4}\right)^2 - 1 = 6.09\%$$

现在应存入 $$P = 10\,000 \times (P/F, 6.09\%, 5) = 7\,400.94（元）$$

方法二：实际计息周期为半年，半年计息利率为 3%，期数为 10，则根据现值公式

$$P = F(1+i)^{-n} = 10\,000 \times (1 + 3\%)^{-10} = 7\,440.94（元）$$

答：现在存入的金额为 7 440.94 元。

任务三　经济评价

工程项目经济评价是工程项目前期工作的重要内容，对加强固定资产投资宏观调控、提高投资决策的科学化水平、引导和促进各类资源合理配置、优化投资结构、减少和规避投资风险、充分发挥投资效益，具有重要作用。

工程项目经济评价应根据国民经济和社会发展以及行业、地区发展规划的要求，在工程项目初步方案的基础上采用科学的分析方法，对拟建项目的财务可行性和经济合理性进行分析论证，为工程项目的科学决策提供经济方面的依据。

经济评价包括财务评价和国民经济评价。一般经营性项目只进行财务评价。

财务评价是指根据国家现行财税制度、价格体系和项目评价的有关规定，从拟建项目的角度出发，计算项目范围内的财务效益和费用，分析项目的盈利能力、清偿能力和财务生存能力，评价项目在财务上的可行性。

国民经济评价是指按照合理配置社会资源的原则，采用货物影子价格、影子汇率、影子工资和社会折现率等经济参数，从国家整体角度考察项目的费用和效益，分析项目对国民经济的净贡献，评价项目在宏观经济上的合理性。

3.3.1　经济评价流程和原则

一、经济评价流程

1. 熟悉技术方案的基本情况

熟悉技术方案的基本情况，包括投资目的、意义、要求、实施的条件和投资环境，做好市场调查研究和预测、技术水平研究和设计方案。

2．收集、整理和计算有关技术经济数据与参数

技术经济数据与参数是进行技术方案经济评价的基本依据，所以在进行经济评价之前，必须先收集、估计、测算和选定一系列有关的技术经济数据与参数。主要的数据与参数有以下几方面。

（1）价格、费率、税率、计算期、基准收益率等。

（2）技术方案投资总额和建设期间分年度投资支出额。

（3）技术方案资金来源方式、数额、利率、偿还时间，以及分年还本付息数额。

（4）总成本、经营成本、单位产品成本、固定成本和变动成本。

（5）各年度项目收入、税金及附加、项目利润及其分配数额。

根据以上技术经济数据与参数，预测方案整个计算期（包括建设期和运营期）的财务数据。

3．计算与分析财务评价指标

运用所收集的数据与相关参数，计算技术方案的财务评价指标。财务评价指标包括投资收益率、净现值、内部收益率、投资回收期、资产负债率、利息备付率等。

4．得出结论

综合多个经济评价指标，对项目的盈利能力、偿债能力、财务生存能力等进行经济可行性分析，得出结论。结合不确定性分析结果，综合得出项目经济评价结论。

二、经济评价基本原则

1．"有无对比"原则

"有无对比"是指"有项目"相对于"无项目"对比分析，应求出项目的

增量效益。"无项目"状态是指不对该项目进行投资时，在计算期内，与项目有关的资产、费用与收益的发展情况；"有项目"状态是指对该项目进行投资后，在计算期内资产、费用与收益的预测情况。

2．费用与效益计算口径对应一致的原则

将效益与费用限定在统一计算范围内，计算出的净效益才能反映项目真实的投入产出。

3．收益与风险权衡的原则

工程项目的实施将受到各种风险因素的影响，如果对可能给项目带来风险的因素考虑得不全面，对风险可能造成的损失结果估计不足，往往有可能导致项目失败。因此，在进行投资决策时，除了关心效益指标，也要关注风险。

4．定量分析与定性分析相结合，以定量分析为主

工程项目经济评价要求尽量采用定量指标，但对一些难以量化的经济因素，需进行定性分析，并综合考虑定量分析和定性分析的结果。

5．动态分析与静态分析相结合，以动态分析为主

按是否考虑资金时间价值，经济分析方法可分为静态分析和动态分析。静态分析不考虑资金时间价值对现金流量的影响，静态分析指标主要适用于对方案的粗略估计，其最大特点是计算简便；动态分析要考虑资金时间价值对现金流量的影响，动态分析指标能够更加直观地反映项目的投入产出情况，能较全面地反映投资方案在整个计算期的经济效果。

工程项目经济评价的核心是动态分析，尽管静态分析指标比较直观，但一般只是作为辅助指标。因此，在进行经济评价时，以动态分析为主。

经济评价基本原则

三、经济评价参数

1. 基准收益率

基准收益率，又称基准投资收益率、基准贴现率、目标收益率、最低期望收益率等，是指建设项目经济评价中对可货币化的项目费用与效益采用折现方法计算净现值的基准折现率，是衡量项目内部收益率的基准值，是项目财务可行性和方案比选的主要判据。基准收益率反映投资者对相应项目占用资金的时间价值的判断，应是投资者在相应项目上最低可接受的收益率。

基准收益率是经济评价的主要参数之一。例如，经测算某项目的投资收益率为 6%，该项目是否可行？此时，应将该投资收益率与基准收益率进行对比，若高于基准收益率，该项目可行，反之不可行。

影响基准收益率的主要因素有企业或行业的平均投资收益率、产业政策、资金成本和机会成本、投资风险、通货膨胀、资金限制等，因此国家分行业确定并颁布基准收益率，并以此作为投资调控的手段。例如，对某些高消耗、技术落后或对环境造成较大影响的行业或部门，可以将其基准收益率定得高些，这样只有具有较好的经济效益的项目才能通过；而对低消耗、技术进步或关系国计民生的一些行业或部门，可以将其基准收益率定得低些，这样就能使资金流向这些行业，有利于国家产业整体布局和建设节约型社会。

2. 计算期

工程项目经济评价的计算期包括建设期和运营期。

建设期应与项目进度计划中的建设工期一致。

应根据项目特点，参照项目主要固定资产的合理生命周期合理制定运营期。

3. 项目总投资

项目总投资是指投资项目从建设前期准备工作开始到项目全部建成投产为止所发生的全部投资费用，由建设投资、建设期利息和流动资金构成。

4. 总成本费用

总成本费用包括外购原材料费、外购燃料动力费、工资及福利费、修理费、维修费、利息支出、摊销费、折旧费以及其他费用。

利息支出包括建设投资借款利息、流动资金借款利息和短期借款利息。

摊销费包括无形资产摊销费和其他资产摊销费两部分，是无形资产和其他资产的价值年回收额。无形资产和其他资产摊销费一般采用年限平均法提前摊销，不计残值。

折旧费是指固定资产在使用过程中，由于逐渐发生有形或无形损耗而贬值，因此将价值逐年转移到产品成本中，并在产品销售收入中得到补偿的货币资金额。

其他费用是指从制造费用、管理费用、销售费用中扣除物料消耗、低值易耗品费用、水电费、工资及福利费、修理费、折旧费、维修费、摊销费后的费用。

折旧费计算方法在税法允许范围内，由企业自行确定，一般采用直接折旧法，包括年限平均法与工作量法；税法也允许对由于技术进步，产品更新换代较快的固定资产缩短折旧年限或采用加速折旧法，加速折旧法包括双倍余额递减法与年数总和法。

（1）年限平均法。年限平均法是指将固定资产按预计使用年限（折旧年限）平均计算折旧均衡地分摊到各期的一种方法。采用这种方法计算的每期（年、月）折旧额都是相等的。每年固定

资产折旧额与固定资产原价之比称为固定资产年折旧率。

【例 3.3.1】 某工业互联网平台预算价格为 400 万元，折旧年限为 30 年，残值率为 5%，求按年限平均法该平台每年的折旧额。

【解】

$$每年折旧额 = ［预算价格 × （1-残值率）］/折旧年限$$
$$= 4\,000\,000 × （1-5\%）/30$$
$$= 126\,666.67（元）$$

（2）工作量法。工作量法是按照固定资产预计可完成的工作量计提折旧额的一种方法。常用的工作量法有行驶里程法和工作台班法。

行驶里程法是按照行驶里程平均计算折旧的方法。它适用于车辆、船舶等运输设备计提折旧。计算公式为

$$单位里程折旧额 = ［固定资产原值 ×(1-预计净残值率)］/总行驶里程数 \qquad （3-12）$$

工作台班法是按照工作台班数平均计算折旧的方法。它适用于机器设备等计提折旧。计算公式为

$$台班折旧额 = ［固定资产原值 ×(1-预计净残值率)］/总台班数 \qquad （3-13）$$

【例 3.3.2】 某施工机械预算价格为 100 万元，折旧年限为 10 年，平均每年工作 250 个台班，残值率为 5%，求该机械的台班折旧额。

【解】

$$台班折旧额 = ［机械预算价格 × （1-残值率）］/总台班数$$
$$= 1\,000\,000 × (1-5\%)/(10 × 250)$$
$$= 380（元）$$

5. 税费

工程项目经济评价涉及的税费主要包括增值税、消费税、资源税、城市维护建设税和教育费附加、地方教育附加、耕地占用税、环境保护税、关税、所得税等。此外还有车船税、房产税、土地使用税、印花税和契税等。

3.3.2 经济评价指标体系

工程项目的经济评价是工程项目评价的核心内容。为了确保工程项目投资决策的正确性和科学性，研究经济评价的指标与评价方法是非常必要的。只有正确地理解各个评价指标的含义，合理地运用其评价准则，才能对工程项目进行有效的经济分析，从而做出正确的投资决策。

在工程项目经济评价中，存在多种评价指标，从不同角度和方面刻画和表现出项目运营的经济效果。从不同的角度，工程项目经济评价指标可分成不同类别，按是否考虑资金的时间价值划分，可以分为静态评价指标和动态评价指标，如图 3.3.1 所示。

静态评价指标的特点是计算简便、直观，因而被广泛用于对投资效果进行粗略估计。它的主要缺点是没有考虑资金的时间价值和不能反映项目整个生命周期的全面情况，因此在对项目进行经济评价时，应以动态评价指标为主，必要时可以用静态评价指标进行辅助分析。

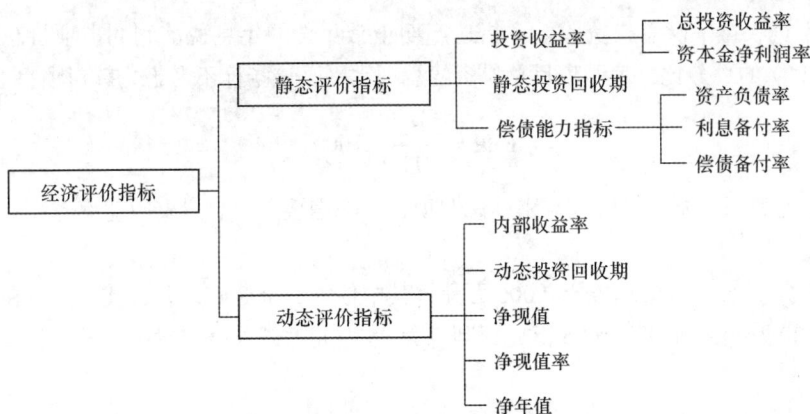

图 3.3.1 经济评价指标

3.3.3 经济评价指标计算分析

一、投资收益率

投资收益率是指投资方案达到设计生产能力后一个正常生产年份的年净收益总额与方案投资总额的比率。它是投资方案盈利能力的静态评价指标，对运营期内各年的净收益额变化幅度较大的方案，可计算运营期年平均净收益额与投资总额的比率。

1. 计算公式

投资收益率的计算公式为

$$投资收益率 = \frac{年净收益总额}{投资总额} \times 100\% \tag{3-14}$$

2. 评价准则

将计算出的投资收益率 R 与所确定的基准投资收益率 R_c 进行比较。

（1）若 $R \geqslant R_c$，则方案在经济上可考虑接受。

（2）若 $R < R_c$，则方案在经济上不可行。

3. 计算参数

（1）息税前利润（Earnings Before Interest and Tax，EBIT）。顾名思义，其是指支付利息和所得税之前的利润，是不扣除利息也不扣除所得税的利润。

（2）利润总额。利润总额是指企业营业收入扣除各项费用后的利润，也就是企业在某一期间内的实际盈利或亏损情况。息税前利润扣减利息后，即为利润总额。

（3）净利润。净利润是指企业当期利润总额减去所得税后的金额，即企业的税后利润。

三者之间的关系为

$$息税前利润 = 利润总额 + 利息 = 净利润 + 所得税 + 利息 \tag{3-15}$$

4. 应用指标

根据分析目的的不同，投资收益率又可分为总投资收益率（Return On Investment，ROI）和资本金净利润率（Return On Equity，ROE）。

（1）总投资收益率。总投资收益率指达产期正常年份的年息税前利润占项目总投资（Total Investment，TI）的百分比，表示项目总投资的盈利水平。该指标不考虑贷款对项目的影响。

$$ROI = \frac{EBIT}{TI} \times 100\% \tag{3-16}$$

总投资收益率高于基准投资收益率，说明项目可考虑接受。总投资收益率越高，说明项目盈利能力越强。

【例 3.3.3】 某技术方案总投资 2 000 万元，其中债务资金 800 万元，技术方案在正常年份年利润总额为 300 万元，所得税为 75 万元，利息为 50 万元，试求该方案的总投资收益率。

【解】

$$息税前利润 = 利润总额 + 利息 = 300 + 50 = 350（万元）$$

$$ROI = \frac{EBIT}{TI} \times 100\% = \frac{350}{2\,000} \times 100\% = 17.5\%$$

（2）资本金净利润率。资本金净利润率用于衡量投资者投入方案的资本金的获利能力，是一种反映获利能力的指标，表示支付利息后的净利润与资本金的比例关系。

$$ROE = \frac{NP}{EC} \times 100\% \tag{3-17}$$

式中 NP——Net Profit，指项目达到设计生产能力后正常年份的年净利润或运营期内年平均净利润；

　　　EC——Equity Capital，指项目资本金。

资本金净利润率越高，资本金所取得的利润就越多，权益投资盈利水平也就越高。对技术方案而言，若总投资收益率或资本金净利润率高于同期银行利率，适度举债是有利的。

【例 3.3.4】 技术方案情况与例 3.3.3 相同，试求出该方案的资本金净利润率。

【解】

$$资本金 = 2\,000 - 800 = 1\,200（万元）$$

$$净利润 = 利润总额 - 所得税 = 300 - 75 = 225（万元）$$

$$ROE = \frac{NP}{EC} \times 100\% = \frac{225}{1\,200} \times 100\% = 18.75\%$$

5. 投资收益率指标的优点与不足

总投资收益率及资本金净利润率均属于投资收益率指标。投资收益率指标的优点是经济意义明确、直观，计算简便，在一定程度上反映了投资效果的优劣，适用于各种投资规模的项目；缺点是没有考虑资金时间价值因素，忽视了资金时间价值的重要性，属于静态评价指标，不能反映建设期长短及投资方式等条件对项目的影响。

二、净现值

1. 计算公式

净现值（Net Present Value，NPV）是反映方案获利能力的动态评价指标，是指在寿命期内方案各年的净现金流量按照设定的折现率折现到期初时的现值之和。净现值表达式为

净现值

$$NPV = \sum_{t=0}^{n}(CI_t - CO_t)(1+i_c)^{-t} \qquad (3\text{-}18)$$

式中　NPV——净现值；

　　　CI_t——第 t 年的现金流入量；

　　　CO_t——第 t 年的现金流出量；

　　　n——该方案的计算期；

　　　i_c——设定的折现率（或基准收益率）。

净现值表示在设定折现率的情况下，方案在不同时点发生的净现金流量折现到期初时，整个寿命期内所能得到的净收益。

2. 评价准则

若方案的净现值等于零，则表示方案正好达到了基准收益率水平；若方案的净现值大于零，则表示方案除能达到基准收益率水平外，还能得到超过期望的收益；若净现值小于零，则表示方案达不到基准收益率水平。

因此，用净现值指标评价单个方案的准则是：若 NPV≥0，则方案可考虑接受；若 NPV＜0，则方案不可行。

【例 3.3.5】某项目净现金流量表如表 3.3.1 所示，设基准收益率为 10%。试计算该项目的净现值，并判断该项目的可行性。

表 3.3.1　某项目净现金流量表（金额单位：万元）

年	投资	收入	成本
0	600		
1	1 400		
2		800	400
3		1 000	350
4		1 000	380
5		1 000	400
6		1 000	410

【解】　首先，计算该项目各年的净现金流量，当年的净现金流量等于收入与投资或成本的差值，结果如表 3.3.2 所示。

表 3.3.2　某项目各年的净现金流量（金额单位：万元）

年	净现金流量
0	−600
1	−1 400
2	400
3	650
4	620
5	600
6	590

其次，计算各年净现金流量的净现值，并累加各年净现金流量的净现值。

$$NPV = -600 - 1\ 400 \times (P/F, 10\%, 1) + 400 \times (P/F, 10\%, 2) + 650 \times (P/F, 10\%, 3)$$
$$+ 620 \times (P/F, 10\%, 4) + 600 \times (P/F, 10\%, 5) + 590 \times (P/F, 10\%, 6)$$
$$= 75.27（万元）$$

最后，判断该项目的可行性。该项目的净现值为 75.27 万元，大于 0，因此该项目可行。

在实际运用中，可利用 Excel 中的 NPV 函数（参数为折现率和收益序列）直接得到净现值。注意，在 NPV 函数中，收益均发生在期末，即收益序列的第一个数据发生在第一期期末。

3. 净现值函数

NPV 根据折现率（基准收益率）计算，如果把折现率看作未知数，且设为 i，那么 NPV 为 i 的函数，其表达式为

$$NPV = \sum_{t=0}^{n}(CI_t - CO_t)(1+i)^{-t} \qquad (3\text{-}19)$$

以 NPV 为纵坐标，以 i 为横坐标，将两者的关系描绘出来，得到净现值与折现率的关系曲线，如图 3.3.2 所示。

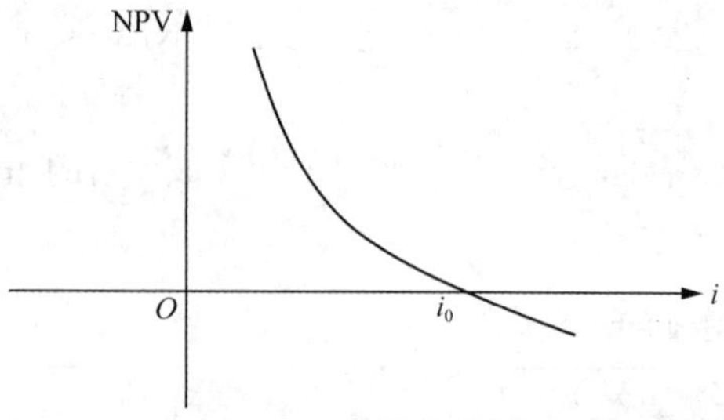

净现值函数的特点如下。

（1）同一方案，净现值随 i 的增大而减小。

（2）关系曲线与横轴必然有一个交点，即随着 i 的增大，NPV 会由大变小，由正变负。或者说，必然存在一个 i，使得 NPV = 0。因此，求净现值需先选定一个收益率标准，此标准称为基准收益率，或最低期望收益率，记为 i_0。

图 3.3.2　净现值与折现率的关系曲线

4. 净现值指标的优点与不足

NPV 指标的优点如下。

（1）考虑了资金的时间价值并全面考虑了项目在整个寿命期内的经济情况。

（2）经济意义明确直观，能够直接以货币额表示项目的净收益。

（3）能直接说明项目投资额与资金成本之间的关系。

NPV 指标的不足如下。

（1）必须先确定一个符合经济现实的基准收益率，而基准收益率的确定往往比较困难。

（2）不能直接说明项目运营期间各年的经营成果。

（3）不能真正反映项目单位投资的使用效率。

三、内部收益率

1. 计算公式

内部收益率（Internal Rate of Return，IRR）是指项目在整个计算期内净现值（各年净现金流量的现值之和）等于零时的折现率。

净现值法是根据基准收益率求净现值的方法，而内部收益率法是求得一个收益率，使方案的净现值等于零的方法，这个收益率就是内部收益率。其表达式为

$$\sum_{t=0}^{n}(CI_t - CO_t)(1+IRR)^{-t} = 0 \qquad (3\text{-}20)$$

2. 评价准则

若给定基准收益率 i_0，用内部收益率指标评价某一方案的准则为：若 $IRR \geqslant i_0$，则项目在经济效果上可以接受；若 $IRR < i_0$，则项目不可行。

【例 3.3.6】 甲项目净现金流量表如表 3.3.3 所示，设基准收益率 $i_0 = 10\%$。试用内部收益率评价项目的可行性。

表 3.3.3 甲项目净现金流量表

年	净现金流量 / 万元
1	−60
2	−40
3	30
4	40
5	45
6	40
7	45

【解】 方法一：用内插法求净现值等于零时的折现率。

首先，列出 NPV 计算式为

$$NPV = -60 \times (P/F, 10\%, 1) - 40 \times (P/F, 10\%, 2) + 30 \times (P/F, 1\%, 3) + 40 \times (P/F, 10\%, 4) + 45 \times (P/F, 10\%, 5) + 40 \times (P/F, 10\%, 6) + 45 \times (P/F, 10\%, 7)$$

令 $NPV = 0$

设 $i_1 = 20\%$，则 $NPV_1 \approx 2.91$

设 $i_2 = 23\%$，则 $NPV_2 \approx -3.52$

最后，根据内插公式，计算项目的内部收益率。

$$IRR = i_1 + \frac{NPV_1}{NPV_1 + |NPV_2|}(i_2 - i_1) = 20\% + \frac{2.91}{2.91 + 3.52} \times (23\% - 20\%) \approx 21.36\%$$

由于 $IRR > i_0$，因此项目可行。

方法二：Excel 财务函数法。

借助 Excel，直接使用财务函数 IRR（主要参数为现金流)，直接得出内部收益率为 21.29%。使用内插法求得的内部收益率存在较大误差，使用第二种方法更方便且准确。

3. 内部收益率的经济含义

内部收益率实际上反映投资方案占用的尚未收回资金的获利能力，是项目到计算期末正好将未收回的资金全部收回的折现率，它只与项目本身的现金流量有关，即它取决于项目内部。内部收益率反映了项目对贷款利率的最大承担能力，是项目借入资金利率的临界值。

假设一个项目的全部投资均来自借入资金。从理论上讲，若借入资金的利率小于项目的 IRR，则项目会有盈利；若借入资金利率大于 IRR，则项目就会亏损；若借入资金利率等于 IRR，则项目全部投资所获得的净收益刚好用于偿还借入资金的本金和利息。

4. 内部收益率指标的优点与不足

内部收益率指标的优点是考虑了资金的时间价值以及项目在整个计算期内的经济状况，能直

观反映投资的最大可能盈利能力或最大利息偿还能力。而且内部收益率避免了净现值指标需要事先确定基准收益率的问题。

内部收益率指标的不足之处是计算比较麻烦，而且在实际应用当中还有一定的局限性。

（1）如果只根据 IRR 指标进行多方案投资决策，可能会使那些投资大、IRR 小，但收益总额大的方案落选。因此，IRR 指标往往和 NPV 指标结合起来使用，因为 NPV 指标大的方案，IRR 指标未必大，反之亦然。

（2）对于非常规投资方案，也就是方案寿命期内净现金流量的正负不止变化一次的方案，其 IRR 就可能有多个解，这时 IRR 指标不能使用。

（3）只有现金流入或现金流出的方案不存在具有明确经济意义的 IRR。

四、投资回收期

1. 静态投资回收期

静态投资回收期是在不考虑资金时间价值的条件下，以项目的净收益回收全部投资所需要的时间。静态投资回收期一般以年为单位。对工程项目来说，投资回收期一般自项目建设开始年算起，即包括建设期。

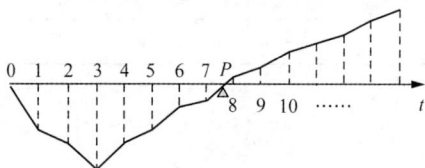

图 3.3.3　静态投资回收期示意图

静态投资回收期是现金流量图表中累计净现金流量为零时对应的时点。图 3.3.3 是某项目累计净现金流量图，时点 P 即为该项目静态投资期。

静态投资回收期根据累计净现金流量计算求得，其计算公式为

$$P_t = \text{累计净现金流量出现正值的年份} - 1 + \frac{|\text{上年累计净现金流量}|}{\text{出现正值年份的净现金流量} + |\text{上年累计净现金流量}|} \quad (3\text{-}21)$$

【例 3.3.7】　用表 3.3.4 所示数据计算该项目的静态投资回收期。

表 3.3.4　项目现金流量数据（金额单位：万元）

项目	时间 / 年						
	0	1	2	3	4	5	6
投资	600	400					
收入			500	600	800	800	750
支出			200	250	300	350	350

【解】　根据表 3.3.4 计算该项目各年的净现金流量及累计净现金流量，如表 3.3.5 所示。

表 3.3.5　项目累计净现金流量计算（金额单位：万元）

项目	时间 / 年								
	0	1	2	3	4	5	6	7	8
① 投资	500	300							
② 收入			200	250	250	280	280	280	280

续表

项目	时间 / 年								
	0	1	2	3	4	5	6	7	8
③ 支出			100	80	80	80	80	80	80
④ 净现金流量（②-①-③）	−500	−300	100	170	170	200	200	200	200
⑤ 累计净现金流量	−500	−800	−700	−530	−360	−160	40	240	440

可知，累计净现金流量在第 5 年与第 6 年之间由负值转为正值，静态投资回收期在第 5 年与第 6 年之间。

该项目的静态投资回收期为

$$P_t = 6 - 1 + \frac{|-160|}{|-160| + 40} = 5.8 \ （年）$$

将计算出的静态投资回收期 P_t 与所确定的基准投资回收期 P_e 进行比较。

（1）若 $P_t \leqslant P_e$，表明项目投资能在规定的时间内收回，则项目在经济上可考虑接受。

（2）若 $P_t > P_e$，则项目在经济上不可行。

2. 动态投资回收期

动态投资回收期是指在考虑了资金时间价值的情况下，以项目每年净收益的现值来抵偿项目全部投资的现值所需要的时间。动态投资回收期是一个时间性指标，反映了投资回收速度的快慢。

动态投资回收期是现金流量表中各年净现金流量折现值累计为零时对应的时点，根据净现金流量折现值累加计算求得。

在实际计算中，各年净现金流量折现值累计为零的时候往往不是某一自然年份，计算公式为

$$P_D = (净现金流量折现值累计出现正值的年份 - 1)$$
$$+ \frac{|上年累计净现金流量折现值累计|}{出现正值年份的净现金流量折现值累计 + |上年净现金流量折现值累计|} \quad （3\text{-}22）$$

【例 3.3.8】 假设折现率为 8%，按表 3.3.5 给出的数据，试计算该项目的动态投资回收期。

【解】 在例 3.3.7 的基础上，将各年的净现金流量折算累计为现值，再计算各年的净现金流量折现值累计，如表 3.3.6 所示。

表 3.3.6 项目净现金流量折现值累计计算（金额单位：万元）

项目	时间 / 年								
	0	1	2	3	4	5	6	7	8
① 投资	500	300							
② 收入			200	250	250	280	280	280	280
③ 支出			100	80	80	80	80	80	80
④ 净现金流量（②-①-③）	−500	−300	100	170	170	200	200	200	200
⑤ 净现金流量折现值（$i = 8\%$）	−500	−278	86	135	125	136	126	117	108
⑥ 净现金流量折现值累计	−500	−778	−692	−557	−432	−296	−170	−53	55

可知，净现金流量折现值累计在第 7 年与第 8 年之间由负值转为正值，动态投资回收期在第 7 年与第 8 年之间。

该项目的动态投资回收期为

$$P_D = 8 - 1 + \frac{|-53|}{55 + |-53|} = 7.49 \text{（年）}$$

动态投资回收期的长短与折现率有关。如果折现率不同，动态投资回收期反映的投资回收年限就不同。当折现率为零时，动态投资回收期就等于静态投资回收期。通常折现率以行业基准折现率为计算依据。

动态投资回收期的评价准则如下。

（1）当 $P_D \leq n$ 时，则表明方案在计算寿命期 n 内可以收回投资并实现既定的收益率，所以可认为方案在经济上可以接受。

（2）当 $P_D > n$ 时，则表明方案在计算寿命期 n 内没能实现既定的收益率甚至没能收回投资，该方案不可行。

3. 投资回收期指标的优点和不足

动态投资回收期考虑了资金的时间价值，是考查项目财务上实际投资回收能力的动态评价指标。它反映了等值回收项目全部投资所需要的时间，所以动态投资回收期比静态投资回收期更合理地反映了项目和资金的运作状况，更具有实际意义。

投资回收期指标容易理解，计算也比较简便。投资回收期在一定程度上显示了资本的周转速度。显然，资本周转速度越快，回收期越短，风险越小，盈利越多。

但投资回收期没有全面考虑投资方案整个计算期内的现金流量，即只间接考虑投资回收之前的效果，不能反映投资回收之后的情况，也就是说，其无法准确衡量方案在整个计算期内的经济效果。

五、净年值

净年值（Net Annual Value，NAV）是根据基准收益率将项目计算期内的净现金流量换算而成的等额年值。其计算公式为

$$\text{NAV} = \text{NPV}(A/P, i_0, n) \tag{3-23}$$

式中　NAV——净年值；

$(A/P, i_0, n)$——等额支付资金回收系数。

从上式中可以看出，NAV 和 NPV 之间仅相差一个等额支付资金回收系数，而且 $(A/P, i_0, n) > 0$，因此 NAV 和 NPV 总是同正负，故 NAV 和 NPV 两个指标在评价同一个项目的时候结论是一致的。

其评价准则是：若 NAV $\geq$ 0，则方案考虑可行；若 NAV < 0，则方案不可行。

多方案比选时，净年值越大且非负的方案越优（净年值最大准则）；对于单个方案的评价，与 NPV 相同。比较多个方案时，NAV 指标一般适用于现金流量和利率已知、初始投资额相近，但各方案的寿命期不同的方案的评价，NAV 最大的方案最优。

【例 3.3.9】 建设项目有 A、B 两个方案，其净现金流量情况如表 3.3.7 所示，设基准收益率 $i_0 = 10\%$。试用净年值法对方案进行比选。

表 3.3.7　某项目净现金流量情况（金额单位：万元）

方案	时间 / 年									
	1	2	3	4	5	6	7	8	9	10
A	−300	80	80	80	80	80	80	80	80	100
B	−100	70	70	70	70	—	—	—	—	—

【解】

$$NPV_A = -300 \times (P/F, i_0, 1) + 80 \times (P/A, i_0, 8) \times (P/F, i_0, 1) + 100 \times (P/F, i_0, 10)$$
$$= 153.83（万元）$$

$$NPV_B = -100 \times (P/F, i_0, 1) + 70 \times (P/A, i_0, 4) \times (P/F, i_0, 1) = 110.81（万元）$$

所以

$$NAV_A = NPV_A(A/P, i_0, 10) = 25.03（万元）$$

$$NAV_B = NPV_B(A/P, i_0, 5) = 29.23（万元）$$

因为 $NAV_A < NAV_B$，所以选择 B 方案。

六、净现值率

净现值指标在用于多个方案的比较时，没有考虑各方案投资额的大小，因而不能直接反映资金的利用效率。为了考查资金的利用效率，通常用净现值率（Net Present Value Rate，NPVR）作为净现值的辅助指标。

净现值率是项目净现值与项目全部投资现值之比，是一种效率型指标，其经济含义是单位投资现值所能带来的净现值。净现值率是一种动态评价指标，用于衡量不同投资方案的获利能力。净现值率小，单位投资的收益就低；净现值率大，单位投资的收益就高。其计算公式为

$$NPVR = \frac{NPV}{K_P} = \frac{NPV}{\sum_{t=1}^{m} K_t(1+i_c) - t} \tag{3-24}$$

式中　NPVR——净现值率；

　　　K_P——项目总投资现值；

　　　K_t——第 t 年项目投资额；

　　　m——项目建设期；

　　　i_c——项目投资方案折现率。

对单一方案评价而言，若 $NPV \geq 0$，则 $NPVR \geq 0$（因为 $K_P > 0$）；若 $NPV < 0$，同理 $NPVR < 0$。故对单一方案的评价，净现值率与净现值是等效的评价指标，其评价准则为：若 $NPVR \geq 0$，则方案可行；若 $NPVR < 0$，则方案不可行。

【例 3.3.10】乙项目净现金流量情况如表 3.3.8 所示，设基准贴现率为 12%，试求出静态投资回收期、动态投资回收期、净现值、净现值率、净年值和内部收益率。

表 3.3.8　乙项目净现金流量情况（金额单位：万元）

年	建设期		运营期					
	0	1	2	3	4	5	6	7
① 净现金流量	−60	−80	30	40	60	60	60	60
② 累计净现金流量	−60	−140	−110	−70	−10	50	110	170
③ 折现系数（$i = 12\%$）	1	0.8 929	0.7 972	0.7 118	0.6 355	0.5 674	0.5 066	0.4 523

【解】（1）静态投资回收期为累计净现金流量为零时的时点。

$$P_t = 5 - 1 + \frac{|-10|}{|-10| + 50} = 4.17（年）$$

（2）动态投资回收期是现金流量表中各年净现金流量折现后的累计值为零时对应的时点。根据项目方案，计算该项目的净现金流量折现累计值，如表3.3.9所示。

表3.3.9 计算净现金流量折现值累计（金额单位：万元）

时间/年	建设期		运营期					
	0	1	2	3	4	5	6	7
净现金流量	−60	−80	30	40	60	60	60	60
折现系数（$i = 12\%$）	1	0.8 929	0.7 972	0.7 118	0.6 355	0.5 674	0.5 066	0.4 523
各年净现金流量折现值	−60	−71.43	23.92	28.47	38.13	34.04	30.40	27.14
净现金流量折现值累计	−60	−131.43	−107.52	−79.04	−40.91	−6.87	23.53	50.66

可知，净现金流量折现累计值在第5年与第6年之间由负值转为正值，动态投资回收期在第5年与第6年之间。

$$P_D = 6 - 1 + \frac{|-6.87|}{|-6.87| + 23.53} = 5.23（年）$$

（3）净现值是各年的净现金流量按照设定的折现率折现到期初时的现值之和。

$$\text{NPV} = -60 - 80 \times 0.8\,929 + 30 \times 0.7\,972 + 40 \times 0.7\,118 + 60 \times 0.6\,355 + 60 \times 0.5\,674 + 60 \times 0.5\,066 + 60 \times 0.4\,523$$
$$= 50.66（万元）$$

（4）净现值率计算。

$$\text{NPVR} = \frac{\text{NPV}}{K_P} = \frac{50.66}{60 + 80 \times 0.8\,929} = 0.3\,854$$

（5）净年值计算。

$$\begin{aligned}\text{NAV} &= \text{NPV} \times (A/P, i, n) \\ &= 50.66 \times (A/P, 12\%, 7) \\ &= 50.66 \times 0.2\,191 \\ &= 11.10（万元）\end{aligned}$$

（6）内部收益率计算。

令 $\text{NPV} = -60 - 80 \times (P/F, \text{IRR}, 1) + 30 \times (P/F, \text{IRR}, 2) + 40 \times (P/F, \text{IRR}, 3) + 6 \times (P/A, \text{IRR}, 4) \times (P/F, \text{IRR}, 3) = 0$

当取 $i_1 = 20\%$时，

$$\text{NPV}(i_1) = 7.2（万元）$$

当取 $i_2 = 25\%$时，

$$\text{NPV}(i_2) = -11.77（万元）$$

$$\text{IRR} = i_1 + \frac{\text{NPV}(i_1)}{\text{NPV}(i_1) + |\text{NPV}(i_2)|}(i_2 - i_1) = 20\% + \frac{7.2}{7.2 + |-11.77|} \times (25\% - 20\%) = 21.9\%$$

任务四　不确定性分析

不确定性分析是指分析和研究对拟建项目具有较大影响的不确定因素，计算基本变量的变化引起项目经济效果评价指标的变化，找出最敏感的因素及其临界点，预测项目可能承担的风险，使项目的投资决策建立在稳妥的基础上。

不确定性分析是项目评价的一项重要内容。项目评价以一些确定的数据为基础，如项目的总投资、销售收入、经营成本等，这些数据在计算评价指标时被认为是已知的、确定的，但由于各种影响因素的存在，评价指标的计算值与实际值常常存在差异，从而影响评价结果，甚至导致投资决策失误。为了有效减少不确定因素对项目经济效益的影响，增强项目的抗风险能力，提高项目投资决策的科学性，有必要对项目进行不确定性分析。

不确定性分析包括盈亏平衡分析和敏感性分析。

3.4.1　盈亏平衡分析

盈亏平衡分析是指项目在达到设计生产能力的条件下，通过计算盈亏平衡点，分析项目成本与收益的平衡关系，判断项目对产出品数量变化的适应能力和抗风险能力。

根据生产成本、销售收入与产量（销量）之间是否成线性关系，盈亏平衡分析可分为线性盈亏平衡分析和非线性盈亏平衡分析。在投资项目决策分析中，一般只进行线性盈亏平衡分析。

一、线性盈亏平衡的基本假设

（1）产品的产量等于销量。

（2）项目正常生产年份的总成本可划分为固定成本和变动成本，且总成本是产量的线性函数。

（3）项目在计算期内，产品市场价格、生产工艺、技术装备、管理水平等保持不变，销售收入与产量成线性关系。

（4）只生产单一产品，或生产多种产品但可以换算为单一产品。

二、线性盈亏平衡的数学模型

根据总成本对产品数量的依存关系，总成本可分解成固定成本和变动成本两部分。在一定期间将成本分解成固定成本和变动成本两部分后，再同时考虑收入和利润，成本、产量和利润的关系就可统一于一个数学模型（称为量本利模型）。

其表达形式为

$$总收入 = 总成本 + 销售税金 \qquad (3-25)$$

又因为

$$总收入 = 销售收入 = 单位产品售价 \times 销量 \qquad (3-26)$$

$$总成本 = 变动成本 + 固定成本 = 单位产品变动成本 \times 产量 + 固定成本 \qquad (3-27)$$

$$销售税金 = 单位产品销售税金及附加 \times 销量 \qquad (3-28)$$

所以

单位产品售价×销量 = 单位产品变动成本×产量 + 固定成本 + 单位产品销售税金及附加×销量（3-29）

三、线性盈亏平衡的分析方法

1. 量本利图

图 3.4.1 所示为基本的量本利图。

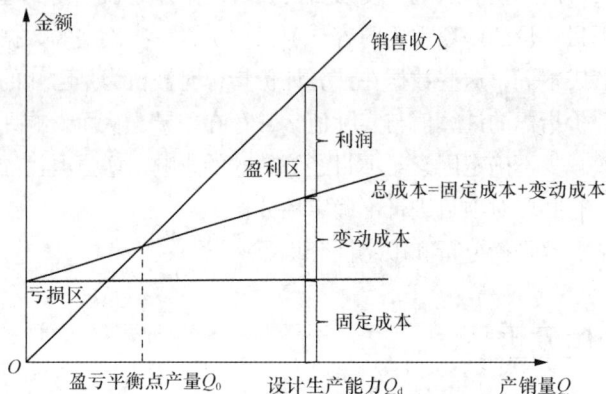

图 3.4.1　量本利图

图 3.4.1 中的横坐标为产销量，纵坐标为金额。假定在一定时期内产品价格不变，销售收入随产销量的增加而增加，呈线性函数关系，在图形上就是以零为起点的斜线。产品总成本是固定成本和变动成本之和，当单位产品的变动成本不变时，总成本也呈线性变化。

销售收入线与总成本线的交点是盈亏平衡点，表明项目在此产销量下，总收入扣除销售税金及附加后与总成本相等，既没有利润，又不发生亏损。在此基础上，增加销量，销售收入超过总成本，销售收入线与总成本线之间的距离为利润，形成盈利区；反之，形成亏损区。

由于图 3.4.1 能清晰地显示项目无盈利也无亏损时应达到的产销量，因此又称为盈亏平衡图。盈亏平衡点越低，达到此点的盈亏平衡产量和收益或成本也就越少，项目投产后实现盈利的可能性越大，适应市场变化的能力越强，抗风险能力也越强。

2. 盈亏平衡点的表达方式

项目盈亏平衡点（Break-Even Point，BEP）的表达方式有多种，可以用产量、年销售额、单位产品售价、单位产品变动成本等绝对量表示，也可以用某些相对量表示，如生产能力利用率。其中，以产量、生产能力利用率和年销售额表示的盈亏平衡点应用最为广泛。

（1）用产量（销量）表示盈亏平衡点。其计算式为

$$\mathrm{BEP}(Q) = \frac{\text{年固定成本}}{\text{单位产品售价} - \text{单位产品变动成本} - \text{单位产品销售税金及附加}} \quad （3-30）$$

【例 3.4.1】　某技术方案年设计生产能力为 10 万台。在销售价格和成本费用均采用不含税价格时，产品单台销售价格为 900 元，单台产品变动成本为 650 元，单台产品销售税金及附加为 11 元，年固定成本为 1 200 万元。试求盈亏平衡点的产销量。

【解】　根据盈亏平衡原理，总收入等于总成本加上销售税金。

设盈亏平衡点的产销量为 x 台，则

$$销售收入 = 固定成本 + 变动成本 + 销售税金$$

即

$$900x = 12\,000\,000 + 650x + 11x$$

$$x = 50\,209（台）$$

计算结果表明，当技术方案产销量低于 50 209 台时，技术方案亏损；当技术方案产销量大于 50 209 台时，技术方案实现盈利。

（2）用生产能力利用率表示盈亏平衡点。生产能力利用率是指盈亏平衡产量占项目正常产量的比重。所谓正常产量，是指达到设计生产能力的产量，也可以用销售金额来表示。生产能力利用率的计算式为

$$BEP(\%) = \frac{盈亏平衡产量}{设计生产能力} \times 100\% \tag{3-31}$$

进行项目评价时，常常先根据正常年份的产量、固定成本、变动成本、单位产品价格和销售税金及附加等数据计算出用产量表示的盈亏平衡点，再推算出用生产能力利用率表示的盈亏平衡点，即

$$BEP(\%) = \frac{BEP(Q)}{设计生产能力} \times 100\% \tag{3-32}$$

盈亏平衡点应按项目的正常年份计算，不能按计算期内的平均值计算。

（3）用年销售额表示盈亏平衡点。生产单一产品的项目在现代经济中只占少数，大部分项目会产销多种产品，多品种项目可使用年销售额来表示盈亏平衡点。

$$BEP(S) = BEP(Q) \times 单位产品价格 \tag{3-33}$$

【例 3.4.2】　某项目的设计生产能力为年产 50 万件，估计单位产品价格为 100 元，单位产品变动成本为 80 元，年固定成本为 300 万元，产品的销售税金及附加税率为 5%。试用产量、生产能力利用率、年销售额分别表示该项目的盈亏平衡点。

【解】　（1）根据盈亏平衡原理，总收入等于总成本加上销售税金。用解方程的思路求解盈亏平衡产量。

设达到盈亏平衡时的产量为 x 万件，列方程得

$$100x = 80x + 300 + 5\% \times 100x$$

$$x = 20（万件）$$

（2）计算生产能力利用率。

$$BEP(\%) = \frac{BEP(Q)}{设计生产能力} \times 100\% = \frac{20}{50} \times 100\% = 40\%$$

（3）计算盈亏平衡时的年销售额。

$$BEP(S) = BEP(Q) \times 单位产品价格 = 20 \times 100 = 2\,000（万元）$$

3.4.2　敏感性分析

敏感性分析就是在确定性分析的基础上，通过进一步分析、预测技术方案主要不确定因素的变化对技术方案经济评价指标（如内部收益率、净现值等）的影响，从中找出敏感因素，通过计

算敏感度系数和临界点，估计经济评价指标对该不确定因素的敏感程度，进而判断项目承受风险的能力。

敏感性分析有单因素敏感性分析和多因素敏感性分析两种。

单因素敏感性分析是对单一不确定因素变化对技术方案经济效果的影响进行分析，即假设各个不确定因素之间相互独立，每次只考查一个因素的变动，其他因素保持不变，以分析这个可变因素对经济评价指标的影响程度和经济评价指标对可变因素的敏感程度。为了找出关键的敏感因素，通常只进行单因素敏感性分析。

多因素敏感性分析是假设两个或两个以上互相独立的不确定因素同时变化时，分析这些可变因素对经济评价指标的影响程度和经济评价指标对可变因素的敏感程度。

单因素敏感性分析的步骤如下。

一、确定分析指标

技术方案评价的各种经济评价指标，如净现值、内部收益率、静态投资回收期等，都可以作为敏感性分析的指标。分析指标的确定与分析的目标和任务有关，一般根据技术方案的特点、实际需求情况和指标的重要程度来选择。

二、选择需要分析的不确定因素

影响技术方案经济评价指标的不确定因素很多，但事实上没有必要对所有的不确定因素进行敏感性分析，而只需选择一些主要的影响因素，如产品价格、产销量、项目总投资、经营成本、标准折现率、建设年限以及达到设计生产能力的时间、项目生命周期等。

三、分析每个不确定因素的波动程度及其对分析指标可能产生的影响

首先，对所选定的不确定因素，应根据实际情况设定这些因素的变动幅度，其他因素固定不变。不确定因素可以按照一定的幅度（如 ±5%、±10%、±15%、±20%等）变动。

其次，计算该不确定因素每次变动对技术方案经济评价指标的影响。

四、确定敏感因素

敏感性分析的目的在于寻求敏感因素，这可通过计算敏感度系数和临界点来判断。

敏感度系数表示技术方案经济评价指标对不确定因素的敏感程度。敏感度系数绝对值越大，表明经济评价指标对该不确定因素越敏感；反之，则越不敏感。据此可以找出哪些因素是最关键的因素。

临界点是指技术方案允许不确定因素向不利方向变化的极限值，超过极限值，技术方案将不可行。例如，当产品价格下降到某一值时，内部收益率将刚好等于基准收益率，此点称为产品价格下降的临界点。在一定指标判断标准（如基准收益率）下，对若干不确定因素，临界点越低，说明该因素对技术方案经济评价指标影响越大，技术方案经济评价指标对该因素就越敏感。

五、选择方案

如果进行敏感性分析的目的是对不同的技术方案进行选择，一般应选择敏感程度低、承受风险能力强、可靠性强的技术方案。

【实训演练】

项目案例——工业互联网项目方案优选

一、案例背景

在进行某工业互联网项目可行性研究时，面临方案 A 和方案 B 这两种方案的比选。方案建设期均为 1 年。方案 A 运营期 5 年；方案 B 运营期 7 年。设基准收益率为 10%，请根据表 3.5.1 所示的方案比较数据，使用净现值、净现值率、净年值、内部收益率及静态投资回收期等经济评价指标进行方案比选。

表 3.5.1　方案比较数据（金额单位：万元）

项目	期初投资	第 1 年年末投资	运营年收益	运营年支出	运营期限/年
方案 A	1 200	1 800	1 500	600	5
方案 B	2 000	3 000	2 150	1 000	7

二、案例分析及解答

1. 分析方案现金流入流出情况

方案 A 的现金流量如表 3.5.2 所示。

表 3.5.2　方案 A 的现金流量（金额单位：万元）

年	支出	收入	净现金流量
0	1 200		−1 200
1	1 800		−1 800
2	600	1 500	900
3	600	1 500	900
4	600	1 500	900
5	600	1 500	900
6	600	1 500	900

根据现金流量数据绘制方案 A 的现金流量图，如图 3.5.1 所示。

方案 B 的现金流量如表 3.5.3 所示。

表 3.5.3　方案 B 的现金流量（金额单位：万元）

年	支出	收入	净现金流量
0	2 000		−2 000
1	3 000		−3 000
2	1 000	2 150	1 150
3	1 000	2 150	1 150

年	支出	收入	净现金流量
4	1 000	2 150	1 150
5	1 000	2 150	1 150
6	1 000	2 150	1 150
7	1 000	2 150	1 150
8	1 000	2 150	1 150

根据现金流量数据绘制方案 B 的现金流量图，如图 3.5.2 所示。

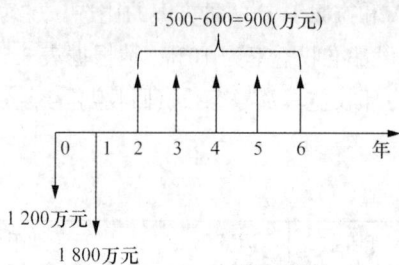

图 3.5.1 方案 A 的现金流量图   图 3.5.2 方案 B 的现金流量图

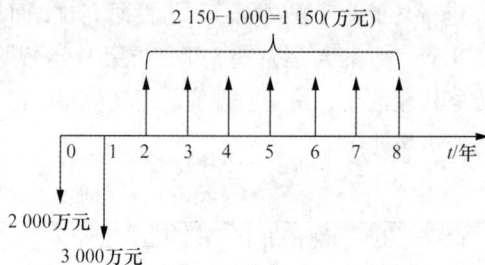

2. 净现值评价

将各年的净现金流量按折现率 10%折现到期初，并累加。

$$NPV_A = -1\ 200 - 1\ 800 \times (P/F, 10\%, 1) + 900 \times (P/A, 10\%, 5) \times (P/F, 10\%, 1)$$
$$= 265.19（万元）$$

$$NPV_B = -2\ 000 - 3\ 000 \times (P/F, 10\%, 1) + 1\ 150 \times (P/A, 10\%, 7) \times (P/F, 10\%, 1)$$
$$= 362.44（万元）$$

$NPV_A < NPV_B$ 且均大于零，从净现值角度选择方案 B。

3. 净现值率评价

$$NPVR_A = \frac{NPV}{K_P} = \frac{265.19}{1\ 200 + 1\ 800 \times (P/F, 10\%, 1)} = 0.0\ 934$$

$$NPVR_B = \frac{NPV}{K_P} = \frac{362.44}{2\ 000 + 3\ 000 \times (P/F, 10\%, 1)} = 0.0\ 767$$

$NPVR_A > NPVR_B$ 且均大于零，方案 A 的单位投资收益大于方案 B，从该角度选择方案 A。

4. 净年值评价

利用等额支付资金回收公式 $A = P\dfrac{i(1+i)^n}{(1+i)^n - 1}$，计算两个方案的净年值。

$$NAV_A = NPV_A \times (A/P, i, n) = 265.19 \times (A/P, 10\%, 6) = 60.89（万元）$$

$$NAV_B = NPV_B \times (A/P, i, n) = 362.44 \times (A/P, 10\%, 8) = 67.94（万元）$$

$NAV_A < NPV_B$ 且均大于零，从净年值角度选择方案 B。

5. 内部收益率评价

利用两个方案的现金流量数据，分别使用财务函数计算内部收益率。

$$IRR_A = 13.11\%$$

$$IRR_B = 12.04\%$$

$IRR_A > IRR_B$且均大于基准收益率10%，从内部收益率角度选择方案A。

6. 静态投资回收期评价

计算方案A的各年累计净现金流量，如表3.5.4所示。

表3.5.4　方案A的累计净现金流量（金额单位：万元）

年	净现金流量	累计净现金流量
0	−1 200	−1 200
1	−1 800	−3 000
2	900	−2 100
3	900	−1 200
4	900	−300
5	900	600
6	900	1 500

累计净现金流量在第4年与第5年之间由负值转为正值，静态投资回收期在第4年与第5年之间。方案A的静态投资回收期为

$$P_A = 5 - 1 + \frac{|-300|}{|-300| + 600} = 4.33（年）$$

计算方案B的各年累计净现金流量，如表3.5.5所示。

表3.5.5　方案B的累计净现金流量（金额单位：万元）

年	净现金流量	累计净现金流量
0	−2 000	−2 000
1	−3 000	−5 000
2	1 150	−3 850
3	1 150	−2 700
4	1 150	−1 550
5	1 150	−400
6	1 150	750
7	1 150	1 900
8	1 150	3 050

累计净现金流量在第5年与第6年之间由负值转为正值，静态投资回收期在第5年与第6年之间。方案B的静态投资回收期为

$$P_B = 6 - 1 + \frac{|-400|}{|-400| + 750} = 5.35（年）$$

$P_A < P_B$，方案A收回投资的时间更短，从该角度选择方案A。

综上所述，从净现值和净年值的角度，优选方案B。基于净现值率、内部收益率、静态投资回收期这几个经济评价指标，方案A更优。方案B的投资总额大，使得其净现值和净年值大于方案A，但从单位投资收益、资金回收周期及收益率来看，方案A更胜一筹。建议选择方案A。

【模块小结】

可行性研究应从项目全生命周期管理的角度出发，全面系统分析各环节涉及的因素，客观进行经济、社会、环境等影响论证评价，择优提出项目建设实施方案。通过本模块的学习，应理解可行性研究的含义、内容和作用；掌握绘制现金流量图和计算资金现值、终值的方法；理解相关经济评价指标的含义，并能够通过计算评价项目的可行性；理解不确定性分析，掌握线性盈亏平衡的分析方法等。

【思考与练习】

一、单选题

1. 可行性研究阶段对项目投资估算的准确度要求在（　　）以内。

　　A. ±5%　　　　　　B. ±10%　　　　　　C. ±15%　　　　　　D. ±20%

2. 企业年初借入一笔资金，年名义利率为 6%，按季度复利计算，年末本利和为 3 184.09 万元，则年初借款金额是（　　）万元。

　　A. 3 004.86　　　　B. 3 000.00　　　　C. 3 018.03　　　　D. 3 185.03

3. 甲公司从银行借入 1 000 万元，年利率为 8%，单利计息，借期 4 年，到期一次还本付息，则该公司第 4 年年末一次偿还的本利和为（　　）万元。

　　A. 1 360　　　　　B. 1 324　　　　　C. 1 320　　　　　D. 1 160

4. 某公司年初借入资金 1 000 万元，期限 3 年，按年复利计息，年利率为 10%，到期一次还本付息。则第 3 年年末应偿还的本利和为（　　）万元。

　　A. 1 210　　　　　B. 1 300　　　　　C. 1 331　　　　　D. 1 464

5. 关于一次支付现值、终值、计息期数和折现率相互关系的说法，正确的是（　　）。

　　A. 现值一定，计息期相同，折现率越高，终值越小

　　B. 现值一定，折现率相同，计息期数越少，终值越大

　　C. 终值一定，折现率相同，计息期数越多，现值越大

　　D. 终值一定，计息期数相同，折现率越高，现值越小

6. 某公司同一笔资金有如下四种借款方案，均在年末支付利息，则优选的借款方案是（　　）。

　　A. 年名义利率 3.6%，按月计息　　　　B. 年名义利率 4.4%，按季度计息

　　C. 年名义利率 5.0%，半年计息一次　　D. 年名义利率 5.5%，一年计息一次

7. 下列选项中，关于现金流量图的说法，正确的是（　　）。

　　A. 箭线长短应与现金流量数值大小成比例

　　B. 现金流量的性质对不同的人而言是相同的

　　C. 横轴是时间轴，横轴上的点表示当年年末

　　D. 箭线与时间轴的交点即为现金流量发生的时点

8. 某施工企业的自卸汽车原价为 30 万元，确定的折旧年限为 5 年，净残值率为 3%，预计总行驶里程为 8 万 km。2024 年行驶里程 2 万 km。按照行驶里程法，则 2024 年应计提折旧额为

（　　）元。

    A. 72 750　　　　　B. 58 200　　　　　C. 60 000　　　　　D. 7 500

9. 关于技术方案经济评价的说法，正确的是（　　）。

    A. 进行经济评价，应定性分析和定量分析相结合，以定性分析为主

    B. 动态分析不能全面反映技术方案整个计算期的经济效果

    C. 融资前经济分析通常以静态分析为主、动态分析为辅

    D. 方案实施前经济分析通常存在一定的不确定性和风险性

10. 某建设项目设备工器具购置费为 1 000 万元，建安费为 2 500 万元，工程建设其他费为 700 万元，基本预备费为 210 万元，价差为 310 万元，建设期利息为 320 万元，静态投资为（　　）万元。

    A. 4 410　　　　　B. 4 200　　　　　C. 4 720　　　　　D. 5 040

11. 下列经济评价指标中，属于动态评价指标的是（　　）。

    A. 净现值　　　　B. 流动比率　　　　C. 资本金净利润率　　　　D. 投资收益率

12. 某技术方案现金流量表如下，若基准收益率为 8%，则该方案净现值为（　　）万元。

时间 / 年	现金流入 / 万元	现金流出 / 万元
0		3 700
1	1 000	4 000
2	6 000	2 000
3	3 000	3 000
4	6 000	2 000

    A. −1 300.00　　　　B. −100.40　　　　C. −108.30　　　　D. 126.91

13. 某技术方案净现金流量和净现值如下，关于该方案评价的说法，正确的是（　　）。

时间 / 年	净现金流量 / 万元	净现值（折现率8%）
1	−300	
2	−300	
3	150	
4	150	−21.51 万元
5	150	
6	150	
7	150	

    A. 第 6 年年末累计净现金流量小于零

    B. 内部收益率可能大于 8%

    C. 静态投资回收期大于 5 年

    D. 项目在经济上可行

14. 某技术方案年设计生产能力为 3 万吨，产销量一致，销售价格和成本费用均不含增值税，单位产品售价为 300 元/吨，单位产品变动成本为 150 元/吨，单位产品销售税金及附加为 3 元/吨，年固定成本为 280 万元，用生产能力利用率表示的盈亏平衡点为（　　）。

    A. 31.11%　　　　B. 63.49%　　　　C. 31.42%　　　　D. 62.22%

二、多选题

1. 某投资方案基准收益率为 12%，若该方案的内部收益率为 13%，则该方案可能的表现包括（　　）。

    A. 净现值大于零　　　　　　　　B. 净现值小于零

    C. 该方案可行　　　　　　　　　D. 该方案不可行

    E. 无法判定是否可行

2. 工程项目经济评价应遵循的基本原则包括（　　）。

    A. 有无对比

    B. 定量分析与定性分析相结合，以定性分析为主

    C. 收益与风险权衡

    D. 费用与效益计算口径对应一致

    E. 动态分析与静态分析相结合，以动态分析为主

3. 项目可行性研究的作用包括（　　）。

    A. 为项目投资决策提供依据　　　B. 为项目设计提供基础

    C. 为项目融资提供参考　　　　　D. 为项目实施提供指导

    E. 为项目后评价提供对比标准

4. 经济评价中的财务评价指标，静态指标包括（　　）。

    A. 投资回收期　　　　　　　　　B. 投资收益率

    C. 财务净现值　　　　　　　　　D. 财务内部收益率

    E. 资本金净利润率

5. 项目国民经济评价与财务评价的区别有（　　）。

    A. 评价角度不同，国民经济评价从国家整体角度，财务评价从项目投资者角度

    B. 效益和费用的含义及范围划分不同

    C. 评价采用的价格不同，国民经济评价用影子价格，财务评价用市场价格

    D. 主要参数不同，国民经济评价用社会折现率等，财务评价用行业基准收益率等

    E. 评价目的不同，国民经济评价评估项目对国民经济的贡献，财务评价评估项目的盈利能力和偿债能力

【情境导入】

进度管理是项目管理的三大目标之一。工业互联网工程项目进度总目标由建设单位提出，是合同完成的关键考核要素。工作分解结构（WBS）将工业互联网工程项目分解为多个工作活动。如何合理统筹安排工作活动、采用多种表示方法制订科学的进度计划，并在项目实施过程中检查项目实际进度和调整优化进度，确保工程按期交付，是进度管理重点解决的问题。

【学习目标】

- 了解进度管理的任务和进度计划休系。
- 理解进度计划的检查和调整方法。
- 掌握绘制网络计划图并计算时间参数等的方法。

【能力目标】

- 能够绘制横道图和双代号网络图。
- 能够使用网络计划图分析项目进度。
- 能够运用横道图、S曲线及香蕉曲线检查项目实际进度。

【素质目标】

- 培养运用科学合理的工具呈现、表述问题的思维意识。

- 深刻理解项目进度、费用和质量三者之间对立统一的关系。
- 通过检查和调整进度计划培养发现和解决问题的能力。

【知识链接】

任务一 进度管理概述

进度管理是指在工程项目建设过程中，为了在合同约定工期内完成工程项目建设任务而开展的全部管理活动的总称，包括进度计划的编制、跟踪与检查，控制措施的制定、调整等一系列工作。

工程项目的进度涉及项目建设的各个方面。因此，进度管理工作贯穿于整个项目的全部实施阶段，是对工程项目建设全过程、全方位的动态管理，具体包括以下几个方面的含义。

（1）进度管理是对工程项目建设全过程的管理。工程项目建设任务由各个阶段的建设任务组成，建设进度总目标的实现需要各个阶段进度目标的实现来保证。因此，工程项目进度管理不仅包括施工阶段，还包括设计准备阶段、设计阶段以及工程招标和动用前准备等阶段，时间范围涵盖了工程项目建设的全过程。

（2）进度管理是对工程项目建设所有工作的管理。在项目建设过程中，任何一项工作不能按计划完成，都可能会影响整个工程项目的进度。为了确保工程建设进度总目标的实现，需要把与工程建设有关的所有工作列入进度管理工作范围，作为进度控制的对象。在进行工程项目进度管理时，要分清主次工作，也要对各方面的工作进行详细的规划和周密的安排，保证工作能够有条不紊地完成。

（3）进度管理是对影响工程项目进度因素的管理。影响项目进度的因素较多，包括人员素质、施工工艺、材料和构配件供应状况、设备运行状况、施工现场的地质条件、自然环境因素、社会因素、相关单位之间的配合状况以及其他难以预料的因素等。要实现对进度的有效控制，必须对上述各种影响进度的因素进行充分考虑，并采取措施减少或避免这些因素对进度的影响。

（4）进度管理是动态的管理过程。影响项目进度的因素多，且具有很大的不确定性，因此在工程项目的建设过程中，实际进度和计划进度产生偏差非常普遍。要分析和论证进度目标的合理性，若进度目标不可能实现，则必须调整目标。在收集资料和调查研究的基础上编制进度计划。若实际进度有偏差，则采取纠偏措施，并视情况调整进度计划，对工程实施进度进行动态管理。

（5）进度管理应与质量管理、费用管理相协调。在建设工程项目的过程中，进度、费用和质量三个目标之间有着相互依赖和相互制约的关系。例如，发生工期延误时，通过增加设备和人力的投入追赶进度会增加施工成本，对费用目标的实现产生不利影响。因此，当采取进度控制措施时，要对三个目标进行全面考虑，正确处理好三者之间的关系，以提高工程项目建设的综合效益。

4.1.1 进度管理的任务

进度管理的目的是通过控制以实现工程的进度目标。工程建设各个参与方围绕合同管理有着各自的进度管理任务。

业主方进度管理的任务是控制整个项目实施阶段的进度，包括控制设计准备阶段的工作进度、设计工作进度、施工进度、物资采购工作进度，以及项目动用前准备阶段的工作进度。

设计方进度管理的任务是依据设计任务委托合同对设计工作进度的要求控制设计工作进度，这是设计方履行合同的义务。另外，设计方应使设计工作的进度与招标、施工和物资采购等工作的进度相协调。

施工方进度管理的任务是依据施工合同中工期的要求控制施工进度，这是施工方履行合同的义务。在进度计划编制方面，施工方应视项目的特点和施工进度控制的需要，编制深度不同的控制性、指导性和实施性进度计划，以及不同计划周期（年度、季度、月度等）的进度计划等。

供货方进度管理的任务是依据供货合同对供货时限的要求控制供货进度，这是供货方履行合同的义务。供货进度计划应包括供货的所有环节，如采购、加工制造、运输等。

4.1.2 进度计划体系

进度计划体系是由多个相互关联的进度计划组成的，它是项目进度控制的依据。由于编制各种进度计划所需要的资料是在项目进展过程中逐步形成的，因此进度计划体系的建立和完善是逐步完成的。

根据项目进度控制不同的需要和不同的用途，业主方和项目各参与方可以构建多个不同的进度计划体系。

（1）由不同深度的进度计划组成的进度计划体系，主要包括以下计划。

① 总进度计划。

② 项目子系统进度计划。

③ 项目子系统中的单项工程进度计划。

（2）由不同功能的进度计划组成的进度计划体系，主要包括以下计划。

① 控制性进度计划。

② 指导性进度计划。

③ 实施性进度计划。

（3）由不同项目参与方的进度计划组成的进度计划体系，主要包括以下计划。

① 业主方编制的整个项目实施的进度计划。

② 设计进度计划。

③ 施工和设备安装进度计划。

④ 采购和供货进度计划。

（4）由不同周期的进度计划组成的进度计划体系，主要包括以下计划。

① 月度、季度、旬计划。

② 年度、3年、5年进度计划。

合理的进度计划应体现资源的合理使用，各种计划之间相互联系和呼应。重视进度计划的动态跟踪和调整，有利于提高建设质量，有利于合理缩短建设周期。

4.1.3　工作之间的逻辑关系

　　　　工作分解结构将工程项目分解为多项工作活动（简称"工作"）。在人、物和资金等资源充足的情况下，是否可以让各项工作并行开展，使得项目总工期最短？

答案当然是否定的。

要确定各项工作之间的逻辑关系，就要明确项目必须遵循、不能随意改变的顺序，这是编制进度计划的基础。

工作之间的逻辑关系分为工艺关系和组织关系。

1. 工艺关系

工艺关系是由生产工艺客观上决定的各项工作之间的先后顺序关系，不能随意改变。例如，建设工业互联网平台，按照施工工艺，需先完成机房建设等前期配套工作，才能进行平台设备安装，安装完设备后才能进行线缆布放。只要生产工艺不变，工艺关系就不会改变。

2. 组织关系

组织关系是在生产组织安排中，考虑劳动力、机具、材料或工期的影响，在各项工作间主观上安排的先后顺序关系，常常可以随着生产条件和组织方法的改变而改变。

例如，组织 A、B 两个地点之间的通信管道施工，在施工力量有限或者工期足够的情况下，可以从 A 点或 B 点开始，按照管道路由顺序往 B 点或 A 点开展施工。如果有足够的施工力量，或者有工期要求，A、B 两点之间的通信管道可分成多个路段同时施工，以缩短总工期。

任务二　进度计划的表示方法

4.2.1　横道图

横道图也称甘特图，这是最早的进度计划的科学表达方式，由于它形象、直观，且易于编制和理解，因此长期被广泛应用于工程项目进度管理中。

用横道图表示的进度计划，一般包括两个基本部分，即左侧的工作名称和工作持续时间等基本数据部分和右侧的横道线部分，如图 4.2.1 所示。该计划明确地表示出各项工作的开始时间和完成时间、持续时间，以及整个工程项目的开工时间、完工时间和总工期。该计划将工作之间的搭接关系在传统的横道图中表达出来，形成具有逻辑关系的横道图。

当不需要表示工作之间的搭接关系时，可选用 WPS 表格或 Excel 完成横道图的制作。需要表示复杂逻辑搭接关系的工作安排时，鉴于 Microsoft Project 软件具备项目管理功能模块，可对任务间的多种搭接类型进行定义与可视化表达，因此更适宜采用该软件完成横道图的绘制，以确保项目进度计划的科学性与严谨性。

横道图的最大优势是直观且易于理解和改动，能让人一眼就看出活动什么时间应该开始，什么时间应该结束。

横道图也是表述项目进展的非常简单的方式。在项目控制过程中，它也可以清楚地显示工作实际进度是否落后于计划，如果落后于计划，那么是何时落后于计划的。

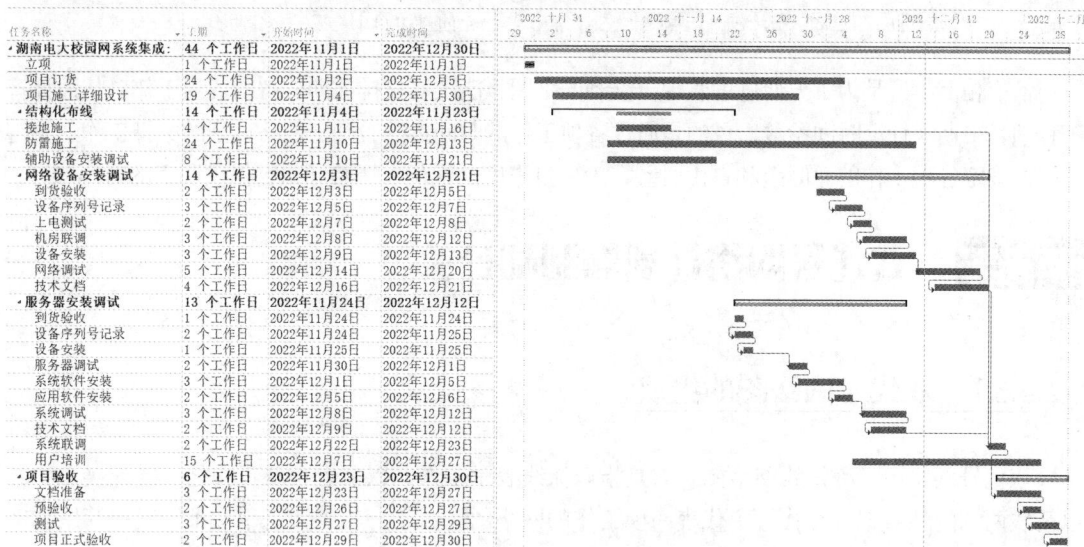

图 4.2.1　具有搭接关系的横道图示例

但是横道图也存在以下问题。

（1）传统横道图不能明确地反映各项工作之间错综复杂的相互关系。在计划执行过程中，工程进度提前或拖延时，不便于分析对其他工作及总工期的影响程度，不便于工程项目进度的动态控制。

（2）不能明确地反映影响工期的关键工作和关键线路，也就无法反映整个工程项目进度的关键所在。

（3）不能反映某项工作的机动时间，无法进行合理的进度组织安排。

（4）不能反映工程费用与工期之间的关系，不便于缩短工期和降低工程成本。

在项目管理的实践中，往往将网络计划图与横道图结合起来使用。

4.2.2　网络计划图

网络计划技术的基本原理就是应用网络图形来明确表达一项计划（或工程）中各项工作开展的先后顺序和相互之间的关系；通过进行时间参数的计算，找出网络计划中的关键工作和关键线路，并计算非关键工作的机动时间；继而通过对网络计划不断地调整和优化，以寻求最优方案，并在计划执行过程中对其进行有效的监督和控制，保证合理地调配使用人力、物力和财力，以最小的消耗取得最大的经济效益。因此，在大型复杂工程项目的进度计划和实施控制中应用网络计划图，与应用横道图（甘特图）相比，具有明显的优势。

网络计划图（简称"网络图"）是由箭线和节点组成的用来表示工作流程的有向、有序的网状图形。网络图有多种分类方法：按表达方式的不同，划分为双代号网络图和单代号网络图；按网络图终点节点个数的不同，划分为单目标网络图和多目标网络图；按参数类型的不同，划分为肯定型网络图和非肯定型网络图；按是否表示工序之间的衔接关系，划分为一般网络图和搭接网络图等。

我国《工程网络计划技术规程》（JGJ/T 121—2015）推荐的常用工程网络计划类型包括双代号网络计划和单代号网络计划。

下面以双代号网络计划为对象，学习网络图的绘制和计算。问题来了，为何要掌握绘制网络图的方法并计算时间参数？这是将简单的问题复杂化吗？

恰恰相反，这是为了方便进度管理。绘制网络图，能统筹安排前期分解的各项工作，从而计算工程项目工期。计算时间参数，目的是通过各项工作的时间参数，确定网络计划的关键工作、关键线路，确定各项工作的总时差和自由时差，为项目进度的优化、调整和执行提供明确的时间参考。

任务三　双代号网络计划编制和计算

4.3.1　双代号网络图的组成

双代号网络图又称箭线网络图。它是指以箭线表示工作，以节点表示工作之间的连接点，并以箭线两端的节点编号（代号）代表一项工作的网络图。由于一项工作需用一条箭线的箭尾和箭头处两个圆圈中的号码来表示，因此称为双代号网络图。双代号网络图示例如图4.3.1所示。

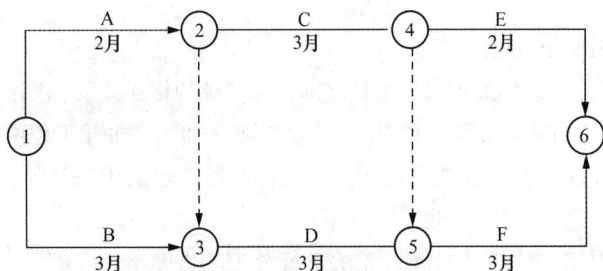

图4.3.1　双代号网络图示例

一、箭线

箭线是泛指一项需要消耗人力、物力和时间的具体活动过程，也称工作、工序、活动、作业。

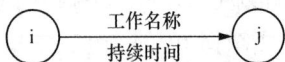

图4.3.2　双代号网络图工作表示方法

双代号网络图中，每条箭线表示一项工作。箭线的箭尾节点 i 表示该工作的开始，箭线的箭头节点 j 表示该工作的完成。工作名称可标注在箭线的上方，完成该项工作所需要的持续时间可标注在箭线的下方，如图4.3.2所示。

工作通常可分为三种。

（1）需要消耗时间和资源（如平台设备的安装）的工作。
（2）只消耗时间而不消耗资源（如机房混凝土养护）的工作。
（3）既不消耗时间也不消耗资源的工作。

前两种是实际存在的工作，后一种是虚设的工作，只表示前后工作之间的逻辑关系，通常称其为"虚工作"，一般以虚箭线表示。

虚箭线代表实际中并不存在的一项虚设工作，故它们既不占用时间，也不消耗资源，一般起着工作之间的联系、区分和断路三个作用。

（1）联系作用是指应用虚箭线正确表达工作之间相互依存的关系。

（2）区分作用是指双代号网络图中每项工作都必须用一条箭线和两个代号表示，两项工作的代号相同时，应使用虚箭线加以区分，如图 4.3.3 所示。

（3）断路作用是指用虚箭线断掉多余联系，即在网络图中把无联系的工作连接上时，应加上虚箭线将其断开。

在无时间坐标的网络图中，箭线的长度原则上可以任意画，其占用的时间以下方标注的时间参数为准。箭线可以为直线、折线或斜线，

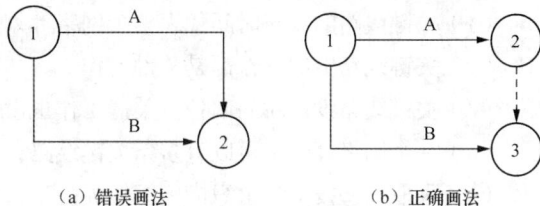

（a）错误画法　　　　　　（b）正确画法

图 4.3.3　虚箭线的区分作用

但其行进方向均应从左向右。在有时间坐标的网络图中，箭线的长度必须根据完成该工作所需持续时间的长短按比例绘制。

在双代号网络图中，紧排在本工作之前的工作称为紧前工作，紧排在本工作之后的工作称为紧后工作，与本工作平行进行的工作称为平行工作。

二、节点

双代号网络图中，节点用圆圈表示，并在圆圈内标注编号。一项工作应当只有唯一的一条箭线和相应的一对节点。节点反映前后工作的交接点，代表各工作开始或结束的瞬间，具有承上启下的作用。节点本身并不消耗时间和资源。

网络图中的节点有三个类型。

1. 起点节点

起点节点即网络图的第一个节点，它只有外向箭线（由节点向外指的箭线），表示一项任务或一个项目的开始。

2. 终点节点

终点节点即网络图的最后一个节点，它只有内向箭线（指向节点的箭线），一般表示一项任务或一个项目的完成。

3. 中间节点

中间节点即网络图中既有内向箭线，又有外向箭线的节点，且要求箭尾节点的编号小于其箭头节点的编号，即 $i<j$。

在一个网络图中，每个节点都有自己的编号。节点应按照从左至右、由小到大的顺序进行编号，各节点编号不得重复，并保证箭尾节点编号小于箭头节点编号。

三、线路

网络图中从起点节点开始，沿箭线方向连续通过一系列箭线（或虚箭线）与节点，最后到达终点节点所经过的通路称为线路。

一般网络图有多条线路，可依次用该线路上的节点代号来记述。例如，图 4.3.1 中有四条线路：①—②—④—⑥、①—②—④—⑤—⑥、①—②—③—⑤—⑥、①—③—⑤—⑥。

线路中各项工作持续时间之和就是该线路的长度，即线路所需要的时间。

在各条线路中，有一条或几条线路的总时间最长，称为关键线路。例如，图 4.3.1 中总时间最长的线路为①—③—⑤—⑥。①—③—⑤—⑥是该网络图的关键线路。该网络图只有一条关键线路。

位于关键线路上的工作称为关键工作。关键工作的完成速度，直接影响整个计划工期的实现。

通常关键线路用粗箭线或双箭线凸显出来。其他线路长度均短于关键线路，称为非关键线路。

关键线路的基本性质如下。

（1）关键线路的线路时间代表整个网络计划的计划总工期。

（2）关键线路上的工作都是关键工作。

（3）关键线路没有时间储备，关键工作也没有时间储备。

（4）一个网络计划中可以有多条关键线路，且至少有一条关键线路。

（5）采取某些技术或组织措施缩短关键工作的持续时间，可能使关键线路变为非关键线路。

非关键线路的基本性质如下。

（1）非关键线路的线路时间只代表该条线路的计划工期。

（2）非关键线路上的工作，除关键工作之外，都称为非关键工作。

（3）非关键线路有时间储备，非关键工作也有时间储备。

（4）在网络图中，除关键线路之外，其余的都是非关键线路。

（5）如果某些非关键工作的持续时间延长，非关键线路可能转化为关键线路。

4.3.2　双代号网络图的绘制

一、绘制网络图的基本原则

（1）网络图必须正确表达确定的逻辑关系。网络图中常见的各种工作逻辑关系的表示方法如表 4.3.1 所示。

表 4.3.1　网络图中常见的各种工作逻辑关系的表示方法

序号	工作之间的逻辑关系	网络图中的表示方法
1	A 完成后进行 B 和 C	
2	A、B 均完成后进行 C	
3	A、B 均完成后同时进行 C 和 D	
4	A 完成后进行 C A、B 均完成后进行 D	
5	A、B 均完成后进行 D A、B、C 均完成后进行 E D、E 均完成后进行 F	
6	A、B 均完成后进行 C B、D 均完成后进行 E	

续表

序号	工作之间的逻辑关系	网络图中的表示方法
7	A、B、C 均完成后进行 D B、C 均完成后进行 E	
8	A 完成后进行 C A、B 均完成后进行 D B 完成后进行 E	

（2）项目只有一个开始时间和一个结束时间，所以在一个网络图中，只允许有一个起点节点和一个终点节点。如果几项活动同时开始或者同时结束，在双代号网络图中可将这几项活动的起点节点合并为一个节点。图 4.3.4（a）、图 4.3.4（b）是常见的错误画法，应关注这些易错点。

（3）网络图中不允许出现循环回路，循环回路的错误画法如图 4.3.4（c）所示。从网络图中某一起点节点出发，沿着某个路径行进，最后如果又回到该起点节点，所经过的路径就形成了循环回路，这时网络图所表示的逻辑关系就会出现混乱，各个工作之间的先后次序将无法判断。

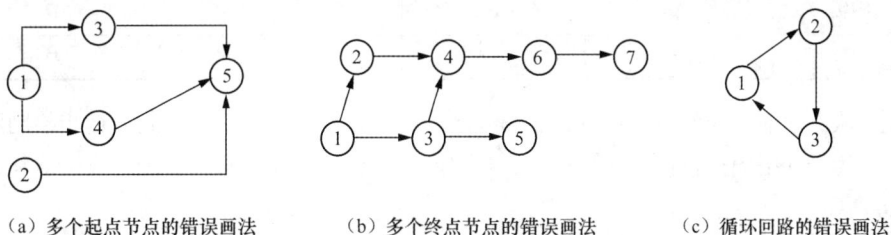

（a）多个起点节点的错误画法　　（b）多个终点节点的错误画法　　（c）循环回路的错误画法

图 4.3.4　网络图的常见错误画法

（4）在同一个网络图中的所有节点，不能出现相同的编号。如果用数字编号，一般要求每根箭线箭头节点的编号大于其箭尾节点的编号。

（5）当双代号网络图的某些节点有多条外向箭线或多条内向箭线时，为使图形简洁，可使用母线法绘制（但应满足一项工作用一条箭线和相应的一对节点表示的原则），如图 4.3.5（a）所示。

（6）尽量避免出现交叉箭线。箭线必须出现交叉时，可采用过桥法、指向法或断线法表示，如图 4.3.5（b）～图 4.3.5（d）所示。

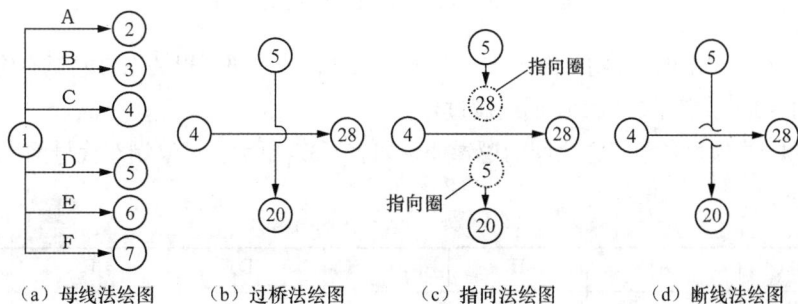

（a）母线法绘图　　　　（b）过桥法绘图　　　　（c）指向法绘图　　　　（d）断线法绘图

图 4.3.5　可用的网络图绘制方法

（7）双代号网络图应条理清楚，布局合理。例如，网络图中的工作箭线不宜画成任意方向或曲线形状，尽可能用水平线或斜线。

（8）合理使用虚工作。虚工作的使用给网络图的绘制带来很大方便。但虚工作的使用也不应过多，网络图绘制结束前应当检查虚工作的使用是否合理，删除多余的虚工作。

二、双代号网络图绘制步骤

（1）项目工作分解。绘制双代号网络图，首要的问题是将项目进行分解，明确项目工作的名称、范围和内容等。

（2）工作关系分析。确定各工作之间的逻辑关系，明确工作之间的紧前和紧后关系，用表格体现工作逻辑关系。

（3）按照双代号网络图的绘图规则及工作逻辑关系，从没有紧前工作的工作画起，自左至右逐步把各工作组合在一起，初步绘制双代号网络图。

（4）对双代号网络图进行检查、调整，去掉多余虚工作，并使其布局合理，表达清楚，编号。

【例 4.3.1】 某项目各项工作之间的逻辑关系如表 4.3.2 所示，试绘制双代号网络图。

表 4.3.2 例 4.3.1 工作逻辑关系

工 作	A	B	C	D
紧前工作	—	—	A、B	B

【解】 从无紧前工作的 A、B 画起，自左至右逐步把各工作组合在一起，初步绘制双代号网络图；对双代号网络图进行检查、调整，去掉多余虚工作，并使其布局合理，表达清楚，编号，如图 4.3.6 所示。

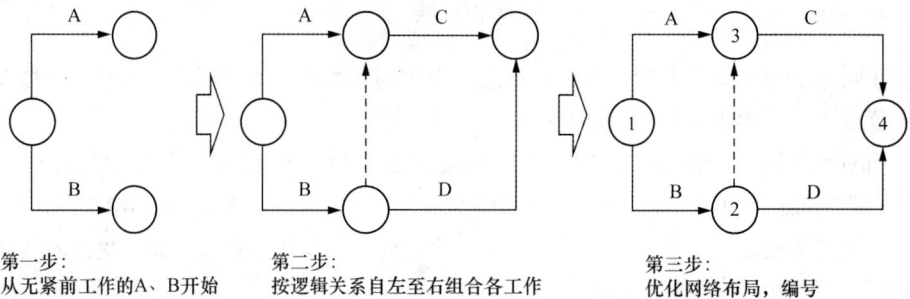

第一步：
从无紧前工作的A、B开始

第二步：
按逻辑关系自左至右组合各工作

第三步：
优化网络布局，编号

图 4.3.6 例 4.3.1 双代号网络图绘制过程

通常情况下，绘制双代号网络图的难点在于第二步，即按照逻辑关系自左至右将各项工作组合在一起。例 4.3.2 重点分析第二步的绘制过程。

【例 4.3.2】 某项目各项工作之间的逻辑关系如表 4.3.3 所示，试绘制双代号网络图。

表 4.3.3 例 4.3.2 工作逻辑关系

工 作	A	B	C	D	E	F
紧前工作	—	—	—	A、B	A、B、C	D、E

【解】从没有紧前工作的 A、B、C 画起，自左至右逐步把各工作组合在一起。绘制过程如图 4.3.7 所示。

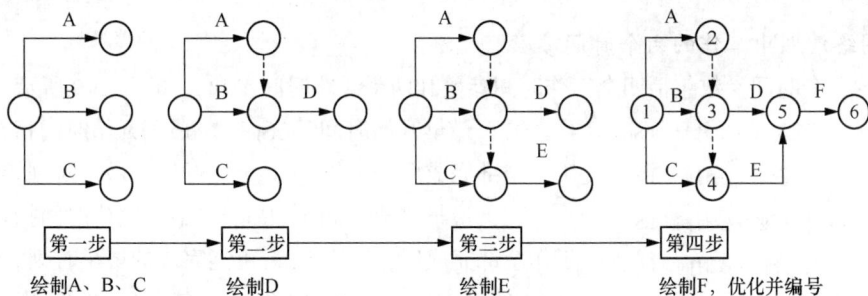

图 4.3.7　例 4.3.2 双代号网络图绘制过程

【例 4.3.3】某工程由 10 项工作组成，它们的持续时间和逻辑关系如表 4.3.4 所示，试绘制双代号网络图。

表 4.3.4　例 4.3.3 工作逻辑关系

工作名称	紧前工作	紧后工作	持续时间/月
A	—	C、D	2
B	—	E、G	3
C	A	J	5
D	A	F	3
E	B	F	2
F	D、E	H、I	4
G	B	—	2
H	F	J	1
I	F	—	3
J	C、H	—	4

【参考答案】双代号网络图如图 4.3.8 所示。

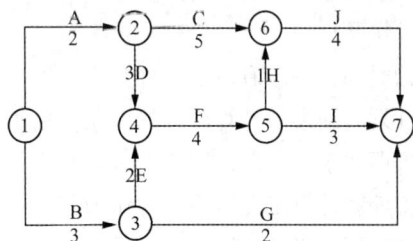

图 4.3.8　例 4.3.3 双代号网络图

4.3.3　双代号网络计划时间参数的计算

双代号网络计划时间参数的计算方法很多，常用的有工作计算法和节点计算法两种。以下介绍按工作在图上进行计算的方法。

一、时间参数的概念

1. 网络计划中工作的六个时间参数

工作的六个时间参数包括四个工作时间参数和两个线路时间参数，如图4.3.9所示。

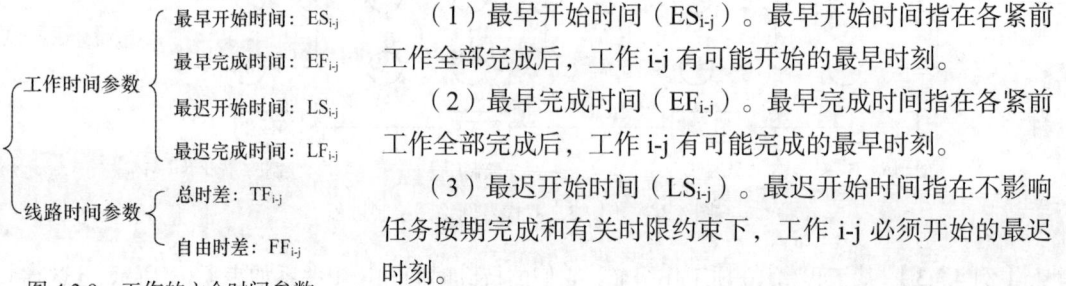

工作时间参数
- 最早开始时间：$ES_{i\text{-}j}$
- 最早完成时间：$EF_{i\text{-}j}$
- 最迟开始时间：$LS_{i\text{-}j}$
- 最迟完成时间：$LF_{i\text{-}j}$

线路时间参数
- 总时差：$TF_{i\text{-}j}$
- 自由时差：$FF_{i\text{-}j}$

图 4.3.9　工作的六个时间参数

（1）最早开始时间（$ES_{i\text{-}j}$）。最早开始时间指在各紧前工作全部完成后，工作 i-j 有可能开始的最早时刻。

（2）最早完成时间（$EF_{i\text{-}j}$）。最早完成时间指在各紧前工作全部完成后，工作 i-j 有可能完成的最早时刻。

（3）最迟开始时间（$LS_{i\text{-}j}$）。最迟开始时间指在不影响任务按期完成和有关时限约束下，工作 i-j 必须开始的最迟时刻。

（4）最迟完成时间（$LF_{i\text{-}j}$）。最迟完成时间指在不影响任务按期完成和有关时限约束下，工作 i-j 必须完成的最迟时刻。

（5）总时差（$TF_{i\text{-}j}$）。总时差指在不影响总工期和有关时限的前提下，工作 i-j 可以利用的机动时间。

（6）自由时差（$FF_{i\text{-}j}$）。自由时差指在不影响其紧后工作最早开始和有关时限的前提下，工作 i-j 可以利用的机动时间。

按工作计算法计算网络计划中各时间参数，其计算结果应标注在箭线之上。有两种标注方式，如图4.3.10所示。

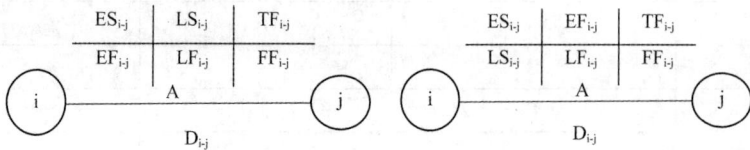

图 4.3.10　工作计算法的标注方式

2. 工作持续时间

工作持续时间是指一项工作从开始到完成的时间。

3. 工期

工期泛指完成工作所需要的时间，一般有以下三种。

（1）计算工期，根据网络计划时间参数计算出来的工期，用 T_c 表示。

（2）要求工期，任务委托人所要求的工期，用 T_r 表示。

（3）计划工期，根据要求工期和计算工期所确定的作为实施目标的工期，用 T_p 表示。

网络计划的计划工期 T_p 应按下列情况分别确定。

当已规定要求工期 T_r 时，计划工期 T_p 应小于要求工期 T_r，即 $T_p < T_r$。

当未规定要求工期 T_r 时，一般默认计划工期 T_p 等于计算工期 T_c，即 $T_p = T_c$。

二、时间参数的计算

时间参数的计算步骤如下。

1. 计算各项工作的最早开始时间和最早完成时间

最早时间参数受到紧前工作的约束，故其计算顺序应从起点节点开始，顺着箭线方向依次逐项计算。

（1）当工作 i-j 为起始工作时，若未规定最早开始时间，则令其为零，即

$$ES_{i-j} = 0 \qquad\qquad (4-1)$$

最早完成时间等于最早开始时间加上其持续时间。

$$EF_{i-j} = ES_{i-j} + D_{i-j} \qquad\qquad (4-2)$$

（2）当工作 i-j 有一项或多项紧前工作（工作 h-i）时，最早开始时间等于各紧前工作的最早完成时间的最大值。

$$ES_{i-j} = \max\{EF_{h-i}\} \qquad\qquad (4-3)$$

$$ES_{i-j} = \max\{ES_{h-i} + D_{h-i}\} \qquad\qquad (4-4)$$

当工作 i-j 的紧前工作存在虚工作时，此时最早开始时间必须追溯到虚工作前的实工作再计算。

【例 4.3.4】　计算图 4.3.1 双代号网络图的最早时间参数。

【解】　从起点节点开始计算，工作 A：$ES_A = 0$，$EF_A = 0 + 2 = 2$。

工作 B：$ES_B = 0$，$EF_B = 0 + 3 = 3$。

工作 C：有一个紧前工作 A，$ES_C = EF_A = 2$，$EF_C = 2 + 3 = 5$。

工作 D：有两个紧前工作，分别是工作 A 和工作 B。

$$ES_D = \max\{EF_A,\ EF_B\} = \max\{2,\ 3\} = 3$$

$$EF_D = 3 + 3 = 6$$

以此类推，最后结果如图 4.3.11 所示。

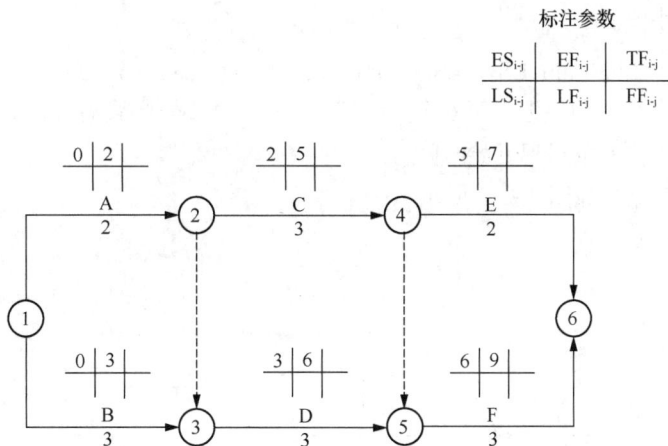

图 4.3.11　最早时间参数计算

2. 确定计算工期

计算工期等于以网络计划的终点节点为箭头节点的各个工作的最早完成时间的最大值。当网络计划终点节点的编号为 n 时，计算工期为

$$T_c = \max\{EF_{i-n}\} \qquad\qquad (4-5)$$

当无要求工期的限制时，取计划工期等于计算工期，即取 $T_p = T_c$。

例 4.3.4 中，指向终点节点的工作 E 和工作 F 的最早完成时间的最大值为 9，即该网络图计算工期为 9。

3. 计算各项工作的最迟开始时间和最迟完成时间

最迟时间参数受到紧后工作的约束，故其计算顺序应从终点节点起，逆着箭线方向依次逐项计算。

以网络计划的终点节点为箭头节点的工作的最迟完成时间等于计划工期。在计算过程中，通常用计算工期代替计划工期，即

$$LF_{i-n} = T_p = T_c \tag{4-6}$$

最迟开始时间等于最迟完成时间减去其持续时间。

$$LS_{i-j} = LF_{i-j} - D_{i-j} \tag{4-7}$$

最迟完成时间等于工作 i-j 的各紧后工作 j-k 的最迟开始时间的最小值。

$$LF_{i-j} = min \{LS_{j-k}\} \tag{4-8}$$

或

$$LF_{i-j} = min \{LF_{j-k} - D_{j-k}\} \tag{4-9}$$

【例 4.3.5】 已计算图 4.3.1 双代号网络图的最早开始时间，求该双代号网络图的最迟时间参数。

【解】 应从终点节点起，逆着箭线方向依次逐项计算。

工作 E：$LF_E = 9$，$LS_E = 9 - 2 = 7$。

工作 F：$LF_F = 9$，$LS_F = 9 - 3 = 6$。

工作 D：有一个紧后工作 F，其最迟完成时间等于工作 F 的最迟开始时间。

$$LF_D = LS_F = 6, \quad LS_D = 6 - 3 = 3$$

工作 C：有两个紧后工作，分别是工作 E 和工作 F。其最迟完成时间等于工作 E 和工作 F 的最迟开始时间的最小值。

$$LF_C = min\{LS_E, LS_F\} = min\{7, 6\} = 6, \quad LS_C = 6 - 3 = 3$$

也就是说，工作 C 必须最迟在第 6 个月内完成，这样才不影响紧后工作 F 的最迟开始时间，当然也不影响紧后工作 E 的最迟开始时间。

以此类推，最后结果如图 4.3.12 所示。

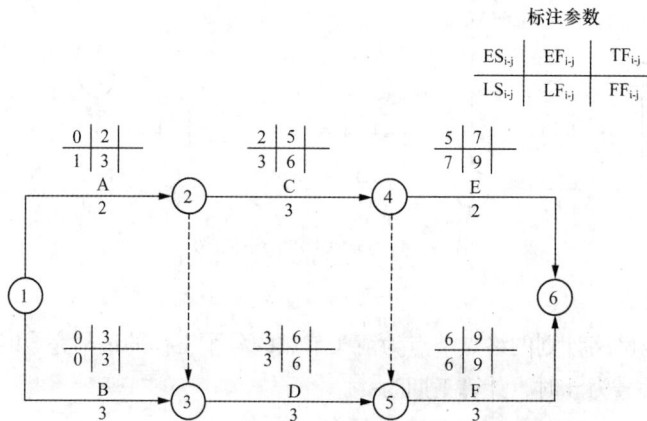

图 4.3.12　最迟时间参数计算

4. 计算工作的总时差

某项工作的总时差等于该工作的最迟开始时间减去最早开始时间，或等于最迟完成时间减去最早完成时间，即

$$TF_{i-j} = LS_{i-j} - ES_{i-j} \qquad (4-10)$$

$$TF_{i-j} = LF_{i-j} - EF_{i-j} \qquad (4-11)$$

5. 计算工作的自由时差

自由时差是在不影响紧后工作按照最早开始时间开工的前提下，允许该工作推迟其最早开始时间或延长其持续时间的幅度。

因此，某工作的自由时差是用其紧后工作的最早开始时间最小值减去其最早完成时间。

当工作 i-j 有紧后工作 j-k 时，其自由时差为

$$FF_{i-j} = ES_{j-k} - EF_{i-j} \qquad (4-12)$$

或

$$FF_{i-j} = ES_{j-k} - ES_{i-j} - D_{i-j} \qquad (4-13)$$

当工作 i-j 有多项紧后工作时，其自由时差为各项紧后工作的最早开始时间的最小值减去其最早完成时间。

以网络计划的终点节点为箭头节点的工作，其自由时差 FF_{i-n} 应按网络计划的计划工期 T_p 确定，即

$$FF_{i-n} = T_p - EF_{i-n} \qquad (4-14)$$

【例 4.3.6】 计算图 4.3.13 中各项工作的时间参数。

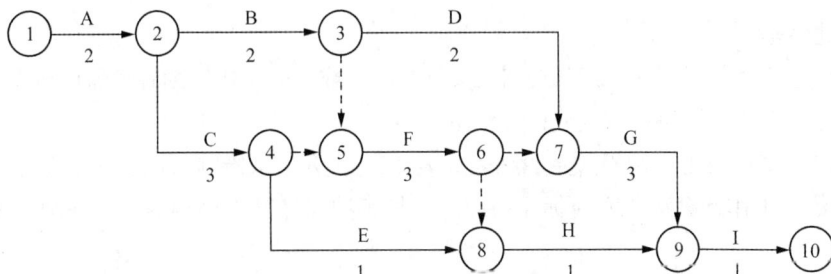

图 4.3.13 例 4.3.6 双代号网络图

【解】 第一步，从起点节点开始，顺着箭线方向依次计算各项工作的最早时间参数。

第二步，确定该双代号网络图的计算工期为 12。

第三步，从终点节点开始，逆着箭线方向依次计算各项工作的最迟时间参数。

第四步，计算各项工作的总时差和自由时差。本例选取工作 A 和工作 E 说明。

（1）工作 A：$TF_A = LS_A - ES_A = 0 - 0 = 0$。工作 A 有两项紧后工作，分别为工作 B 和工作 C，其自由时差为这两项紧后工作的最早开始时间的最小值减去其最早完成时间。

$$FF_A = \min\{ES_B, \ ES_C\} - EF_A = \min\{2, \ 2\} - 2 = 0$$

（2）工作 E：$TF_E = LS_E - ES_E = 9 - 5 = 4$。工作 E 有一项紧后工作 H。工作 E 的自由时差为紧后工作 H 的最早开始时间减去工作 E 最早完成时间。

$$FF_E = ES_H - EF_E = 8 - 6 = 2$$

最终计算结果如图 4.3.14 所示。

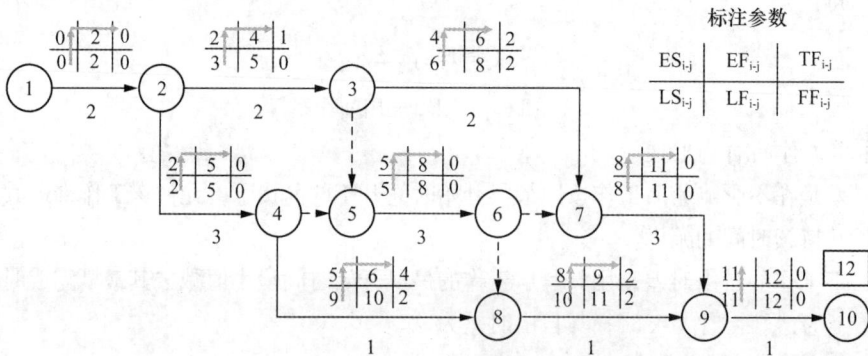

图 4.3.14　例 4.3.6 双代号网络图时间参数

三、关键工作和关键线路的确定

1. 关键工作

网络计划中总时差最小的工作是关键工作。当计划工期等于计算工期时，总时差为零的工作就是关键工作。工作总时差最小的工作，其具有的机动时间最短，如果延长其持续时间就会影响计划工期，因此为关键工作。

当计划工期等于计算工期时，工作的总时差为零时总时差最小。当有要求工期，且要求工期小于计算工期时，总时差最小的为负值，当要求工期大于计算工期时，总时差最小的为正值。

2. 关键线路

自始至终全部由关键工作组成的线路为关键线路，或总的工作持续时间最长的线路为关键线路。网络图上的关键线路可用双线或粗线标注。

【**例 4.3.7**】某项目工作逻辑关系明细表如表 4.3.5 所示，试绘制双代号网络图并计算各项工作的时间参数（工作计算法用六时标注，假定计划工期与计算工期相等），并确定关键线路和总工期。

表 4.3.5　工作逻辑关系明细表

工作代号	紧前工作	工作历时 / 月	工作代号	紧前工作	工作历时 / 月
A	—	5	F	A、B	6
B	—	4	G	C	8
C	A	6	H	C、D、E、F	9
D	A	4	I	F	7
E	A、B	5			

【**解**】根据表中的资料，按照双代号网络图的绘图规则，绘制双代号网络图，并计算各项工作的时间参数，如图 4.3.15 所示。

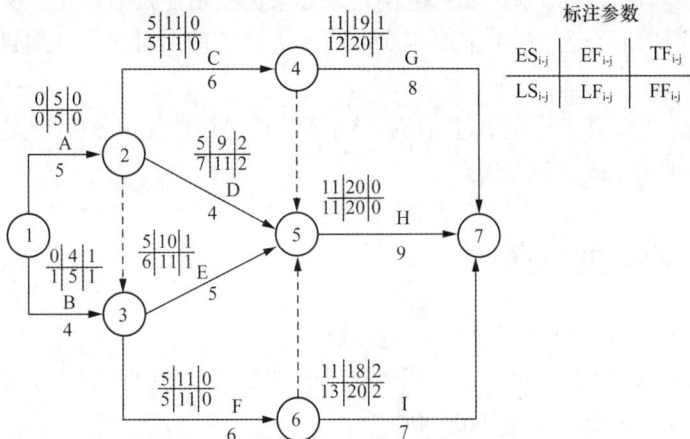

图 4.3.15 例 4.3.7 双代号网络图及时间参数

计划工期与计算工期相等，最小的总时差是 0，所以凡是总时差为 0 的工作均为关键工作。该双代号网络图的关键工作有 A、C、F、H。

自始至终全部由关键工作组成的线路为 A—C—H，该线路为关键线路。另有关键工作 F 处于非关键线路上，如图 4.3.16 所示。

计算工期为 20 个月。

自始至终全由关键工作组成的关键线路用粗箭线进行标注。

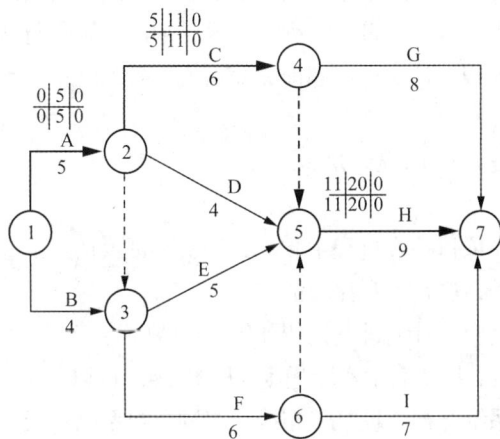

图 4.3.16 例 4.3.7 双代号网络图的关键线路

掌握了计算双代号网络图时间参数的方法，能够确定双代号网络图的关键工作和关键线路。请举一反三，尝试计算单代号网络图的时间参数吧！

任务四 进度计划的检查和调整

在计划执行过程中，由于组织、管理、经济、技术、资源、环境和自然条件等因素的影

响，往往会造成实际进度与计划进度产生偏差，如果偏差不能及时纠正，必将影响进度目标的实现。因此，在计划执行过程中采取相应措施来进行管理，对保证计划目标的顺利实现具有重要意义。

进度计划执行中的管理工作主要包括检查并掌握实际进展情况，分析产生进度偏差的主要原因，确定相应的纠偏措施或调整方法。

4.4.1　实际进度的检查

1. 检查实际进度的过程

在网络计划的执行过程中，必须建立相应的检查制度，定时定期地对实际执行情况进行跟踪检查，将实际进度跟计划进度进行对比分析。

（1）收集数据，处理分析数据。

定期收集进度资料，掌握工程实际进展情况。可视工程具体情况，每月、每半月或每周进行一次检查。特殊情况下，甚至需要每日进行一次进度检查。

反映实际进度的原始数据量大，必须对其进行整理、统计和分析，形成与计划进度具有可比性的数据，以便在网络图上进行记录。根据记录的结果可以分析判断进度的实际状况，及时发现进度偏差，为网络图的调整提供信息。例如，检查本期累计完成的工程量，本期已完成工程量占总工程量的百分比。

（2）对比分析实际进度与计划进度。

为了直观反映实际进度偏差，通常采用图形或表格的方式进行实际进度与计划进度的对比分析，即在图形上直接用文字、数字、符号或列表记录计划的实际执行状况，进行实际进度与计划进度的比较，得出实际进度相比计划进度超前、滞后或一致的结论，判定进度偏差对后续工作及总工期的影响程度。

2. 实际进度与计划进度的比较方法

（1）横道图比较法。

横道图比较法是指将在项目检查过程中收集到的实际进度信息，经分析整理后直接用横道线并列标在原计划的横道线处，进行直观比较的方法。

某智能化工程的实际进度与计划进度比较如图 4.4.1 所示。

其中细线表示计划进度，粗线表示实际进度。从图 4.4.1 可以看出，在 4 月 6 日工作完成后进行进度检查时，综合布线系统开槽、埋管、布线，视频监控系统布线，以及视频监控系统安装工作已经完成。其中综合布线系统开槽、埋管、布线比计划进度推后 1 天，视频监控系统布线比计划进度推后 1 天，视频监控系统设备安装实际进度与计划进度一致。无线 AP 系统布线比计划推迟了 4 天，后续需关注是否影响紧后工作的开展和项目总工期。

通过上述实际进度与计划进度之间的比较，为是否采取调整措施提供了依据。

横道图比较法具有方法简单、形象直观、容易掌握、应用方便等优点，广泛应用于简单的进度检查工作中。

（2）S 曲线比较法。

S 曲线是以横坐标表示时间、纵坐标表示累计完成任务量（用百分比表示）而绘制出的一条曲线。S 曲线比较法与横道图比较法不同，它是将项目的各检查时间实际完成任务量绘在 S 曲线图上,进行实际进度与计划进度比较的一种方法。S 曲线如图 4.4.2 所示。

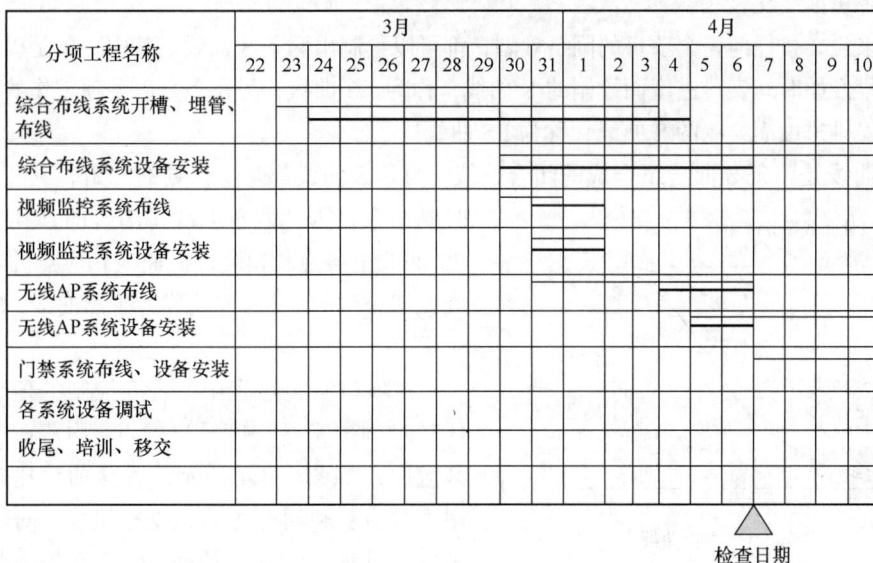

分项工程名称	3月										4月									
	22	23	24	25	26	27	28	29	30	31	1	2	3	4	5	6	7	8	9	10
综合布线系统开槽、埋管、布线																				
综合布线系统设备安装																				
视频监控系统布线																				
视频监控系统设备安装																				
无线AP系统布线																				
无线AP系统设备安装																				
门禁系统布线、设备安装																				
各系统设备调试																				
收尾、培训、移交																				

检查日期

图 4.4.1 横道图比较法示例

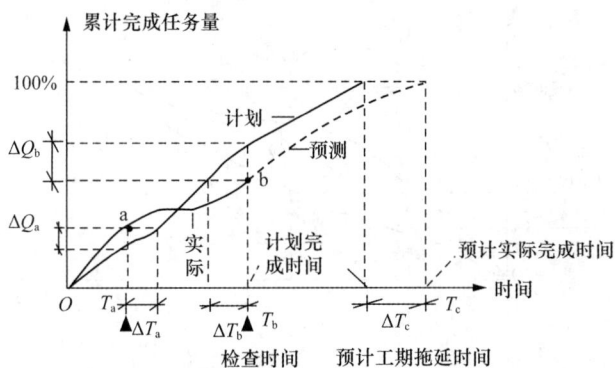

图 4.4.2 S 曲线

S 曲线比较法与横道图比较法类似,都是在图上直观地进行项目实际进度与计划进度的比较。一般情况下,在计划实施前绘制计划进度 S 曲线,在项目实施过程中,按规定时间将检查的实际任务完成情况与计划进度 S 曲线绘制在同一张图上,可得实际进度 S 曲线。

可进行如下分析。

① 项目实际进度与计划进度比较情况。当实际进度点落在计划进度 S 曲线上方,则表示此时实际进度比计划进度超前;若落在其下方,则表示实际进度比计划进度滞后;若刚好落在其上,则表示实际进度与计划进度一致。

② 项目实际进度比计划进度超前或滞后的时间。图 4.4.2 中,T_a、T_b 是检查时间。在 T_a 这个时点,实际进度点落在计划进度 S 曲线上方,实际进度超前 ΔT_a。在 T_b 这个时点,实际进度点落在计划进度 S 曲线下方,实际进度滞后 ΔT_b。

③ 项目实际进度比计划进度超额或拖欠的任务量。图 4.4.2 中,在 T_a 时点,ΔQ_a 表示该时间超额完成任务量。在 T_b 时点,ΔQ_b 表示该时间拖欠的任务量。

④ 预测工程进度。若后续工作按原计划速度进行，则工程预计实际完成时间为 T_c。

（3）香蕉曲线比较法。

一般来说，按任何一个项目的网络计划，都可以绘制出两条 S 曲线。其中一条是以各项工作的计划最早开始时间安排进度而绘制的 S 曲线，称为 ES 曲线；另一条是以各项工作的计划最迟开始时间安排进度而绘制的 S 曲线，称为 LS 曲线。

香蕉曲线是两条 S 曲线组合成的闭合曲线。两条 S 曲线都是从计划的开始时刻开始、完成时刻结束，因此两条曲线是闭合的，其余时刻的 ES 曲线上各点均落在 LS 曲线相应点的左侧，形成类似香蕉的形状，因此称为香蕉曲线，如图 4.4.3 所示。

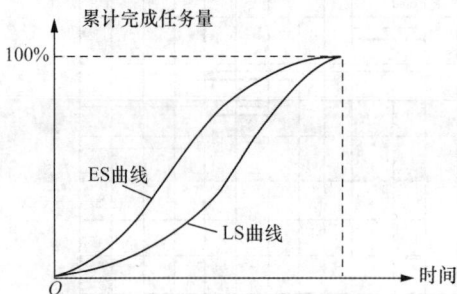

图 4.4.3　香蕉曲线

在项目实施过程中，进度控制的理想状态是任一时刻按实际进度绘出的点，均落在香蕉形的区域内，如图 4.4.4 所示。香蕉曲线比较法的作用主要有：利用香蕉曲线安排进度，对项目实际进度与计划进度进行比较，确定在检查状态下后期工程的 ES 曲线和 LS 曲线的发展趋势。

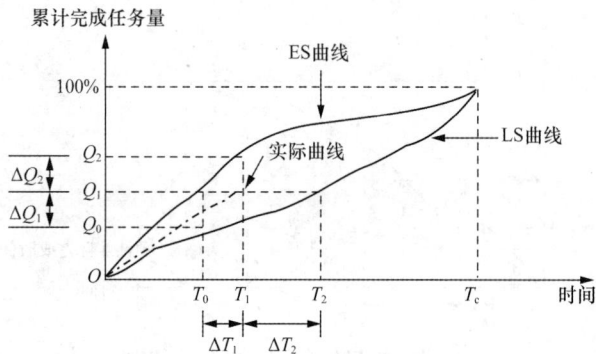

图 4.4.4　香蕉曲线图进度分析

图 4.4.4 中，T_1 是检查日期。在 T_1 这个时点，实际进度点落在香蕉形区域内，实际进度在计划内。实际进度比 LS 曲线超前 ΔT_1，比 ES 曲线滞后 ΔT_2。ΔQ_1 表示该时刻比 LS 曲线超额完成的任务量，ΔQ_2 表示该时刻比 ES 曲线少做的任务量。

香蕉曲线比较法的本质是 S 曲线比较法。

3．对检查结果进行分析判断

通常对进度计划进行如下检查分析。

（1）关键工作进度。

（2）非关键工作的进度及时差利用情况。

（3）实际进度对各项工作之间逻辑关系的影响。

（4）资源状况。

（5）成本状况。

通过对网络计划执行情况检查的结果进行分析判断，为计划的调整提供依据。

可按表4.4.1记录的情况对计划中未完成的工作进行分析判断。

表4.4.1　进度检查分析判断

工作编号	工作名称	检查时尚需工作天数	按计划最迟完成尚有天数	总时差		自由时差		情况分析
				原有	目前尚有	原有	目前尚有	
1								
2								
……								

4.4.2　进度计划的调整

1. 网络计划调整应选择的工作

当计算工期不能满足计划工期，可设法通过压缩关键工作的持续时间，以满足计划工期要求。可选择下列关键工作来缩短其持续时间。

（1）缩短持续时间而不影响质量和安全的工作。

（2）资源强度低或有充足备用资源的工作。

（3）缩短持续时间所需增加的费用相对较少的工作。

2. 网络计划调整的内容

（1）调整关键线路。

（2）调整非关键工作时差。

（3）增、减工作。

（4）调整逻辑关系。

（5）重新估计某些工作的持续时间。

（6）调整资源的投入。

3. 网络计划调整的方法

（1）调整关键线路。

当关键线路的实际进度比计划进度滞后时，应在尚未完成的关键工作中，选择资源强度低或费用低的工作缩短其持续时间，并重新计算未完成部分的时间参数，将其作为一个新计划实施。

当关键线路的实际进度比计划进度提前时，若不打算提前工期，应选用资源占用量大或者直接费用高的后续关键工作，适当延长其持续时间，以降低其资源强度或减少费用；当确定要提前完成计划时，应将计划尚未完成的部分作为一个新计划，重新确定关键工作的持续时间，按新计划实施。

（2）调整非关键工作时差。

非关键工作时差的调整应在其时差的范围内进行，以便更充分地利用资源、降低成本。每次调整后都必须重新计算时间参数，观察该调整对全局的影响。可将工作在其最早开始时间与最迟完成时间范围内调整，或者改变该工作的持续时间。

（3）增、减工作。

增、减工作时不应打乱原网络计划总的逻辑关系，只对局部逻辑关系进行调整。在增、减工作后应重新计算时间参数，分析对原网络计划的影响；当对工期有影响时，应采取调整措施，以保证计划工期不变。

（4）调整逻辑关系。

逻辑关系的调整只有当实际情况要求改变施工方法或组织方法时才可进行。调整时应避免影响原定计划工期和其他工作的顺利进行。

（5）重新估计某些工作的持续时间。

当发现某些工作的原持续时间估计有误或实现条件不充分时，应重新估计其持续时间，并重新计算时间参数，尽量使原计划工期不受影响。

（6）调整资源的投入。

当资源供应发生异常时，应采用资源优化方法对计划进行调整，或采取应急措施，使其对工期的影响最小。

网络计划的调整，可以定期进行，也可以根据计划检查的结果在必要时进行。

【实训演练】

项目案例1——网络计划的实际应用

一、案例背景

A 公司承接了一项项目的实施，项目要求工期 210 天。小丁担任该项目的项目经理。接到任务后，小丁详细分析了该项目的工作范围，进行工作分解，开始进行活动手动排序。

其中完成任务 A 所需时间为 5 周，完成任务 B 所需时间为 6 周，完成任务 C 所需时间为 5 周，完成任务 D 所需时间为 4 周，任务 C、D 必须在任务 A 完成后才能开工。完成任务 E 所需时间为 5 周，在任务 B、C 完成后开工，任务 F 在任务 E 之后才能开始，所需完成时间为 8 周。当任务 B、C、D 完成后，才能开始任务 G、H，任务 G 和 H 所需时间分别为 12 周、6 周。任务 F、H 完成后才能开始任务 I、K，任务 I 和 K 所需完成时间分别为 2 周、5 周。任务 J 所需时间为 4 周，只有当任务 G 和 I 完成后才能进行。

【问题 1】

假设你是项目经理，请利用网络计划编制该工程项目的进度计划，计算相关任务的六个基本时间参数，分析该进度计划是否能够满足工期要求。

【问题 2】

项目经理在第 12 周检查时，发现任务 D 已完成一半的工作量，任务 E 已完成 2 周的工作量，请判断任务 D、E 的进度是否正常？

【问题 3】

由于任务 D、E、I 使用同一台设备施工，以最早时间参数为准，计算设备在现场的闲置时间。

【问题 4】

项目开展过程中，任务 H 实际耗时 8 周，请分析对项目工期的影响。若任务 I 实际耗时 3 周呢？

二、案例分析及解答

【问题 1】

根据项目描述，该项目各项任务之间的逻辑关系如表 4.5.1 所示。

表 4.5.1 项目案例 1 各工作逻辑关系

工作名称	紧前工作	持续时间 / 周
A	—	5
B	—	6
C	A	5
D	A	4
E	B、C	5
F	E	8
G	B、C、D	12
H	B、C、D	6
I	F、H	2
J	G、I	4
K	F、H	5

据此，按照双代号网络图的绘图原则，绘制该项目双代号网络图，如图 4.5.1 所示。

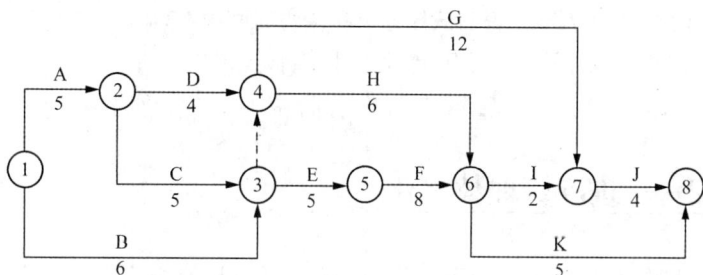

图 4.5.1 项目案例 1 双代号网络图

根据各项任务的持续时间，计算时间参数并标注于双代号网络图上，如图 4.5.2 所示。

根据计算结果，可知该项目计划工期 29 周，即 203 天，在要求工期期限内，能够满足项目要求工期。但冗余时间仅有 1 周，存在实际工期超出要求工期的风险。

总时差为零的工作有 A、C、E、F、I、J，这些工作均为关键工作。关键工作没有机动储备时间，应严格按计划开始时间实施。

【问题 2】

在第 12 周检查时，任务 D 完成一半，即完成了 2 周的工作量，还需 2 周时间才能完成任务，即在第 14 周完成任务 D。根据计划时间，任务 D 最迟完成时间应在第 13 周。任务 D 总时差 4 周，按最早完成时间第 9 周，有 4 周时间冗余，即可在第 13 周内完成任务 D 而不影响项目总工期；任务 D 自由时差为 1 周，即可在第 10 周内完成而不影响紧后工作的最早开始时间。

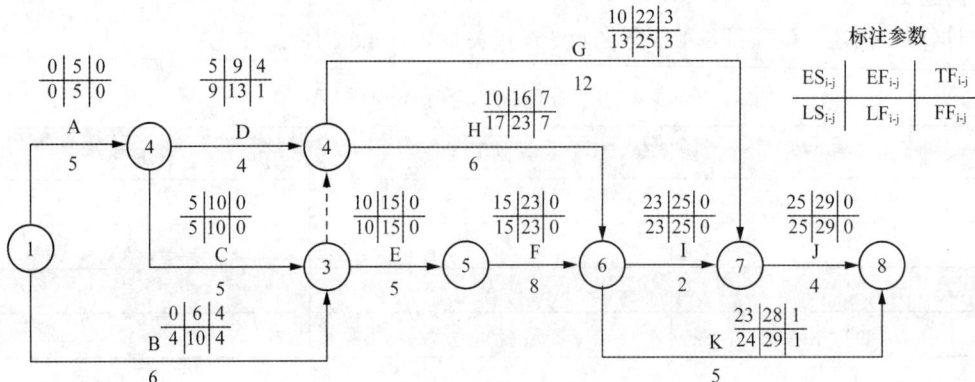

图 4.5.2　项目案例 1 时间参数

所以，任务 D 已经延期，如按计划进度开展将使整个项目工期推后 1 周。

任务 E 完成了 2 周的工作，预计完成时间恰好为第 15 周，实际进度跟计划进度一致。

【问题 3】

由于任务 D、E、I 使用同一台设备施工，因此完成任务时间为三个任务时间累加，为 $4+5+2=11$（周）。而三个任务最早开始于第 5 周（任务 D），最早完成于第 25 周（任务 I），任务时间跨度为 20 周，因此，设备空闲时间为 $20-11=9$（周）。

【问题 4】

任务 H 是非关键工作，原定时间为 6 周，实际历时 8 周才完成。该任务最早完成时间是第 16 周，总时差和自由时差均为 7 周，表明该任务可在储备时间第 23（16+7）周内完成，均不会影响总工期和紧后工作的最早开始时间。因此对项目工期无影响。

任务 I 是关键工作，总时差为零，没有储备时间，因此，将会使项目工期延迟 1 周。

项目案例 2——进度管理数字化

利用物联网、大数据可视化手段等对工程项目建设管理以及相关业务进行统一管控，可实现项目全生命周期全过程电子管理，把控项目实施过程。智慧项目管理平台为政府主管部门、建设单位、施工单位、监理单位等工程建设单位构建"管理数字化、流程标准化、采集智能化、管控自动化"的智慧建设绿色生态，推进工业互联网项目建设数字化发展。

以某智慧项目管理平台进度管理模块为例，进度管理模块包括计划编制、任务分解、进度汇报和进度分析，如图 4.5.3 所示。

进度计划包括工程项目的总体进度，单位工程、分部分项进度，阶段工程进度等进行分级控制，以及配套的质量检查计划、安全防护计划、人员需求计划、材料需求计划及设备需求计划等。进度计划如图 4.5.4 所示。

各项进度计划变更可配置相应的审批流程，指派到负责人，跟踪不同完成状态，及时纠偏，如图 4.5.5 所示。

➤ App汇报，简单快捷
➤ 每日汇报，及时反馈实际进度
➤ 系统汇总，省时提效

➤ 电子计划导入，计划目标共享
➤ 里程碑、分项多维度计划，便于控制

| 计划编制 | 任务分解 | 进度汇报 | 进度分析 |

➤ 设置节点，系统分解，中短期目标明确
➤ 月度分解，时间段任务清晰
➤ 周工作分解，任务具体到班组

➤ 总体工期实时显示，共享剩余工期
➤ 里程碑进度形象展示，直观展示实际进度
➤ 计划进度与实际进度对比，实时提供决策依据

图 4.5.3　进度管理模块

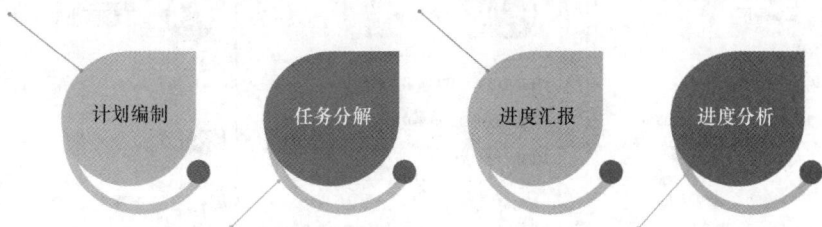

图 4.5.4　进度计划

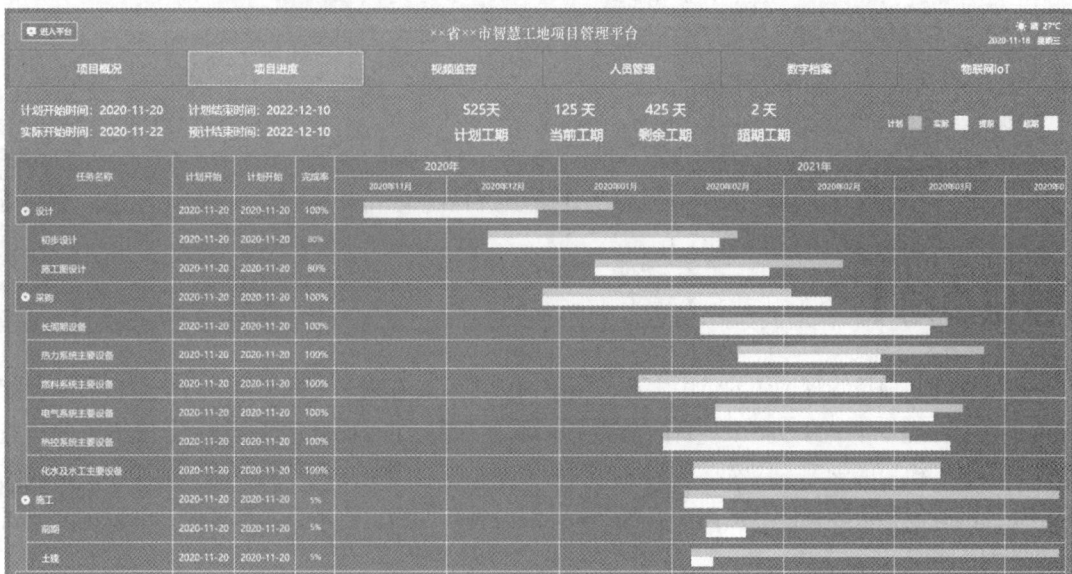

图 4.5.5　进度计划纠偏与变更

　　根据进度计划生成任务工单，指派任务执行人，任务内容可设置为在规定时间段内完成。任务执行人收到任务通知后，跟踪执行，填报进度和完成情况，可用语音、拍照等方式录入，系统自动更新计划节点。任务指派与执行如图 4.5.6 所示。

图 4.5.6　任务指派与执行

【模块小结】

进度管理是项目管理工作的重中之重，精确的进度管理有利于发挥工程项目全生命周期投资效益。进度管理工作贯穿于整个项目的全部实施阶段，是对工程项目建设全过程、全方位的动态管理。通过本模块的学习，应掌握绘制横道图的方法；学会绘制双代号网络图，并能够计算双代号网络图的时间参数等；能够运用横道图、S 曲线及香蕉曲线检查项目实际进度；掌握进度计划的调整方法。

【思考与练习】

一、单选题

1. 双代号网络图中的虚工作（　　　）。
   A. 既消耗时间，又消耗资源
   B. 只消耗时间，不消耗资源
   C. 既不消耗时间，又不消资源
   D. 不消耗时间，只消耗资源

2. 关于工程项目总进度目标的说法，正确的是（　　　）。
   A. 工程项目总进度目标的控制是施工总承包方项目管理的任务
   B. 在进行项目总进度目标控制前，应分析和论证目标实现的可能性
   C. 项目实施阶段的总进度指的就是施工进度

D. 项目总进度目标论证就是要编制项目的总进度纲要

3. 下图所示网络图中，③—④之间的虚工作起到的作用是（　　　）。

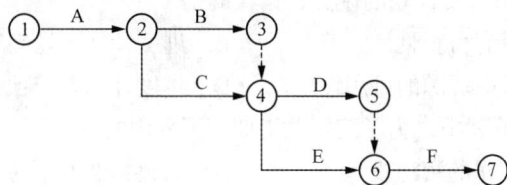

A. 交叉　　　　　　B. 区分　　　　　　C. 断路　　　　　　D. 指向

4. 网络计划中，工作最早开始时间应为（　　　）。

A. 所有紧前工作最早完成时间的最大值

B. 所有紧前工作最早完成时间的最小值

C. 所有紧前工作最迟完成时间的最大值

D. 所有紧前工作最迟完成时间的最小值

5. 双代号网络计划中，某工作的最早开始时间和最迟开始时间分别为第 20 天和第 25 天，其持续时间为 9 天。该工作有两项紧后工作，它们的最早开始时间分别为第 32 天和第 34 天，则该工作的总时差和自由时差分别为（　　　）。

A. 3 天和 0 天　　　B. 3 天和 2 天　　　C. 5 天和 0 天　　　D. 5 天和 3 天

6. 某工作有两个紧前工作，最早完成时间分别是第 2 天和第 4 天，该工作持续时间是 5 天，则其最早完成时间是第（　　　）天。

A. 9　　　　　　　B. 6　　　　　　　C. 7　　　　　　　D. 11

7. 某工程网络计划在执行过程中，某工作实际进度比计划进度拖后 5 天，影响工期 2 天，则该工作原有的总时差为（　　　）。

A. 2 天　　　　　　B. 3 天　　　　　　C. 5 天　　　　　　D. 7 天

8. 在网络计划中，若某项工作的（　　　）最小，则该工作必为关键工作。

A. 自由时差　　　　B. 持续时间　　　　C. 时间间隔　　　　D. 总时差

9. 某双代号网络图如下图所示，存在的不妥之处是（　　　）。

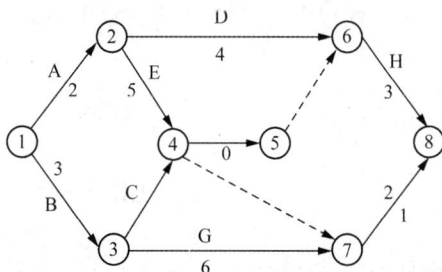

A. 有多个起点节点　　　　　　　　B. 工作表示方法不一致

C. 节点编号不连续　　　　　　　　D. 有多余的时间参数

10. 在进度控制中，缺乏动态控制观念的表现是（　　　）。

A. 同一项目不同进度计划之间的关联性不够

B. 不重视进度计划的比选

  C. 不重视进度计划的调整

  D. 不注意分析影响进度的风险

11. 以下关于工程项目进度计划的说法，错误的是（　　　）。

  A. 进度计划应具有可行性   B. 进度计划一旦确定不能更改

  C. 进度计划需考虑资源的可用性 D. 进度计划要与项目目标相匹配

12. 在工程项目进度管理中，为了缩短总工期，可采用的方法是（　　　）。

  A. 增加非关键工作的资源投入 B. 缩短关键工作的持续时间

  C. 调整非关键工作的逻辑关系 D. 减少关键工作的数量

13. 下列哪项工具最常用于工程项目进度计划的可视化展示（　　　）。

  A. 甘特图   B. 工作分解结构（WBS）

  C. 直方图   D. 责任分配矩阵

二、多选题

1. 根据下图，工作逻辑关系表达正确的有（　　　）。

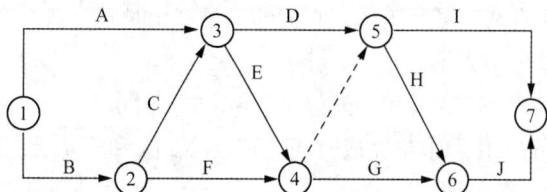

  A. C 的紧后工作只有 D   B. E 的紧后工作只有 I、G

  C. H 的紧前工作为 D、E 和 F D. A 没有紧前工作

  E. A、B 的紧后工作都有 D

2. 某双代号网络图如下图所示（单位：天），其关键工作有（　　　）。

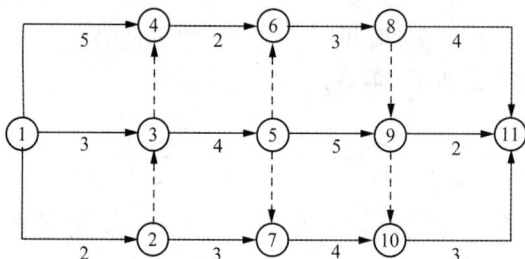

  A. 工作③—⑤   B. 工作①—④   C. 工作⑤—⑨

  D. 工作⑦—⑩   E. 工作⑧—⑪

3. 以下关于工程项目进度计划调整的说法，正确的有（　　　）。

  A. 进度计划调整应根据实际进度与计划进度的偏差情况进行

  B. 调整工作顺序可以改变项目进度 C. 增加资源投入一定能加快项目进度

  D. 进度计划调整可能会影响项目成本 E. 进度计划调整只针对关键工作进行

4. 以下哪些情况可能导致工程项目进度延误（　　　）。

  A. 关键工作出现问题   B. 非关键工作延误时间超过其总时差

C. 项目资源供应不足　　　　　　　　D. 项目范围变更

E. 恶劣天气等不可抗力因素

三、问答题

某项目包括三个组成部分：A、B、C。每个部分只需设计和建造。A 很难设计，最快要 12 周，但只需 1 周时间建成。B 设计需要 5 周，建造需 6 周时间。C 容易设计，1 周可完成，但建造较为复杂，需费时 9 周。只有一个设计师和一个建造师可同时开展工作，设计师不会建造而建造师不会设计。

请问该项目的最短工期是多少？

请阐述分析思路，画出横道图（甘特图）以及双代号网络计划图。

工业互联网项目费用管理

【情境导入】

费用管理是工业互联网工程项目建设三大目标之一，其主要作用是通过合理的计划控制和监督项目支出，合理使用资金和资源、降低投资风险、防止费用超支。有效的费用管理，可以确保工业互联网工程项目的顺利实施，提高项目经济效益和社会效益。

投资费用的构成要素有哪些？有哪些方法可用于费用管理？这是本模块重点解决的问题。

【学习目标】

- 了解价值工程的概念、特点以及提高价值的途径。
- 理解总投资、建筑安装工程费、设备及工器具购置费和工程建设其他费用的构成。
- 理解费用计划的种类及编制方法。
- 掌握价差预备费、建设期贷款利息的计算。
- 掌握赢得值法的计算和分析。

【能力目标】

- 能够阐述总费用（投资）的构成。
- 初步具备对费用进行计划、分解、分析和控制的能力。
- 能够运用赢得值法判断项目进度及费用管理的阶段执行效果。
- 能够运用比较法、因素分析法、比率法等多种方法进行费用分析。

【素质目标】

- 培养项目全生命周期费用管理的思维和能力，树立全过程工程咨询的理念。
- 培养对费用进行计划、计算、执行、检查和控制的管理能力。
- 培养运用科学合理的工具表述、分析问题的思维意识。

【知识链接】

任务一　工业互联网工程项目费用构成

5.1.1　工程项目总费用（投资）构成

不同项目管理书籍对"支出"存在费用、投资、成本等不同的说法。一般来说，费用包括投资和成本，投资和成本均属于费用。工程项目投资是指建设单位进行某项工程建设花费的全部费用，这部分费用在工程验收后，转成建设单位（产权单位）的固定资产。承包单位承接工程项目后，开展工程项目实施建设，由此产生的费用支出属于成本。

建设项目总投资是指为完成工程项目建设并达到使用要求或生产条件，在建设期内预计或实际投入的总费用。生产性建设项目总投资包括建设投资、建设期利息和流动资金三部分。非生产性建设项目总投资包括建设投资和建设期利息两部分，其中建设投资和建设期利息之和对应固定资产投资。

建设项目总投资的构成如表 5.1.1 所示。

表 5.1.1　建设项目总投资的构成

费用项目名称			
建设项目总投资	建设投资	第一部分　工程费用	设备及工器具购置费
			建筑安装工程费
		第二部分　工程建设其他费用	1. 土地使用费和其他补偿费
			2. 建设管理费
			3. 前期工作咨询费
			4. 专项评价费
			5. 研究试验费
			6. 勘察设计费
			7. 场地准备费和临时设施费
			8. 引进技术和进口设备材料其他费
			9. 特殊设备安全监督检验费
			10. 市政公用配套设施费（城市基础设施配套费）
			11. 联合试运转费

续表

费用项目名称			
建设项目总投资	建设投资	第二部分　工程建设其他费用	12. 工程保险费
			13. 专利及专有拖术使用费
			14. 生产准备费
			15. 其他费用
		第三部分　预备费	基本预备费
			价差预备费
		建设期利息	
	流动资金		

建设投资由工程费用（包括设备及工器具购置费和建筑安装工程费）、工程建设其他费用、预备费（包括基本预备费和价差预备费）组成。

工程费用是指建设期内直接用于工程建造、设备购置及其安装的费用，包括建筑安装工程费和设备及工器具购置费。

建设期利息是指在建设期内应计的利息和在建设期内为筹集项目资金发生的费用，包括各类借款利息、债券利息、贷款评估费、国外借款手续费及承诺费、汇兑损益、债券发行费用及其他债务利息支出或融资费用。

流动资金是指为进行正常生产运营，用于购买原材料、燃料、支付工资及其他运营费用等所需的周转资金。

固定资产投资可以分为静态投资部分和动态投资部分。静态投资部分由建筑安装工程费、设备及工器具购置费、工程建设其他费用和基本预备费构成。动态投资部分，是指在建设期内，因建设期利息和国家新批准的税费、汇率、利率变动以及建设期价格变动引起的投资增加额，包括价差预备费、建设期利息等。

5.1.2　建筑安装工程费

根据住房和城乡建设部与财政部联合印发的《建筑安装工程费用项目组成》（建标〔2013〕44号），建筑安装工程费用项目组成有两种分类方式：按费用构成要素划分、按造价形成划分。

一、按费用构成要素划分

按费用构成要素划分，建筑安装工程费分为人工费、材料费、施工机具使用费、企业管理费、利润、规费和税金。按费用构成要素划分的分类方式如图 5.1.1 所示。

1. 人工费

人工费是指按工资总额构成规定，支付给从事建筑安装工程施工的生产工人和附属生产单位工人的各项费用，具体内容如下。

（1）计时工资或计件工资。

计时工资或计件工资是指按计时工资标准和工作时间或对已做工作按计件单价支付给个人的劳动报酬。

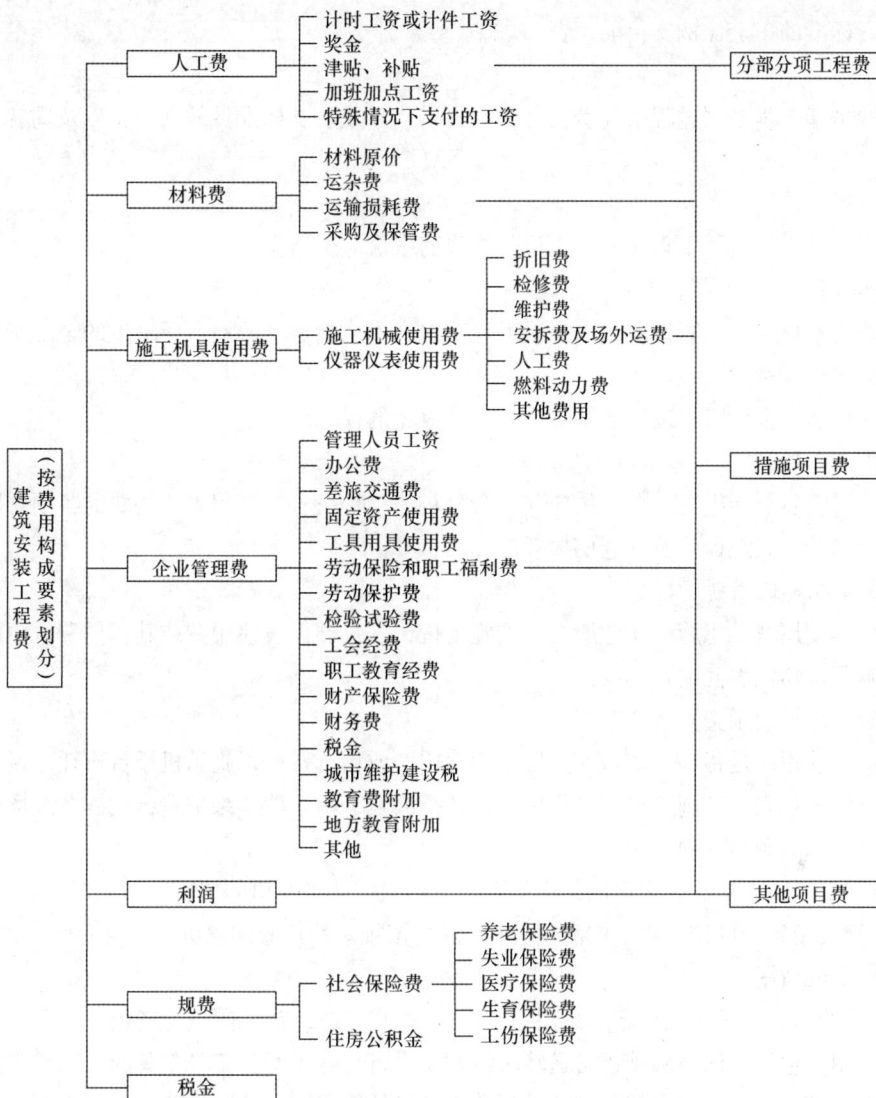

图 5.1.1 建筑安装工程费用项目组成（按费用构成要素划分）

（2）奖金。

奖金是指对超额劳动和增收节支支付给个人的劳动报酬，如节约奖、劳动竞赛奖等。

（3）津贴、补贴。

津贴、补贴是指为了补偿职工特殊或额外的劳动消耗和因其他特殊原因支付给个人的津贴，以及为了保证职工工资水平不受物价影响支付给个人的物价补贴，如流动施工津贴、特殊地区施工津贴、高温（寒）作业临时津贴、高空津贴等。

（4）加班加点工资。

加班加点工资是指按规定支付的在法定节假日工作的加班工资和在法定日工作时间外延时工作的加班工资。

（5）特殊情况下支付的工资。

特殊情况下支付的工资是指根据国家法律、法规和政策规定，因病、工伤、产假、计划生育假、婚丧假、事假、探亲假、定期休假、停工学习、执行国家或社会义务等原因按计时工资标准或计时工资标准的一定比例支付的工资。

2．材料费

材料费是指工程施工过程中耗费的各种原材料、半成品、构配件的费用，以及周转材料等的摊销、租赁费用。

（1）材料原价。

材料原价是指材料、工程设备的出厂价格或商家供应价格。

（2）运杂费。

运杂费是指材料、工程设备自来源地运至工地仓库或指定堆放地点所发生的全部费用。

（3）运输损耗费。

运输损耗费是指材料在运输装卸过程中不可避免的损耗。

（4）采购及保管费。

采购及保管费是指组织采购、供应和保管材料、工程设备的过程中所需要的各项费用，包括采购费、仓储费、工地保管费、仓储损耗。

3．施工机具使用费

施工机具使用费是指施工作业所发生的施工机械、仪器仪表使用费或其租赁费，由施工机械使用费和施工仪器仪表使用费构成。

（1）施工机械使用费

施工机械使用费是指施工机械作业发生的使用费或租赁费，以施工机械台班耗用量与施工机械台班单价的乘积表示。施工机械台班单价包括折旧费、检修费、维护费、安拆费及场外运费、人工费、燃料动力费和其他费用。

① 折旧费指施工机械在规定的使用年限内，陆续收回其原值的费用。

② 检修费指施工机械在规定的耐用总台班内，按规定的检修间隔进行必要的检修，以恢复其正常功能所需的费用。

③ 维护费指施工机械在规定的耐用总台班内，按规定的维护间隔进行各级维护和临时故障排除所需的费用。包括为保障机械正常运转所需替换设备与随机配备工具附具的摊销和维护费用，机械运转中日常保养所需润滑与擦拭的材料费用及机械停滞期间的维护和保养费用等。

④ 安拆费及场外运费。安拆费是指施工机械（大型机械除外）在现场进行安装与拆卸所需的人工、材料、机械和试运转费用以及机械辅助设施的折旧、搭设、拆除等费用。场外运费是指施工机械整体或分体自停放地点运至施工现场或由一施工地点运至另一施工地点的运输、装卸、辅助材料及架线等费用。

⑤ 人工费指机上司机（司炉）和其他操作人员的人工费。

⑥ 燃料动力费指施工机械在运转作业中所消耗的各种燃料及水、电等费用。

其他费用指施工机械按照国家规定应缴纳的车船税、保险费及检测费等。

（2）仪器仪表使用费

仪器仪表使用费是指工程施工所发生的仪器仪表使用费或租赁费，以仪器仪表台班耗用量与仪器仪表台班单价的乘积表示。仪器仪表台班单价由折旧费、维护费、校验费和动力费组成。

4．企业管理费

企业管理费是指建筑安装企业组织施工生产和经营管理所需的费用，具体内容如下。

（1）管理人员工资。

管理人员工资是指按规定支付给管理人员的计时工资、奖金、津贴补贴、加班加点工资及特殊情况下支付的工资等。

（2）办公费。

办公费是指企业管理办公用的文具、纸张、账表、印刷、邮电、书报、办公软件、现场监控、会议、水电和集体取暖降温（包括现场临时宿舍取暖降温）等费用。

（3）差旅交通费。

差旅交通费是指职工因公出差、调动工作的差旅费、住勤补助费，市内交通费和误餐补助费，职工探亲路费，劳动力招募费，职工退休、退职一次性路费，工伤人员就医路费，工地转移费以及管理部门使用的交通工具的油料、燃料等费用。

（4）固定资产使用费。

固定资产使用费是指管理和试验部门及附属生产单位使用的属于固定资产的房屋、设备、仪器等的折旧、大修、维修或租赁费。

（5）工具用具使用费。

工具用具使用费是指企业施工生产和管理使用的不属于固定资产的工具、器具、家具、交通工具和检验、试验、测绘、消防用具等的购置、维修和摊销费。

（6）劳动保险和职工福利费。

劳动保险和职工福利费是指由企业支付的职工退职金、按规定支付给离休干部的经费、集体福利费、夏季防暑降温费、冬季取暖补贴、上下班交通补贴等。

（7）劳动保护费。

劳动保护费是指企业按规定发放的劳动保护用品的支出，如工作服、手套、防暑降温饮料以及在有碍身体健康的环境中施工的保健费用等。

（8）检验试验费。

检验试验费是指施工企业按照有关标准规定，对建筑以及材料、构件和建筑安装物进行一般鉴定、检查所发生的费用，包括自设实验室进行试验所耗用的材料等费用。不包括新结构、新材料的试验费，对构件做破坏性试验及其他特殊要求检验试验的费用和建设单位委托检测机构进行检测的费用，对此类检测发生的费用，由建设单位在工程建设其他费用中列支。但对施工企业提供的具有合格证明的材料进行检测不合格的，该检测费用由施工企业支付。

（9）工会经费。

工会经费是指企业按《中华人民共和国工会法》规定的全部职工工资总额比例计提的工会经费。

（10）职工教育经费。

职工教育经费是指按职工工资总额的规定比例计提，企业为职工进行专业技术和职业技能培训，专业技术人员继续教育、职工职业技能鉴定、职业资格认定以及根据需要对职工进行各类文化教育所发生的费用。

（11）财产保险费。

财产保险费是指施工管理用财产、车辆等的保险费用。

（12）财务费。

财务费是指企业为施工生产筹集资金或提供预付款担保、履约担保、职工工资支付担保等所发生的各种费用。

（13）税金。

税金是指企业按规定缴纳的房产税、车船税、土地使用税、印花税等。

（14）城市维护建设税。

城市维护建设税指为了加强城市的维护建设，扩大和稳定城市维护建设资金的来源，规定凡缴纳增值税、消费税的单位和个人，应当依照规定缴纳城市维护建设税。城市维护建设税税率如下：①纳税人所在地在市区的，税率为7%；②纳税人所在地在县城、镇的，税率为5%；③纳税人所在地不在市区、县城或者镇的，税率为1%。

（15）教育费附加。

教育费附加是对缴纳增值税和消费税的单位和个人征收的一种附加费。其作用是为了发展地方性教育事业，扩大地方教育经费的资金来源。以纳税人实际缴纳的增值税和消费税的税额为计费依据，教育费附加的征收率为3%。

（16）地方教育附加。

按照《关于统一地方教育附加政策有关问题的通知》（财综〔2010〕98号）要求，各地统一征收地方教育附加，地方教育附加征收标准为单位和个人实际缴纳的增值税和消费税税额的2%。

（17）其他。

其他管理费包括技术转让费、技术开发费、投标费、业务招待费、绿化费、广告费、公证费、法律顾问费、审计费、咨询费、保险费等。

5．利润

利润是指施工企业完成所承包工程所获得的盈利。利润在税前建筑安装工程费的比重可按不低于5%且不高于7%的费率计算。

6．规费

规费是指按国家法律、法规规定，由省级政府和省级有关权力部门规定必须缴纳或计取的费用，由社会保险费、住房公积金和其他应列而未列入的规费构成。

（1）社会保险费。

社会保险费包括企业按照规定标准为职工缴纳的基本养老保险费、失业保险费、医疗保险费、生育保险费和工伤保险费。

（2）住房公积金。

住房公积金是指企业按规定标准为职工缴纳的住房公积金。

其他应列而未列入的规费，按实际发生计取。

7．税金

建筑安装工程费用中的税金是指增值税，是按税前工程造价乘以增值税税率确定。税前工程造价为人工费、材料费、施工机具使用费、企业管理费、利润和规费之和。

二、按造价形成划分

按造价形成划分，建筑安装工程费由分部分项工程费、措施项目费、其他项目费、规费和税金组成。这种分类方式用于指导工程造价专业人员计算建筑安装工程造价。按造价形成划分的分类方式如图5.1.2所示。

建筑安装工程费（按造价形成划分）

- 分部分项工程费
  - 房屋建筑与装饰工程 —— 土石方工程 / 地基处理与桩基工程 / ……
  - 仿古建筑工程
  - 通用安装工程
  - 市政工程
  - 园林绿化工程
  - 矿山工程
  - 构筑物工程
  - 城市轨道交通工程
  - 爆破工程
  - ……
- 措施项目费
  - 安全文明施工费
  - 夜间施工增加费
  - 二次搬运费
  - 冬雨季施工增加费
  - 已完工程及设备保护费
  - 工程定位复测费
  - 特殊地区施工增加费
  - 大型机械设备进出场及安拆费
  - 脚手架工程费
  - ……
- 其他项目费
  - 暂列金额
  - 计日工
  - 总承包服务费
  - ……
- 规费
  - 社会保险费 —— 养老保险费 / 失业保险费 / 医疗保险费 / 生育保险费 / 工伤保险费
  - 住房公积金
- 税金

（右侧）人工费、材料费、施工机具使用费、企业管理费、利润

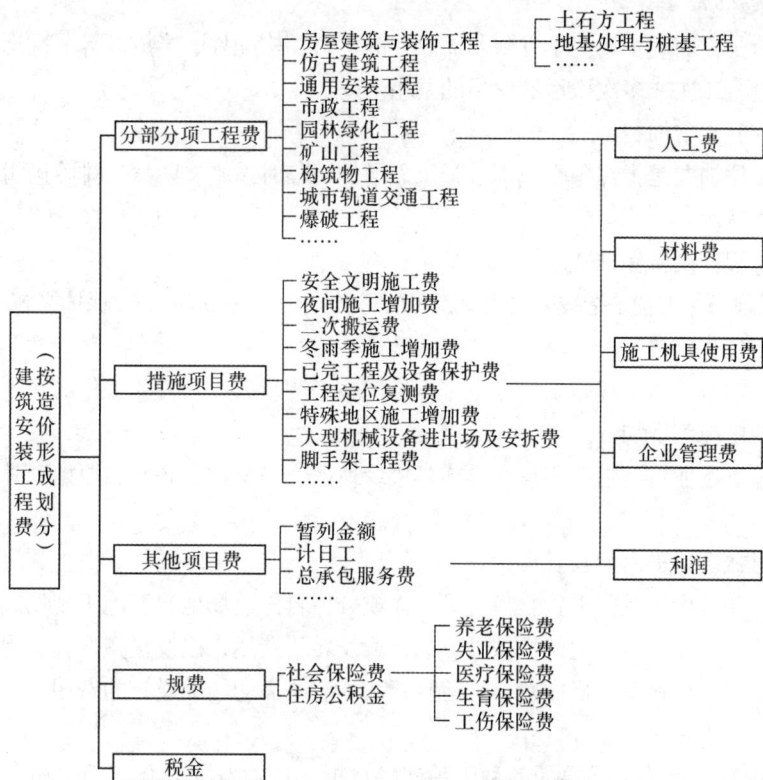

图 5.1.2　建筑安装工程费用项目组成（按造价形成划分）

1. 分部分项工程费

分部分项工程费是指各专业工程的分部分项工程应予列支的各项费用。

（1）专业工程：指按现行国家计量规范划分的房屋建筑与装饰工程、仿古建筑工程、通用安装工程、市政工程、园林绿化工程、矿山工程、构筑物工程、城市轨道交通工程、爆破工程等各类工程。

（2）分部分项工程：指按现行国家计量规范对各专业工程划分的项目，如房屋建筑与装饰工程划分的土石方工程、地基处理与桩基工程、砌筑工程、钢筋及钢筋混凝土工程等。

2. 措施项目费

措施项目费是指为完成建设工程施工，发生于该工程施工前和施工过程中的技术、生活、安全、环境保护等方面的费用，具体内容如下。

（1）安全文明施工费。

安全文明施工费是指施工现场为达到环保要求、文明施工、安全施工所需要的环境保护费、文明施工费、安全施工费及临时设施费、建筑工人实名制管理费。其中，临时设施费是指施工企业为进行建设工程施工所必须搭设的生活和生产用的临时建筑物、构筑物和其他临时设施费用，包括临时设施的搭设、维修、拆除、清理费或摊销费等。

（2）夜间施工增加费。

夜间施工增加费是指因夜间施工所发生的夜班补助费、夜间施工降效、夜间施工照明设备摊销及照明用电等费用。

（3）二次搬运费。

二次搬运费是指因施工场地条件限制而发生的材料、构配件、半成品等一次运输不能到达堆放地点，必须进行二次或多次搬运所发生的费用。

（4）冬雨季施工增加费。

冬雨季施工增加费是指在冬季或雨季施工需增加的临时设施、防滑、排除雨雪，人工及施工机械效率降低等费用。

（5）已完工程及设备保护费。

已完工程及设备保护费是指竣工验收前，对已完工程及设备采取的必要保护措施所发生的费用。

（6）工程定位复测费。

工程定位复测费是指工程施工过程中进行全部施工测量放线和复测工作的费用。

（7）特殊地区施工增加费。

特殊地区施工增加费是指工程在沙漠或其边缘地区、高海拔、高寒、原始森林等特殊地区施工增加的费用。

（8）大型机械设备进出场及安拆费。

大型机械设备进出场及安拆费是指机械整体或分体自停放场地运至施工现场或由一个施工地点运至另一个施工地点，所发生的机械进出场运输及转移费用，以及机械在施工现场进行安装、拆卸所需的人工费、材料费、机械费、试运转费和安装所需的辅助设施的费用。

（9）脚手架工程费。

脚手架工程费是指施工需要的各种脚手架搭、拆、运输费用以及脚手架购置费的摊销（或租赁）费用。

3．其他项目费

（1）暂列金额。

暂列金额是指建设单位在工程量清单中暂定并包括在工程合同价款中的一笔款项，用于施工合同签订时尚未确定或者不可预见的所需材料、工程设备、服务的采购，施工中可能发生的工程变更、合同约定调整因素出现时的工程价款调整以及发生的索赔、现场签证确认等的费用。

（2）计日工。

计日工是指在施工过程中，施工企业完成建设单位提出的施工图纸以外的零星项目或工作所需的费用。

（3）总承包服务费。

总承包服务费是指总承包人为配合、协调建设单位进行的专业工程发包，对建设单位自行采购的材料、工程设备等进行保管以及施工现场管理、竣工资料汇总整理等服务所需的费用。

4．规费和税金

规费和税金的构成和计算与前述按费用构成要素划分的建筑安装工程费构成和计算相同。建设项目工程发包人和承包人均应按照省、自治区、直辖市或行业建设主管部门发布的标准计算规费和税金，不得作为竞争性费用。

5.1.3　设备及工器具购置费

设备及工器具购置费由设备购置费和工具、器具及生产家具购置费组成。

设备及工器具购置费是固定资产投资中积极的部分。在生产性工程建设中,设备及工器具购置费占工程造价比例的增大,意味着生产技术的进步和资本有机构成的提高。

一、设备购置费

设备购置费是指为建设项目购置或自制的达到固定资产标准的各种国产或进口设备工具、器具的购置费用。它由设备原价和设备运杂费构成。

设备原价指国产设备或进口设备的原价。

(1)国产设备原价一般指设备制造厂的交货价,或订货合同价。

(2)进口设备原价是指进口设备的抵岸价,即抵达买方边境港口或边境车站,且交完关税等税费后形成的价格。

设备运杂费指除设备原价之外的包装和包装材料费、运输费、装卸费、采购费及仓库保管费、供销部门手续费等方面支出费用的总和。其计算式为

$$设备运杂费 = 设备原价 \times 设备运杂费费率 \tag{5-1}$$

其中,设备运杂费费率按各部门及省市等的规定计取。

二、工具、器具及生产家具购置费

工具、器具及生产家具购置费是指新建或扩建项目初步设计规定的,保证初期正常生产必须购置的没有达到固定资产标准的设备、仪器、工具、器具、生产家具和备品备件等的购置费用。其计算式为

$$工具、器具及生产家具购置费 = 设备购置费 \times 定额费率 \tag{5-2}$$

5.1.4　工程建设其他费用

工程建设其他费用必须或应该发生时计费,不发生时不计费;若遇地方政策规定需要增加的费用,应按地方规定执行。具体内容如下。

1. 土地使用费和其他补偿费

(1)土地使用费。

土地使用费指按照《中华人民共和国土地管理法》《中华人民共和国耕地占用税法》《中华人民共和国水土保持法》等规定, 建设项目使用土地应支付的费用,包括建设用地费和临时土地使用费,以及由于使用土地发生的其他有关费用,如水土保持补偿费等。

(2)其他补偿费。

其他补偿费指项目涉及的对房屋、市政、铁路、公路、管道、通信、电力、河道、水利、厂区、林区、保护区、矿区等不附属于建设用地的相关建(构)筑物或设施的拆除补偿、迁建补偿、搬迁运输补偿等费用。

2. 建设管理费

建设管理费是指建设单位为组织完成工程项目建设,在建设期内发生的各类管理性费用,包括建设单位管理费(项目建设管理费)、工程监理费、设备监造费、招标投标费(招标代理费)、设计评审费、特殊项目定额研究及测定费、其他咨询费、印花税等。

（1）建设单位管理费（项目建设管理费）。

建设单位管理费是指项目建设单位从项目筹建之日起至办理竣工财务决算之日止发生的管理性质的支出，包括不在原单位发工资的工作人员工资及相关费用、办公费、办公场地租用费、差旅交通费、劳动保护费、工具用具使用费、固定资产使用费、招募生产工人费、技术图书资料费（含软件）、业务招待费、施工现场津贴、竣工验收费和其他管理性质开支。

（2）工程监理费。

工程监理费指工程监理机构接受委托，提供建设工程施工阶段的质量、进度、费用控制管理和安全生产监督管理、合同、信息等方面协调管理等服务收取的费用。

（3）设备监造费。

设备监造费指承担设备监造工作的单位接受委托，按照设备供货合同的要求，坚持客观公正、诚信科学的原则，对工程项目所需设备在制造和生产过程中的工艺流程、制造质量及设备制造单位的质量体系进行监督，并对委托人提供服务而收取的费用。

（4）招标投标费（招标代理费）。

招标投标费指招标人进行工程、货物、服务招标，编制招标文件、审查投标人资格，组织投标人踏勘现场并答疑，组织开标、评标、定标，以及提供招标前期咨询、协调合同的签订等服务发生的费用。如招标人委托招标代理机构办理招标事项，此项费用又称招标代理费。

（5）设计评审费。

设计评审费指根据国家有关规定，对工程项目的设计文件进行评审所发生的费用。其主要指立项阶段报告评审、初步设计文件评审以及施工图设计文件评审。

（6）特殊项目定额研究及测定费（如发生，按实际需求列支）。

（7）其他咨询费。

工程造价咨询费包括投资估算的编制与审核，经济评价的编制与审核，设计概算的编制、审核与调整，施工图预算的编制与审核，工程量清单的编制与审核，最高投标限价的编制与审核，工程结算的编制与审核，工程竣工决算的编制与审核，全过程工程造价管理咨询，其他工程造价咨询工作等收取的费用。

政府和社会资本合作开展的项目咨询费（简称 PPP 项目咨询费）包括初步实施方案、物有所值评价报告、财政承受能力论证报告、实施方案，PPP 项目合同咨询、项目招标采购代理、中期评估、建设期或运营期绩效考核细化服务方案等咨询内容。

（8）印花税。

根据《中华人民共和国印花税法》，项目法人在项目建设过程中书立本法所附《印花税税目税率表》列明的合同、产权转移书据和营业账簿而缴纳的印花税。

3. 前期工作咨询费

前期工作咨询费是指提供建设项目专题研究、编制和评估项目申请报告、项目建议书或者可行性研究报告，以及其他与建设项目前期工作有关的咨询等服务收取的费用。

4. 专项评价费

专项评价费是指建设单位按照国家规定委托有资质的单位开展专项评价及有关验收工作发生的费用。包括环境影响评价及验收费、安全预评价及验收费、职业病危害预评价及控制效果评价费、地震安全性评价费、地质灾害危险性评价费、水土保持评价及验收费、压覆矿产资源评价费、节能评估费、危险与可操作性分析及安全完整性评价费、社会稳定风险评估费、防洪评价咨询费、交通影响评价咨询费、文物影响评估费及文物保护专项经费以及其他专项评价及验收费。

5. 研究试验费

指为建设项目提供或验证设计数据、资料等进行必要的研究试验及按照相关规定在建设过程中必须进行试验、验证所需的费用（如桩基检测费、深基坑监测费等）。

6. 勘察设计费

（1）勘察费。

勘察费指对工程项目进行工程水文地质勘察所发生的费用。包括勘察人接受委托，提供收集已有资料、现场踏勘、制定勘察纲要，进行测绘、勘探、取样、试验、测试、检测、监测等勘察作业，以及编制工程勘察文件和岩土工程设计文件等服务收取的费用。

（2）设计费。

设计费指对工程项目进行工程设计所发生的费用。包括设计人接受委托，提供编制建设项目初步设计文件、施工图设计文件、非标准设备设计文件、竣工图文件等服务收取的费用。

（3）建筑信息模型（BIM）技术应用服务费。

建筑信息模型（BIM）技术应用服务费指运用 BIM 技术为建设项目服务的费用。BIM 技术的应用阶段、应用内容、模型细度及交付成果等应符合国家、项目所在地发布的有关 BIM 应用规范、标准、技术导则要求，并满足项目 BIM 施工图报审、竣工验收管理等相关要求。

7. 场地准备费和临时设施费

（1）场地准备费。

建设项目为达到工程开工条件所发生的未列入工程费用的场地平整以及对建设场地余留的有碍于施工建设的设施进行拆除清理所发生的费用。

（2）临时设施费。

临时设施费建设单位为满足工程项目建设、生活、办公的需要，用于临时设施建设、维修、租赁、使用所发生或摊销的费用。包括施工建设需要而提供到场地界区的未列入工程费用的临时水、电、路、通信、气等工程和临时仓库、办公、生活等建（构）筑物的建设、维修、拆除、摊销费用或租赁费用，以及铁路、码头租赁等费用。

8. 引进技术和进口设备材料其他费

引进技术和进口设备材料其他费是指引进技术和进口设备发生的但未计入设备购置费中的费用。包括图纸资料翻译复制费、出国人员费用、来华人员费用、银行担保及承诺费、进口设备材料国内检验费等。

9. 特殊设备安全监督检验费

（1）特殊设备安全监督检验费。

特殊设备安全监督检验费是对在施工现场组装的锅炉及压力容器、压力管道、消防设备、燃气设备、起重设备、电梯等特殊设备和设施实施安全检验收取的费用。

（2）标定费。

标定费是列入国家或所在省、自治区、直辖市计量标定范围的计量器具标定，以及进行系统工艺标定、能耗标定等所发生的费用。

10. 市政公用配套设施费（城市基础设施配套费）

市政公用配套设施费指政府及其所属部门依照国家有关规定征收、专项用于城市道路和桥梁等市政公用基础设施配套建设的政府性基金。

11．联合试运转费

指新建或新增加生产能力的工程项目，在交付生产前按照设计文件规定的工程质量标准和技术要求，对整个生产线或装置进行负荷联合试运转所发生的费用净支出（试运转支出大于收入的差额部分费用）。包括试运转所需材料、燃料及动力消耗、低值易耗品、其他物料消耗、工具用具使用费、机械使用费、联合试运转人员工资、非建设单位参加试运转人工费、专家指导费以及必要的工业炉烘炉费等。

12．保险费

建设项目在建设期间为转移工程项目建设的意外风险，在建设期内对建筑工程、安装工程、机械设备和人身安全进行投保而发生的费用，包括建筑安装工程一切险、设备财产保险和人身意外伤害险等。

13．专利及专有技术使用费

专利及专有技术使用费是在建设期内为取得专利、专有技术、商标权、商誉、特许经营权、软件费等发生的费用。

14．生产准备费

生产准备费是建设期内，建设单位为保证项目正常生产而发生的人员培训费、提前进厂费，以及投产使用必备的办公、生活家具用具及工器具等的购置费用。

15．其他费用

其他费用包括专项配套设施费、房产测绘费、防空地下室易地建设费、声像档案制作费、建筑垃圾减量化措施费、全过程工程咨询服务费、工程总承包管理费等。

5.1.5 预备费、建设期贷款利息

一、预备费

预备费包括基本预备费和价差预备费。

1．基本预备费

基本预备费是指在项目实施中可能发生难以预料的支出，需要事先预留的费用，又称不可预见费。基本预备费主要指设计变更及施工过程中可能增加工程量的费用。基本预备费的内容如下。

（1）在批准的初步设计范围内，技术设计、施工图设计及施工过程中所增加的工程费用，以及设计变更、局部地基处理等增加的费用。

（2）一般自然灾害造成的损失和预防自然灾害所采取的措施费用。

（3）竣工验收时为鉴定工程质量对隐蔽工程进行必要的剥露和修复费用。

$$基本预备费 =（工程费用 + 工程建设其他费用）× 基本预备费费率 \qquad (5\text{-}3)$$

2．价差预备费

价差预备费是指为在建设期内利率、汇率或价格等因素的变化而预留的可能增加的费用，亦称为价格变动不可预见费。价差预备费的内容包括人工、设备、材料、施工机具的价差费，建筑安装工程费及工程建设其他费用调整，利率、汇率调整等增加的费用。

价差预备费一般根据国家规定的投资价格指数，以估算年份价格水平的投资额为基数，采用复利方法计算。其计算公式为

$$P = \sum_{t=1}^{n} I_t[(1+f)^m(1+f)^{0.5}(1+f)^{t-1} - 1]$$

式中　　P——价差预备费；

　　　　n——建设期年份数；

　　　　I_t——建设期第 t 年的静态投资计划额；

　　　　f——投资价格指数；

　　　　t——建设期第 t 年；

　　　　m——建设前期年限，即从编制概（预）算到开工建设年数。

【例 5.1.1】某项目建筑安装工程费 5 000 万元，设备购置费 2 500 万元，工程建设其他费用 1 500 万元，已知基本预备费费率为 5%，项目建设前期准备 1 年，建设期 3 年。建设期第一年计划完成总投资的 30%，第二年完成 50%，第三年完成 20%。年均投资价格上涨率为 6%，求项目建设期间的价差预备费。

【解】

　　　　基本预备费 =（5 000 + 2 500 + 1 500）× 5% = 450（万元）

　　　　静态投资 = 5 000 + 2 500 + 1 500 + 450 = 9 450（万元）

　　　　建设期每年投资按发生在年中折算。

（1）建设期第一年完成投资 2 835（9 450 × 30%）万元。2 835 万元是按照预算时间点的价格水平测算得到的，实际投资距离预算时间点 1.5 年，建设期第一年价差预备费 P_1 为

$$P_1 = 2\,835 \times [(1+6\%)(1+6\%)^{0.5} - 1] = 258.94（万元）$$

（2）建设期第二年完成投资 4 725（9 450 × 50%）万元，实际投资距离预算时间点 2.5 年。第二年价差预备费 P_2 为

$$P_2 = 4\,725 \times [(1+6\%)^{2.5} - 1] = 740.96（万元）$$

（3）第三年完成投资 1 890（9 450 × 20%）万元，实际投资距离预算时间点 3.5 年。第三年价差预备费 P_3 为

$$P_3 = 1\,890 \times [(1+6\%)^{3.5} - 1] = 427.57（万元）$$

所以，建设期的价差预备费 P 为

$$P = 258.94 + 740.96 + 427.57 = 1\,427.47（万元）$$

二、建设期贷款利息

建设期贷款利息是指项目贷款在建设期内发生并计入固定资产的利息。

【例 5.1.2】某新建项目，建设期为 3 年，分年均衡进行贷款。第一年贷款 400 万元，第二年贷款 700 万元，第三年贷款 200 万元，年利率为 8%，建设期内利息只计息不支付，试计算建设期贷款利息。

【解】分年均衡进行贷款产生的利息等同于在当年年中一次贷款的利息，或者等同于当年年初一次性贷款产生利息的一半。利息只计息不支付，即"利滚利"。在建设期内，各年利息按复利计算如下。

第一年利息 $= \dfrac{1}{2} \times 400 \times 8\% = 16$（万元）

第二年年初本金 $400 + 16 = 416$（万元）

第二年利息 $= \left(400 + 16 + \dfrac{1}{2} \times 700\right) \times 8\% = 61.28$（万元）

第三年年初本金 $400 + 16 + 700 + 61.28 = 1\,177.28$（万元）

第三年利息 $= \left(1\,177.28 + \dfrac{1}{2} \times 200\right) \times 8\% \approx 102.18$（万元）

建设期贷款总利息 $= 16 + 61.28 + 102.18 = 179.46$（万元）

任务二　工业互联网工程项目费用计划

5.2.1　投资计划的种类

对建设单位来说，编制工程项目投资计划是一项非常重要的工作。工程项目建设周期长、投资大、过程复杂。在不同的建设阶段，随着工程项目建设的不断深入，投资计划也逐步具体和深化。因此，投资计划并不是一成不变的，不同的建设阶段，设置的投资计划种类不同，如图 5.2.1 所示。

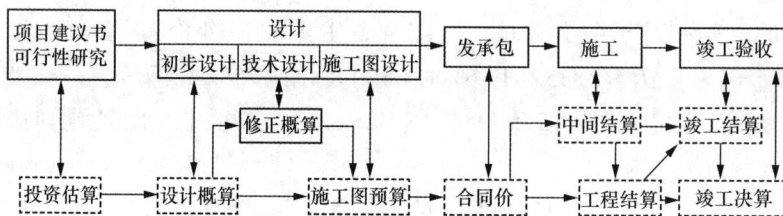

图 5.2.1　项目建设各阶段的投资计划

图 5.2.1 中，竖向箭头表示对应关系，横向箭头表示流程及逐步深化过程。

（1）投资估算是指在项目建议书和可行性研究阶段通过编制估算文件预先测算的工程造价。投资估算是进行项目决策、筹集资金和合理控制造价的主要依据。

（2）设计概算是指在初步设计阶段，根据设计意图，通过编制设计概算文件，预先测算的工程造价。与投资估算相比，设计概算的准确性有所提高，但受投资估算总额的控制。

（3）修正概算是指在技术设计阶段（如果有），根据技术设计要求，通过编制修正概算文件预先测算的工程造价。修正概算是对初步设计概算的修正和调整，比设计概算准确，但受设计概算总额的控制。

（4）施工图预算是指在施工图设计阶段，根据施工图纸，通过编制预算文件预先测算的工程造价。施工图预算比设计概算或修正概算更为详细和准确，但同样要受前一阶段工程造价的控制。

（5）合同价是指在工程发承包阶段通过签订合同所确定的价格。合同价属于市场价格，它是由发承包双方根据市场行情通过招标投标等方式达成一致、共同认可的成交价格。但应注意，合同价并不等同于最终结算的实际工程造价。

（6）工程结算包括施工过程中的中间结算和竣工验收阶段的竣工结算。工程结算需要按实际完成的合同范围内合格工程量考虑，同时按合同调价范围和调价方法对实际发生的工程量增减、设备和材料价差等进行调整后确定结算价格。工程结算反映的是工程项目实际造价。

（7）竣工决算是指工程竣工验收阶段，综合反映竣工项目从筹建开始到项目竣工交付使用为止的全部建设费用。竣工决算文件一般由建设单位编制，上报相关主管部门审查。

在可行性研究阶段，只能编制比较粗略的投资计划，即投资估算；在初步设计阶段，设计单位编制设计概算；施工图设计阶段，设计单位编制施工图预算；在工程招标（发承包）阶段，建设单位发包选定承包单位，明确工程合同价；在工程施工阶段，建设单位跟施工单位进行中间结算；工程项目竣工验收后，竣工结算，建设单位组织编制工程竣工决算。

5.2.2　成本计划的种类

若以施工单位为主体，费用计划一般称为成本计划。

成本计划的编制是一个不断深化的过程。在这一过程的不同阶段形成深度和作用不同的成本计划。按照发挥的作用，成本计划可以分为竞争性成本计划、指导性成本计划和实施性成本计划。也可以按成本组成、项目结构和工程实施阶段分别编制项目成本计划。

成本计划的编制以成本预测为基础，关键是确定目标成本。一般情况下，成本计划总额应控制在目标成本的范围内，并建立在切实可行的基础上。总成本目标确定之后，还需通过编制详细的实施性成本计划把目标成本层层分解，落实到施工过程的每个环节，有效地进行成本控制。

一、竞争性成本计划

竞争性成本计划是施工项目投标及签订合同阶段的估算成本计划。这类成本计划以招标文件中的合同条件、投标者须知、技术规范、设计图纸和工程量清单为依据，以有关价格条件说明为基础，结合调研、现场勘察、答疑等情况，根据施工企业自身的工料消耗标准、水平、价格资料和费用指标等，对本企业完成投标项目所需要支出的全部费用进行估算。在投标报价过程中，虽也着重考虑降低成本的途径和措施，但总体上比较粗略。

二、指导性成本计划

指导性成本计划是选派项目经理阶段的预算成本计划，是项目经理的责任成本目标。它是以合同价为依据，按照企业的预算定额标准制订的设计预算成本计划，且一般情况下以此确定责任总成本目标。

三、实施性成本计划

实施性成本计划是项目施工准备阶段的施工预算成本计划，它是以项目实施方案为依据，以落实项目经理责任目标为出发点，采用企业的施工定额通过施工预算的编制而形成的实施性成本计划。

以上三类成本计划相互衔接、不断深化，构成了整个工程项目成本的计划过程。其中，竞争

性成本计划是投标阶段商务标书的基础，而有竞争力的商务标书又是以其先进合理的技术标书为支撑的。因此，它奠定了成本的基本框架。指导性成本计划和实施性成本计划是竞争性成本计划的进一步展开和深化。

5.2.3 费用计划的编制方法

在网络计划基础上，可获得进度计划的横道图，对费用目标按时间进行分解，并在此基础上编制费用计划。其表示方式有两种：一种是按月编制的费用计划直方图；另一种是用时间-费用累计曲线（S形曲线）表示。

费用计划常用时间-费用累计曲线来表示。时间-费用累计曲线将项目的时间进度和费用情况以曲线的形式展现出来。观察曲线的变化，可以了解项目的实际进度和费用情况，从而及时调整计划，避免出现延期和超支的情况。

时间-费用累计曲线的绘制步骤如下。

（1）确定工程项目进度计划，编制进度计划的横道图。

（2）根据每单位时间内完成的实物工程量或投入的人力、物力和财力，计算单位时间的费用，按时间编制费用计划。

（3）计算规定时间计划累计支出的费用额。其计算方法是将各单位时间计划支出的费用额累加。

（4）根据各时间点累计支出的费用额，绘制S形曲线。

每条S形曲线都对应某一特定的进度计划。因为在进度计划的非关键线路中存在许多有时差的工序或工作，所以S形曲线必然在由全部工作都按最早开始时间开始和全部工作都按最迟开始时间开始的曲线所组成的香蕉形区域内。可根据编制的费用计划来合理安排资金，同时可根据筹措的资金来调整S形曲线，即通过调整非关键线路上的工序或工作的最早或最迟开始时间，力争将实际的费用控制在计划的范围内。

【例5.2.1】 已知某工业互联网工程项目的数据资料，如表5.2.1所示，绘制该项目的时间-费用累计曲线。

表 5.2.1 数据资料

编码	项目名称	最早开始时间/月份	工期/月	费用强度/万元/月
11	需求调研	1	1	20
12	平台设计	2	3	15
13	平台开发	4	5	30
14	结构化布线	8	3	20
15	网络设备安装调试	10	2	30
16	服务器安装调试	11	2	20
17	系统调试	11	1	30
18	培训	12	1	20
19	测试验收	12	1	10
20	其他事项		1	10

【解】　第一步，根据进度计划编制横道图，将其他事项费用计列于 12 月，如图 5.2.2 所示。

编码	项目名称	时间/月	费用强度/万元/月	工程进度/月份											
				1	2	3	4	5	6	7	8	9	10	11	12
11	需求调研	1	20	▬											
12	平台设计	3	15		▬	▬	▬								
13	平台开发	5	30				▬	▬	▬	▬	▬				
14	结构化布线	3	20									▬	▬	▬	
15	网络设备安装调试	2	30										▬	▬	
16	服务器安装调试	2	20											▬	▬
17	系统调试	1	30											▬	
18	培训	1	20												▬
19	测试验收	1	10												▬
20	其他事项	1	10												▬

图 5.2.2　横道图

第二步，按月编制费用计划，如图 5.2.3 所示。

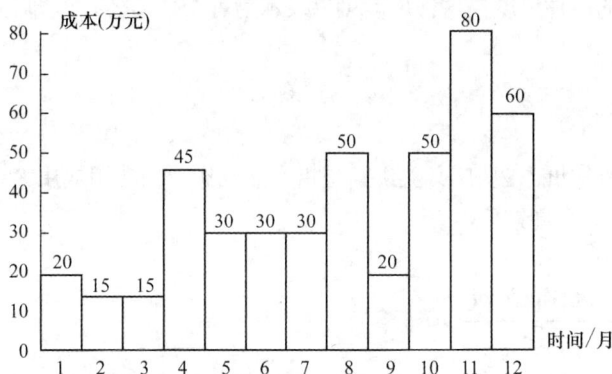

图 5.2.3　按月编制的费用计划

第三步，计算规定时间计划累计支出的费用额。

第四步，绘制时间-费用累计曲线，如图 5.2.4 所示。

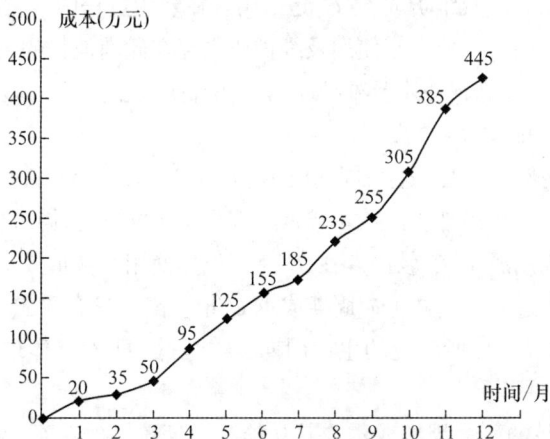

图 5.2.4　时间-费用累计曲线

任务三　价值工程

5.3.1　价值工程的概念

价值工程是以提高产品（或作业）价值和有效利用资源为目的，通过有组织的创造性工作，寻求用最低的生命周期成本，可靠地实现使用者所需功能，以获得最佳综合效益的一种管理技术。

价值工程中"工程"的含义是指为实现提高价值的目标，所进行的一系列分析研究的活动。价值工程中所述的"价值"是一个相对的概念，是指作为某种产品（或作业）所具有的功能与获得该功能的全部费用的比值。获得该功能的全部费用是指产品生命周期的全部费用，是产品的科研、设计、试验、试制、生产、销售、使用、维修直到报废所花费用的总和。

价值工程中的"价值"不是对象的使用价值，也不是对象的交换价值，而是对象的比较价值，是评价事物有效程度的一种尺度。这种尺度可以表示为一个数学公式，即

$$V = \frac{F}{C} \tag{5-4}$$

式中　V——价值；

F——研究对象的功能，从广义上讲，是指产品或作业的功用或用途；

C——成本，即生命周期成本。

5.3.2　价值工程的特点

由价值工程的概念可知，价值工程涉及价值、功能和生命周期成本三个基本要素，它具有以下特点。

1. 价值工程的目标是以最低的生命周期成本，使产品具备它所必须具备的功能

产品的生命周期成本由生产成本和使用及维护成本组成。产品生产成本 C_1 是指发生在生产企业内部的成本；而产品使用及维护成本 C_2 是指用户在使用过程中支付的各种费用的总和。

在一定范围内，产品的生产成本与使用及维护成本存在此消彼长的关系。随着产品功能水平提高，产品的生产成本 C_1 提高，使用及维护成本 C_2 降低；反之，产品功能水平降低，其生产成本 C_1 降低但是使用及维护成本 C_2 提高。

因此，当功能水平逐步提高时，生命周期成本（$C = C_1 + C_2$）呈马鞍形变化，如图 5.3.1 所示。在 F' 点，产品功能较少，此时虽然生产成本较低，但由于不能满足使用者的基本需要，使用及维护成本较高，因此生命周期成本 C' 较高。在 F'' 点，虽然使用及维护成本较低，但由于存在着多余的功能，因此生产成本过高，同样生命周期成本 C'' 也较高。只有在 F_0 点时，产品成本 C_1 和使用及维护成本 C_2 两条曲线叠加所对应的生命周期成本最低，即 $C_{\min}$ 体现了比较理想的功能与成本的关系。

由此可见，工程产品的生命周期成本与其功能是辩证统一的关系。生命周期成本的降低，不仅关系到生产企业的利益，也满足了用户的要求并与社会节约程度密切相关。因此，价值工

程的活动应贯穿于生产和使用的全过程，要兼顾生产者和用户的利益，以获得最佳的社会综合效益。

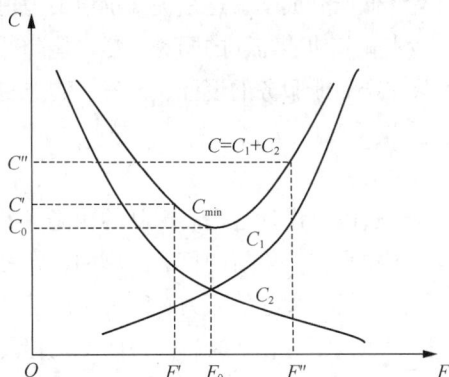

图 5.3.1　产品功能与成本的关系

2. 价值工程的核心是对产品进行功能分析

价值工程中的功能是指对象能够满足某种要求的一种属性，具体来说功能就是某种特定效能、功用或效用。对一个具体的产品来说，"它是干什么用的？"的答案就是产品的功能。任何产品都具备相应的功能，假如产品不具备功能则产品将失去存在的价值。例如，手机有通话、上网的功能，电冰箱具有冷藏、冷冻的功能，住宅的功能是提供居住空间等。用户向生产企业购买产品，是要求生产企业提供这种产品的功能，而不是产品的具体结构。企业生产的目的，也是通过生产获得用户所期望的功能，而结构、材质等是实现这些功能的手段，目的是主要的，手段可以广泛选择。

因此，利用价值工程分析产品，首先不是分析它的结构，而是分析它的功能，是在分析功能的基础上，再去研究结构、材质等问题，以达到保证用户所需功能的同时降低成本，实现价值提高的目的。

3. 价值工程将产品价值、功能和成本作为一个整体同时来考虑

人们一般对产品（或作业）有"性价比"的要求。"性"就是产品（或作业）的性能和质量水平，即功能水平。"价"就是产品（或作业）的成本水平。价值工程并不是单纯追求低成本水平，也不片面追求高功能水平、多功能，而是力求正确处理好功能与成本的关系，提高它们之间的比值，研究产品功能和成本的最佳配置。

因此，价值工程对价值、功能、成本的考虑，不是片面和孤立的，而是在确保产品功能的基础上综合考虑生产成本和使用及维护成本，兼顾生产者和用户的利益，创造出总体价值最高的产品。

4. 价值工程强调不断改革和创新

价值工程强调不断改革和创新，开拓新构思和新途径，获得新方案，创造新功能载体，从而简化产品结构，节约原材料，提高产品的技术经济效益。

5.3.3　提高价值的途径

价值工程以提高产品价值为目的，这既是用户的需要，又是生产经营者

提高价值的途径

追求的目标，两者的根本利益是一致的。提高价值有以下五种途径。

1. 双向型

在提高产品功能的同时，又降低产品成本，这是提高价值最为理想的途径，也是对资源最有效的利用。这意味着在满足产品或服务功能需求的同时，尽可能降低成本，提高价值。双向型价值工程可以帮助企业或项目团队在产品或服务的设计、开发、制造和提供过程中，综合考虑功能和成本，提高产品或服务的性价比。

2. 改进型

在产品成本不变的条件下，通过改进设计，提高产品的功能，提高利用资源的成果或效用，增加某些用户希望的功能等，达到提高产品价值的目的。例如，人民防空工程，若仅仅考虑战时的隐蔽功能，平时闲置不用，将需要投入大量的人力、财力予以维护。若在设计时，考虑战时能发挥隐蔽功能，平时能发挥多种功能，则可在平时将人民防空工程改造为地下商场、地下停车场等增加人民防空工程的功能，提高经济效益。

3. 节约型

在保持产品功能不变的前提下，降低成本达到提高价值的目的。

新设计、新材料、新结构、新技术、新的施工方法和新的高效管理方法，无疑会提高劳动生产率，在功能不发生变化的条件下，降低产品或系统的费用。例如，某市一电影院，由于夏季气温高，需设计空调系统降温，以满足人们对舒适度的要求。经过相关人员的价值分析，该电影院决定采用人民防空地道风降温系统替代机械制冷系统。该系统实施后，在满足电影院空调系统要求的前提下，不仅降低了造价，而且节约了运行费和维修费。

4. 投资型

产品功能有较大幅度提高，产品成本有较小幅度提高，即成本虽然提高了一些，但功能的提高幅度超过了成本的提高幅度，因此价值还是提高了。例如，电视塔的主要功能是广播电视信号发射，若只考虑塔的单一功能，塔建成后只能用来发射广播电视信号，每年国家还要拿出数百万元对塔及内部设备进行维护和更新，经济效益低。但从价值工程应用来看，以广州塔为例，其设有"蜘蛛侠栈道"，是世界最高最长的空中漫步云梯。塔身 422.8m 处设有旋转餐厅，曾获吉尼斯"建筑物中最高旋转餐厅"的称号。摩天轮位于塔身顶部，是世界最高横向摩天轮。天线桅杆设有目前世界最高的垂直速降游乐项目"极速云霄"，该项目是吉尼斯世界纪录"最高惊险之旅"保持者。工程造价虽提高了一些，但功能大增，每年的综合服务和游览收入显著增加，可加快投资回收。

5. 牺牲型

在产品功能略有减少、产品成本大幅度降低的情况下，也可达到提高产品价值的目的。这是一种灵活的企业经营策略，通过去除一些用户不需要的功能，从而较大幅度地降低费用，能够更好地满足用户的要求。例如，老年人手机，在保证接听拨打电话这一基本功能的基础上，根据老年人的实际需求，采用保留或增加有别于普通手机的大字体、大按键、大音量、一键亲情拨号、收音机、一键求救、手电筒、监护定位、助听等功能，减少普通手机的办公、游戏、拍照、多媒体娱乐、数据应用等功能。从总体来看，老年人手机的功能比普通手机减少了些，但能满足老年人对手机特定功能的要求，而整体生产成本却大大地降低了。

总之，在产品形成的各个阶段都可以应用价值工程提高产品的价值。

任务四　赢得值法

赢得值法，即赢得值管理（Earned Value Management，EVM）是一项先进的项目管理技术。目前，国际上先进的工程公司已普遍采用赢得值法进行工程项目的费用、进度综合分析控制。

一、赢得值法的三个基本参数

用赢得值法进行费用、进度综合分析控制，涉及三个基本参数，即已完工作预算费用、计划工作预算费用和已完工作实际费用。

1. 已完工作预算费用

已完工作预算费用（Earned Value，EV），即已完成工作量的预算费用（Budgeted Cost for Work Performed，BCWP），是指在某一时点已经完成的工作，以批准认可的预算为标准所确定的资金总额。发包人根据这个值作为承包人完成的工作量支付相应的费用，也就是承包人获得或挣得的金额，故称赢得值或挣值。

$$已完工作预算费用 = \Sigma（实际已完成工作量 \times 预算单价） \tag{5-5}$$

2. 计划工作预算费用

计划工作预算费用（Plan Value，PV），即计划工作量的预算费用（Budgeted Cost for Work Scheduled，BCWS），即根据进度计划，在某一时刻应当完成的工作量，是以预算为标准所确定的资金总额。

$$计划工作预算费用 = \Sigma（计划完成工作量 \times 预算单价） \tag{5-6}$$

3. 已完工作实际费用

已完工作实际费用（Actual Cost，AC），即已完成工作量的实际费用（Actual Cost for Work Performed，ACWP），指在某一时点已完成的工作量所实际花费的总金额。

$$已完工作实际费用 = \Sigma（实际已完成工作量 \times 实际单价） \tag{5-7}$$

二、赢得值法的四个评价指标

在以上三个基本参数的基础上，可以确定赢得值法的四个评价指标，它们都是时间的函数。

1. 费用偏差与进度偏差

费用偏差是已完工作预算费用（EV）与已完工作实际费用（AC）的差值。

进度偏差是已完工作预算费用（EV）与计划工作预算费用（PV）的差值。

费用偏差与进度偏差的定义、推导、实质、判断规则对比如表 5.4.1 所示。

表 5.4.1　费用偏差与进度偏差的对比

项目名称	费用偏差（CV）	进度偏差（SV）
定义	CV = EV−AC	SV = EV−PV
推导	CV = 实际已完成工作量×预算单价−实际已完成工作量×实际单价 = 实际已完成工作量×（预算单价−实际单价）	SV = 实际已完成工作量×预算单价−计划完成工作量×预算单价 = 预算单价×（实际已完成工作量−计划完成工作量）

续表

项目名称	费用偏差（CV）	进度偏差（SV）
实质	比较预算单价与实际单价 CV＞0，说明实际单价小于预算单价	比较实际已完成工作量与计划完成工作量 SV＞0，说明实际已完成工作量超过计划完成工作量
判断规则	CV＞0，表示项目实际费用节约 CV＝0，表示实际费用与预算费用一致 CV＜0，表示项目超支	SV＞0，表示项目实际进度提前 SV＝0，表示项目实际进度与计划进度一致 SV＜0，表示项目实际进度延误

　　费用偏差和进度偏差反映的是绝对偏差，结果直观，有助于项目管理人员了解项目费用出现偏差的绝对数额，并依此采取一定措施，制订或调整费用支出计划。

　　2. 费用绩效指数（CPI）与进度绩效指数（SPI）

　　费用绩效指数与进度绩效指数的对比如表 5.4.2 所示。

表 5.4.2　费用绩效指数与进度绩效指数的对比

项目名称	费用绩效指数（CPI）	进度绩效指数（SPI）
定义	$CPI = \dfrac{EV}{AC}$	$SPI = \dfrac{EV}{PV}$
推导	$CPI = \dfrac{实际已完成工作量×预算单价}{实际已完成工作量×实际单价} = \dfrac{预算单价}{实际单价}$	$SPI = \dfrac{实际已完成工作量×预算单价}{计划完成工作量×预算单价} = \dfrac{实际已完成工作量}{计划完成工作量}$
实质	比较预算单价与实际单价的相对大小	比较实际已完成工作量与计划完成工作量的相对大小
判断规则	CPI＞1，表示项目实际费用节约 CPI＝1，表示项目实际费用与计划一致 CPI＜1，表示项目实际费用超支 与1相偏离的程度，表示费用节约或超支的程度	SPI＞1，表示项目实际进度提前 SPI＝1，表示项目实际进度与计划进度一致 SPI＜1，表示项目实际进度延误 与1相偏离的程度，表示进度延误或提前的程度

　　绝对偏差有其不容忽视的局限性。如同样是 10 万元的费用偏差，对总费用 1 000 万元的项目和总费用 1 亿元的项目而言，其严重性显然是不同的。

　　因此，费用偏差和进度偏差适用于对同一项目做偏差分析。费用绩效指数和进度绩效指数反映的是相对偏差，它不受项目层次的限制，也不受项目实施时间的限制，因而在同一项目和不同项目比较中均可采用。

　　在项目的费用、进度综合分析控制中引入赢得值法，可以克服过去进度、费用分开控制的缺点，即当发现费用超支时，很难立即知道是由于费用超出预算，还是由于进度提前，相反，当发现费用低于预算时，也很难立即知道是由于费用节省，还是由于进度拖延。引入赢得值法即可定量地判断进度、费用管理的执行效果。

三、费用偏差分析的表达方法

　　费用偏差分析可以采用不同的表达方法，常用的有横道图法、表格法和曲线法。

　　1. 横道图法

　　用横道图法进行费用偏差分析时，使用不同的横道线标识已完工作预算费用、计划工作预算费用和已完工作实际费用，横道线的长度与其金额成正比。用横道图法分析费用偏差如图 5.4.1 所示。

项目编码	项目名称	费用参数数额/万元	费用偏差/万元	进度偏差/万元
041	综合布线	30 30 30	0	0
042	网络设备安装调试	40 30 50	-10	10
042	服务器安装调试	40 40 50	-10	0
……	……			
合计		10 20 30 40 50 60 70 / 110 100 130	-20	10
其中:		100 200 300 400 500 600 700 / 已完工作实际费用 计划工作预算费用 已完工作预算费用		

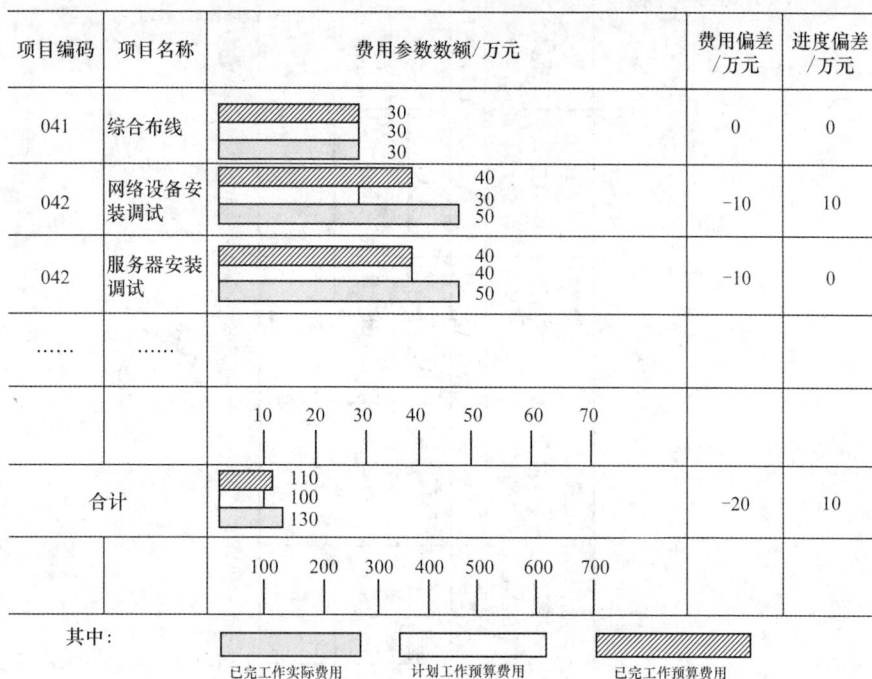

图 5.4.1 用横道图法分析费用偏差

横道图法具有形象、直观、一目了然等优点，它能够准确表达出费用的绝对偏差，而且能直观地表明偏差的严重性。但这种方法反映的信息量少，一般在项目的较高管理层应用。

2. 表格法

表格法将项目编号、名称、各费用参数以及费用偏差数综合归纳入一张表格中，并且直接在表格中进行比较。用表格法进行费用偏差分析具有如下优点。

（1）灵活、适用性强。可根据实际需要设计表格，进行增减项。

（2）信息量大。可以反映偏差分析所得资料，从而利于费用控制人员及时采取针对性措施，加强控制。

（3）表格处理可借助于计算机，从而节约人力，并大大加快处理速度。

表 5.4.3 是用表格法进行费用偏差分析的示例。

3. 曲线法

在项目实施过程中，三个基本参数可以形成三条曲线，即计划工作预算费用（BCWS）、已完工作预算费用（BCWP）、已完工作实际费用（ACWP）曲线，如图 5.4.2 所示。

采用赢得值法进行费用、进度综合分析控制，还可以根据当前的进度、费用偏差情况，通过原因分析，对趋势进行预测，预测项目结束时的进度、费用情况。

BAC（Budget At Completion）——完工预算，指编制计划时预计的项目完工费用。

EAC（Estimate At Completion）——完工估算，指计划执行过程中根据当前的进度、费用偏差情况预测的项目完工总费用。完工估算是根据实际情况对计划预算进行修正后的费用。

VAC（Variance At Completion）——预测项目完工时的费用偏差。VAC 等于 BAC 与 EAC 的差值。如果 VAC 为正数，表示项目实际成本低于预算成本，即项目成本控制得比较好；如果 VAC 为负数，表示项目实际成本高于预算成本，即项目成本控制出现了偏差。

表 5.4.3　用表格法进行费用偏差分析的示例

项目编码	项目名称	预算（计划）单价	计划工作量	计划工作预算费用（PV）	已完成工作量	已完工作预算费用（EV）	实际单价	已完工作实际费用（AC）	费用（局部）偏差	费用绩效指数（CPI）	费用（累计）偏差	进度（局部）偏差	进度绩效指数（SPI）	进度（累计）偏差
		(1)	(2)	(3)=(1)×(2)	(4)	(5)=(3)×(4)	(6)	(7)=(4)×(6)	(8)=(5)-(7)	(9)=(5)÷(7)	(10)=Σ(8)	(11)=(5)-(3)	(12)=(5)÷(3)	(13)=Σ(11)
041	综合布线			30		30		30	0	1		0	1	
042	网络设备安装			30		40		50	-10	0.8	-20	10	1.33	10
043	服务器安装调试			40		40		50	-10	0.8		0	1	

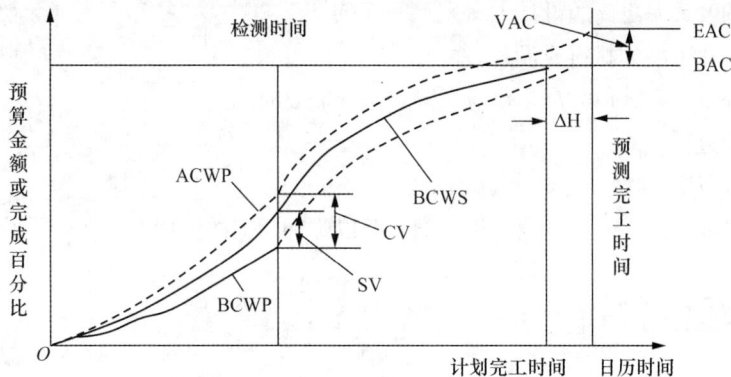

图 5.4.2　赢得值法评价曲线

图中：CV = BCWP − ACWP，两者之差，反映项目的费用偏差。

SV = BCWP − BCWS，两者之差，反映项目的进度偏差。

VAC 公式通常与其他指标一起使用，如费用绩效指数与进度绩效指数等，以全面评估项目的绩效。

四、偏差原因分析与纠偏措施

1. 偏差原因分析

在实际执行过程中，最理想的状态是已完工作实际费用（ACWP）、计划工作预算费用（BCWS）、已完工作预算费用（BCWP）三条曲线靠得很近且平稳上升，表示项目按预定计划目标进行。如果三条曲线离散度不断增加，那么可能出现较大的费用偏差。

偏差分析的一个重要目的就是要找出引起偏差的原因，从而采取有针对性的措施，减少或避免相同问题的再次发生。在进行偏差原因分析时，首先应当将已经导致和可能导致偏差的各种原因逐一列出来。导致不同工程项目产生费用偏差的原因具有一定共性，因而可以通过对已建项目的费用偏差原因进行归纳、总结，为当前项目采取预防措施提供依据。一般来说，产生费用偏差的原因有图 5.4.3 所示的几种。

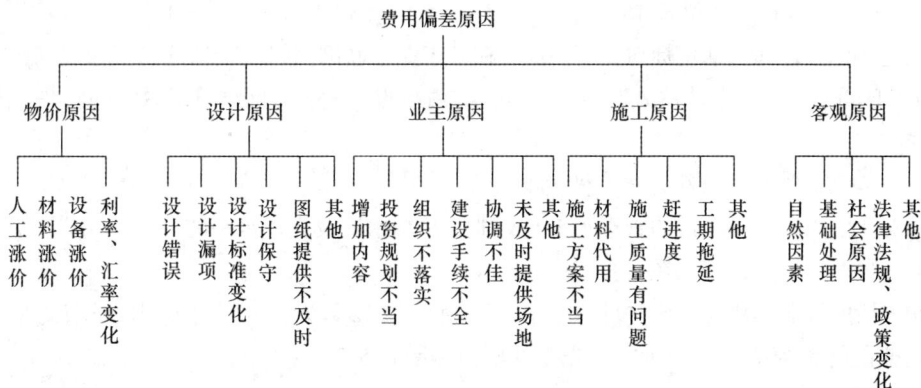

图 5.4.3　费用偏差原因

2. 纠偏措施

通常要压缩已经超支的费用，而不影响其他目标是十分困难的。一般只有当给出的措施比原计划的措施更为有利，比如使工程范围减少或生产效率提高等，费用才能降低。纠偏措施如下。

① 寻找新的、效率更高的设计方案。

② 选择性价比更高的材料或设备。

③ 重新选择供应商，但会产生供应风险，选择需要时间。

④ 改进实施过程。

⑤ 变更工程范围。

⑥ 索赔，例如向业主、分包商、供应商索赔以弥补超支的费用。

任务五　费用分析方法

本任务从施工单位的角度介绍费用分析方法，费用统称为"成本"。由于项目成本涉及的范围很广，需要分析的内容较多，因此应该在不同的情况下采取不同的分析方法。

成本分析的基本方法包括比较法、因素分析法、差额计算法、比率法等。

一、比较法

比较法又称指标对比分析法，是指对比技术经济指标，检查目标的完成情况，分析产生差异的原因，进而挖掘降低成本的方法。这种方法通俗易懂、简单易行、便于掌握，因而得到了广泛的应用。比较法的应用通常有以下形式。

1. 实际指标与目标指标对比

此形式可用于检查目标完成情况，分析影响目标完成的积极因素和消极因素，以便及时采取措施保证成本目标的实现。在进行实际指标与目标指标的对比时，还应注意目标本身有无问题，如果目标本身出现问题，那么应调整目标，重新评价实际工作。

2. 本期实际指标与上期实际指标对比

本期实际指标与上期实际指标对比，可以反映各项技术经济指标的变动情况，反映项目管理水平的提高程度。

同比是今年同期指标和去年同期指标对比。例如，2022 年移动互联网接入流量达 2 618 亿 GB，同比增长 18.1%，即比上年增长 18.1%。

环比是本期指标和上期指标对比。例如，在某工业互联网网络安全情况通报中提到，2023 年 8 月监测发现重点工业企业非法外联事件 575 次，占重点工业企业网络攻击总数的 0.4%，较上月环比下降 82.7%。

3. 与本行业平均水平及先进水平对比

这种对比可以反映本项目的管理水平与行业的平均水平及先进水平的差距。

以上三种对比形式，可以在一张表中同时反映。

例如，某项目本年计划节约材料 10 万元，实际节约 12 万元，上年同等规模下节约 9.5 万元，本行业先进企业本年节约 13 万元。根据上述资料编制表 5.5.1。

表 5.5.1　指标对比（金额单位：万元）

指标	本年计划	上年实际	先进水平	本年实际	差异数		
					与计划比	与上年实际比	与先进水平比
材料节约额	10	9.5	13	12	2	2.5	−1

二、因素分析法

因素分析法又称连环置换法，可用来分析各种因素对成本的影响程度。在进行分析时，假定众多因素中的一个因素发生了变化，而其他因素不变，然后逐个替换，分别比较其计算结果，以确定各个因素的变化对成本的影响程度。

各个因素的影响程度之和，与分析对象的总差异相等。

因素分析法的计算步骤如下。

（1）确定分析对象，计算实际数与目标数的差异。

（2）确定该指标是哪几个因素组成的，并按其相互关系进行排序。排序规则是先实物量，后价值量；先绝对值，后相对值。

（3）明确目标数的计算法则，将目标数作为分析替代的基数。

（4）将各个因素的实际数按照已确定的排列顺序逐次进行替换计算，并将替换后的实际数保留下来。

（5）将每次替换计算所得的结果，与前一次的计算结果相比较，两者的差异即为该因素对成本的影响程度。

【例 5.5.1】 某工业互联网平台建设项目，材料目标成本为 156 000 元，实际成本为 167 994 元，比目标成本增加 11 994 元，对比如表 5.5.2 所示，请据此分析成本增加的原因。

表 5.5.2 材料目标成本与实际成本对比

项目	单位	目标成本	实际成本	差额
用量	米	6 000	6 100	+100
单价	元	25	27	+2
损耗率	%	4	2	−2
成本	元	156 000	167 994	+11 994

【解】 （1）分析对象是材料成本，实际成本比目标成本增加了 11 994 元。该指标由用量、单价、损耗率三个因素组成。

（2）以目标数 156 000（6 000×25×1.04）元作为分析替代的基础。

替代顺序：先实物量后价值量、先绝对值后相对值。

第一次替代用量因素，以 6 100 替代 6 000：

$$6\ 100 \times 25 \times 1.04 = 158\ 600（元）$$

第二次替代单价因素，以 27 替代 25，其他因素保留上次替代后的值：

$$6\ 100 \times 27 \times 1.04 = 171\ 288（元）$$

第三次替代损耗率因素，以 1.02 替代 1.04，其他因素保留上两次替代后的值：

$$6\ 100 \times 27 \times 1.02 = 167\ 994（元）$$

（3）计算差额。

第一次替代与目标数的差额 = 158 600−156 000 = 2 600（元）。用量增加使成本增加了 2 600 元。

第二次替代与第一次替代的差额 = 171 288 − 158 600 = 12 688（元）。单价提高使成本增加了 12 688 元。

第三次替代与第二次替代的差额 = 167 994 − 171 288 = −3294（元）。损耗率下降使成本减少了 3 294 元。

（4）各因素的影响程度之和 = 2 600 + 12 688 − 3 294 = 11 994（元），与实际成本与目标成本的总差额相等。

为了使用方便，也可以运用因素分析表来求出各因素变动对实际成本的影响程度，其具体形式如表 5.5.3 所示。

表 5.5.3　材料成本变动因素分析表

顺序	连环替代计算	差异/元	因素分析
目标数	6 000 × 25 × 1.04		
第一次替代	6 100 × 25 × 1.04	2 600	由于用量增加 100 米，成本增加 2 600 元
第二次替代	6 100 × 27 × 1.04	12 688	由于单价提高 2 元，成本增加 12 688 元
第三次替代	6 100 × 27 × 1.02	−3 294	由于损耗率下降 2 个百分点，成本减少 3 294 元
合计	2 600 + 12 688 − 3 294 = 11 994	11 994	

三、差额计算法

差额计算法是因素分析法的一种简化形式，它利用各个因素的目标值与实际值的差额来计算其对成本的影响程度。

【例 5.5.2】　某项目的实际成本降低额比计划提高了 2.4 万元，如表 5.5.4 所示。

表 5.5.4　降低成本计划与实际对比

项目	单位	计划成本	实际成本	差额
预算成本	万元	300	320	20
成本降低率	%	4	4.5	0.5
成本降低额	万元	12	14.4	2.4

应用差额计算法分析各因素对成本降低额的影响程度。

【解】　（1）预算成本增加对成本降低额的影响程度。

$$(320−300) × 4\% = 0.8（万元）$$

（2）成本降低率提高对成本降低额的影响程度。

$$(4.5\%−4\%) × 320 = 1.6（万元）$$

（3）以上两项合计：0.8 + 1.6 = 2.4（万元）。

四、比率法

比率法是指用两个以上的指标的比例进行分析的方法。它的基本特点是先把对比分析的数值变成相对数，再观察其相互之间的关系。常用的比率法如下。

1. 相关比率法

由于项目经济活动的各个方面是相互联系、相互依存、相互影响的，因此可以将两个性质不同且相关的指标加以对比，求出比率，并以此来考查经营成果的好坏。例如，产值和工资是两个不同的概念，但它们是投入与产出的关系。在一般情况下，都希望以最少的工资支出完成最大的产值。因此，可用工资产值率指标来考核人工费的支出水平。又如，可用每百元固定资产维修费来控制维护成本。

2. 构成比率法

构成比率法又称比重分析法或结构对比分析法。构成比率法可以考查成本总量的构成情况及各成本项目占总成本的比重，同时可看出预算成本、实际成本和降低成本的比例关系，从而寻求降低成本的途径。成本构成比例分析如表 5.5.5 所示。

表 5.5.5　成本构成比例分析（金额单位：万元）

成本项目	预算成本		实际成本		降低成本		
	金额	比重/%	金额	比重/%	金额	占本项的比重/%	占总量的比重/%
一、直接成本	1 263.79	93.20	1 200.31	92.38	63.48	5.02	4.68
1. 人工费	113.36	8.36	119.28	9.18	−5.92	−5.22	−0.44
2. 材料费	1 006.56	74.23	939.67	72.32	66.89	6.65	4.93
3. 机具使用费	87.60	6.46	89.65	6.90	−2.05	−2.34	−0.15
4. 措施费	56.27	4.15	51.71	3.98	4.56	8.10	0.34
二、间接成本	92.21	6.80	99.01	7.62	−6.80	−7.37	0.50
总成本	1 356.00	100.00	1 299.32	100.00	56.68	4.18	4.18
占预算总成本的比例/%	100.00	—	95.82	—	4.18	—	—

【实训演练】

项目案例 1——用赢得值法判断项目执行绩效

一、案例背景

某工业互联网解决方案项目包括 A、B、C、D 四个活动，项目总预算为 600 元。截至 6 月 30 日，各活动相关信息如表 5.6.1 所示。

表 5.6.1　项目案例 1 各活动相关情况（金额单位：万元）

活动	总计划成本	当前时点计划成本	实际进度	当前时点实际成本
A	300	300	100%	295
B	120	90	43%	50
C	100	60	35%	35
D	80	0	0	0
合计	600	450	—	380

请根据项目情况，计算截至 6 月 30 日该项目的进度偏差和成本（费用）偏差，并判断项目的执行绩效。

二、案例分析及解答

根据案例描述，当时各项活动的基本参数如下。

活动 A 的 EV = 300 × 100% = 300（万元）

活动 B 的 EV = 120 × 43% = 51.6（万元）

活动 C 的 EV = 100 × 35% = 35（万元）

活动 D 的 EV = 80 × 0 = 0（万元）

该项目 6 月 30 日进展参数如下。

PV = 300 + 90 + 60 = 450（万元）

EV = 300 + 51.6 + 35 = 386.6（万元）

AC = 295 + 50 + 35 = 380（万元）

该项目进展的评价指标如下。

SV = EV − PV = 386.6−450 = −63.4（万元）

CV = EV − AC = 386.6−380 = 6.6（万元）

$$\text{SPI} = \frac{\text{EV}}{\text{PV}} = \frac{386.6}{450} = 0.86$$

$$\text{CPI} = \frac{\text{EV}}{\text{AC}} = \frac{386.6}{380} = 1.02$$

因此，项目的执行绩效是成本略有节约、进度滞后。

项目案例2——5G + 智慧炼钢系统

一、项目背景

在《中国制造 2025》、国家"新基建"战略等指引下，移动互联网、云计算、大数据、物联网、5G 等技术与现代制造业融合势在必行。炼钢 A 厂每日产生大量的非结构化数据，形成信息孤岛，无法利用并分析数据，长流程工业生产工序难以实现智能制造是摆在面前的难题。

为了实现智能制造，炼钢 A 厂准备结合自身优势以及通信运营商、设备厂商的优势：炼钢 A 厂多年以来在炼钢转炉、精炼、连铸等生产工艺环节积累了丰富的生产经验，拥有独立的数据中心，能够提供高速、稳定、低价、安全的云计算平台；通信运营商拥有国家颁布的 5G 商用牌照，能够在厂区部署快速安全的工业互联网；设备厂商拥有 5G 通信模组开发和应用能力。

二、项目目标

5G + 智慧炼钢系统项目应用于钢铁工业行业转炉炼钢生产控制领域。项目建成基于云边端架构的 5G + 智慧炼钢系统，实现转炉氧枪、副枪、投料、终点全自动控制的智慧炼钢。实现途径是在该炼钢总厂三分厂五号线转炉车间，通过平板电脑，无线启动 5G + 智慧炼钢系统，应用 5G 网络由云计算平台数学模型实时控制转炉氧枪、副枪、投料、终点全自动生产，实现 5G 工业互联网的工业场景应用，最终在 5G、云计算、人工智能、工业互联网、智能制造等国家战略方向引领钢铁行业新技术的发展。

三、项目技术方案

该项目由炼钢 A 厂、通信运营商、设备厂商共同实施。

项目以炼钢 A 厂数据中心为云平台，以该厂炼钢总厂数据集控平台为边缘服务器，以炼钢总厂三分厂五号线 E 转炉声呐、吊车、摄像头、氧枪、副枪、料仓等为终端设备，横跨 5G 技术、云计算技术、钢铁冶金工艺控制三大技术领域，炼钢 A 厂与通信运营商、设备厂商联手打造 4.9GHz 频段 5G 工业互联网云边端架构的 5G ＋ 智慧炼钢系统。

项目基于 SA 组网模式 ＋ MEC 架构，通过在厂区机房内独立建设移动边缘计算设备（Mobile Edge Computing，MEC）与私有云进行对接，数据不出厂，保障工业数据和信息安全。新建 4.9GHz 频段专用基站独立建网，与公网用户完全物理隔离，保障数据安全、提升抗干扰能力。同时，灵活配置上下行速率，实现上行峰值速率 700Mbit/s。基于网络切片技术定制 5G 专网，按需提供网络服务、容量、分布式部署，确保安全、资源、操作维护隔离，提供差异化服务等级协定（Service Level Agreement，SLA）切片之间独立监控、运营、管理，满足各类应用的差异化网络需求。

通过设立云计算中心服务器、架设 5G 工业互联网、打通一二三四级网络建立云边端智慧工厂架构，建立声呐、吊车、摄像头、化验室、MES 的通信接口，开发与应用氧枪、副枪、投料、终点四大冶炼工艺模型，使用平板电脑经由 5G 工业互联网实现氧枪自动、副枪自动、投料自动、冶炼终点自动控制的一键智慧炼钢。

四、项目实施方案

系统建设主要包括三个层次四大部分。三个层次分别是本地执行层、生产监控层和云端，四大部分分别是一键炼钢、转炉监控、工业大数据平台和智能专家系统。

本地执行层以一键炼钢为核心建设目标和系统支撑，分为声呐氧枪控制系统、副枪自动控制系统、自学习下料系统、智能终点控制系统四部分；同时实现与声呐系统、吊车系统的数据对接。

生产监控层包括转炉监控系统和工业大数据平台两大部分。

转炉监控系统主要实现转炉生产控制和状态监视，同时作为专家系统的本地端，既可以由系统设置为专家系统直接执行分析优化后的生产指令，也可以设置为只为生产操控人员提供操作指导的模式。

工业大数据平台作为系统数据核心，主要包括数据接入、数据集控、数据过滤、数据存储四大功能。数据接入即实现与包括二级向一级延伸（倾动系统、氧枪系统、副枪系统、料仓系统、煤气回收系统等）、三级向四级延伸（化检验系统、MES 等）的数据实时通信功能，数据集控包括声呐系统、吊车定位系统、钢水罐定位系统数据的通信与数据处理，数据过滤包括数据清洗与数据整理，数据存储包括数据记录与参数维护。

智能专家系统包括决策指导与闭环控制两种模式。当操作人员选择手动操作时，专家指导系统给出推荐计算结果，为操作人员提供决策指导；当操作人员选择自动控制模式时，智慧炼钢系统根据生产状态自动启动运行，自动进行氧枪、副枪、料仓及冶炼终点自动生产控制。

云端即利用该厂的云计算平台搭建的智慧炼钢支撑系统，主要功能为炼钢工业大数据的管理和对本地算法模型进行训练优化。

【模块小结】

通过任务一了解总投资、建筑安装工程费、设备及工器具购置费和工程建设其他费用的构成，掌握价差预备费和建设期贷款利息的计算；通过任务二了解费用计划的种类及编制方法；通过任务三理解价值工程相关理念以及提高价值的途径；通过任务四学习掌握赢得值法的应用和费用偏

差分析；通过任务五掌握实际常用的几种费用分析方法。

【思考与练习】

一、单选题

1. 某新建项目，建设期两年，共向银行贷款 400 万元。第一年贷款 150 万元，第二年贷款 250 万元，年利率为 10%，则建设期贷款利息为（　　）万元。

　　A. 36.15　　　　　　B. 36.24　　　　　　C. 40.00　　　　　　D. 35.75

2. 下列建设项目总投资中，属于动态投资部分的是（　　）。

　　A. 预备费和铺底流动资金　　　　　　B. 工程建设其他费用和铺底流动资金

　　C. 价差预备费和建设期利息　　　　　　D. 建设期利息和铺底流动资金

3. 在施工图设计阶段，根据施工图纸，通过编制预算文件预先测算的工程造价称为（　　）。

　　A. 投资估算　　　B. 设计概算　　　C. 施工图预算　　　D. 工程结算

4. 以落实项目经理责任目标为出发点，采用企业的施工定额通过施工预算的编制而形成的成本计划是（　　）。

　　A. 竞争性成本计划　　　　　　　　B. 指导性成本计划

　　C. 实施性成本计划　　　　　　　　D. 目标性成本计划

5. 应用 S 形曲线进行项目成本偏差分析时，某个检查时点已完工作实际费用曲线与已完工作预算费用曲线的竖向距离表示项目的（　　）。

　　A. 累计进度偏差　　　　　　　　　B. 局部进度偏差

　　C. 局部费用偏差　　　　　　　　　D. 累计费用偏差

6. 某工程月计划工作量 2 800 平方米，预算单价 25 元每平方米，到月末时已完成工作量 3 000 平方米，实际单价 26 元每平方米，对该项工作采用赢得值法进行偏差分析，说法正确的是（　　）。

　　A. 已完成工作实际费用 75 000 元

　　B. 费用绩效指数＞1，表明项目运行超支

　　C. 进度绩效指数＜1，表明项目运行超支

　　D. 费用偏差为−3 000 元，表明项目运行超支

7. 某项目清单工作量为 1 000 平方米，预算费用单价 60 元/平方米，计划每天施工 100 平方米。第 6 天检查时发现实际完成 800 平方米，实际费用为 5 万元。根据上述情况，预计项目完工时的费用偏差是（　　）元。

　　A. 2 500　　　　　　B. 2 000　　　　　　C. −2 500　　　　　　D. −2 000

8. 下列有关赢得值法的应用，错误的是（　　）。

　　A. 费用和进度绩效指数在同一项目和不同项目比较中均可采用

　　B. 费用偏差的大小由已完工作预算费用和计划工作预算费用的差值决定

　　C. 进度偏差和费用偏差反映的是项目偏差的绝对数

　　D. 当费用偏差为负值时，费用绩效指数一定小于 1

9. 某企业有关材料费用、产品产量、材料单耗和材料单价资料如下表所示，利用因素分析法进行分析，材料单价上涨对材料费用的影响为（　　）元。

指标	产品产量/件	材料单耗/千克	材料单价/元	材料费用/元
目标	100	8	5	4 000
实际	110	7	6	4 620

A. 400　　　　　B. −550　　　　　C. 770　　　　　D. 620

10. 价值工程中产品功能与成本的关系如下图所示，关于图中两者关系的说法，正确的是
（　　）。

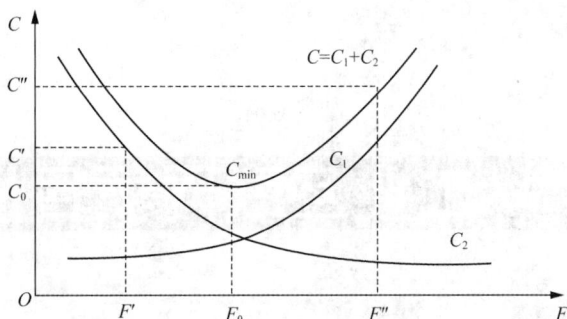

A. 随着产品功能水平 F 提高，生产成本 C_1 降低，使用及维护成本 C_2 增加

B. 在 F' 处，产品的功能较少，生产成本 C_1、使用及维护成本 C_2 较低，生命周期成本
较低

C. 在 F'' 处，产品功能较多，生产成本 C_1、使用及维护成本 C_2 均较高，生命周期成本
较高

D. 在 F_0 处，产品满足必要的功能需求，生产成本 C_1、使用及维护成本 C_2 之和对应的
生命周期成本最低

11. 某工程项目预计总投资为 1 000 万元，其中设备购置费用为 300 万元，建筑安装工程费
用为 500 万元，工程建设其他费用为 100 万元，预备费为 100 万元。则该项目的静态投资为（　　）
万元。

A. 900　　　　　B. 800　　　　　C. 1 000　　　　　D. 700

12. 工程项目成本预算编制完成后，在项目实施过程中，若发现实际成本与预算成本偏差较
大，首先应（　　）。

A. 立即调整成本预算　　　　　　　　B. 分析偏差产生的原因

C. 采取措施降低成本　　　　　　　　D. 向项目团队通报情况

二、简答题

1. 请简述总投资、建筑安装工程费、设备及工器具购置费和工程建设其他费用的构成。

2. 请解释赢得值法中，为何可用以货币为单位的数值表示进度偏差。

3. 简述赢得值法的主要作用及在工程项目费用管理中的应用步骤。

4. 比较法在工程项目费用管理中有哪些常用的比率指标？请分别说明其含义和作用。

5. 在工程项目费用管理中，如何综合运用多种费用分析方法？

模块六　工业互联网项目质量管理

【情境导入】

保证质量是工业互联网项目建设的核心目标，是项目成败的关键。加强项目全过程质量管理，可以确保项目的整体质量和预期目标的实现，提高项目的效益和竞争力。项目质量受哪些因素影响？如何进行项目质量管理？有哪些科学方法和工具可用于项目质量管理？这是本模块重点解决的问题。

【学习目标】

- 了解质量问题的预防和处理方法。
- 了解工业互联网平台的质量要求。
- 掌握影响项目质量的因素和质量控制原理。
- 掌握项目质量的统计分析方法。

【能力目标】

- 能够说明项目质量的 4M1E 影响因素。
- 能够阐述工程项目各相关单位的质量管理责任和义务。
- 初步具备在质量方面进行计划、执行、检查、处理的能力。
- 能够运用分层法、因果分析图法、排列图法、直方图法等多种方法进行质量分析。

【素质目标】

- 培养使用 PDCA 循环、三阶段及三全控制等原理进行项目质量管理的思维意识。

● 培养运用科学合理的工具表述、分析问题的思维意识。

【知识链接】

任务一　项目质量管理概述

6.1.1　质量和工程项目质量的内涵

一、质量的内涵

质量是客体的一组固有特性满足要求的程度。其定义要点如下。

（1）质量特性是固有的特性。特性是指可区分的特征。特性可以是固有的或赋予的；可以是定性的或定量的；可以是各种各样的，如物理的、感官的、行为的、时间的、人体功效的、功能的等。所谓固有的就是指在某事和某物中本来就有的。赋予的特性（如某一产品的销售价格）并非某事和某物的固有特性，故不是它们的质量特性。

（2）质量要求是指明示的、通常隐含的或必须履行的需求或期望。明示的，一般指合同、规范、标准、技术、文件、设计图中明确规定的；通常隐含的，如组织的惯例、一般习惯；必须履行的，一般指法律、法规、行业规则等。

（3）质量不仅指成品质量，也包括过程的工作质量，还可以是质量管理体系运行的质量。工程项目质量包括工程实体和实现实体建设过程的质量。根据项目的一次性特点，项目质量取决于由工作分解结构（WBS）所确定的项目范围内所有的阶段、子项目、各工作单元的质量，即项目的工作过程质量。要保证项目质量，首先应保证工作过程质量。

（4）用户对质量的要求是动态的、发展的、相对的。质量要求随着时间、地点、环境的变化而变化。例如，随着技术的发展、生活水平的提高，人们对产品、过程或体系会提出新的质量要求，因此应定期评定质量要求、修订规范标准，不断开发新技术新产品、改进旧技术旧产品，以满足已变化的质量要求。另外，不同国家和地区因自然环境条件、技术发达程度、消费水平和民俗习惯等的不同会对工程实体的质量提出不同的要求,应对不同地区提供不同性能的实体或产品，以满足该地区用户的明示或隐含的要求。

二、工业互联网工程项目质量的内涵

工程项目质量是指通过项目施工全过程所形成的、能满足用户或社会需要的，并由工程合同有关技术标准、设计文件、施工规范等具体详细设定其性能、安全适用、耐久美观等特性要求的工程质量，以及工程建设各阶段、各环节工作质量的总和。

工业互联网工程项目质量的标准随着具体工程项目和业主需要的不同而存在差异，但通常包括如下要点。

（1）在项目前期工作阶段设定项目建设标准、确定工程质量要求。

（2）出于对工业互联网工程使用便捷及耐久性的考虑，对材料、设备性能、工艺、功能使用

等提出要求。

（3）对系统平台的自动化、智能化、互联化提出质量要求。例如，实现生产过程的数字化和信息化，产品、设备和企业等各环节网络化、互联互通，实现设备之间的数据共享、协同工作，及时了解生产流程和设备状态。

（4）通过建立数据化的质量控制系统，实现工业生产过程质量的全面可控。要求工程投入使用后系统平台达到预期质量水平，工程适用性、效益性、安全性、稳定性良好。例如，可以自动实时采集数据和指标，分析生产数据，实时监测质量状态，同时保证数据安全。

三、工业互联网工程项目质量的特点

工业互联网工程项目将互联网技术应用于工业中，采用数字化、网络化、智能化手段，实现工业制造全过程、全环节的信息化和数字化。

工程项目所具有的单项性、一次性和使用寿命的长期性及质量要求、技术实现方案均可因项目不同而存在很大差异等特点，使工程项目建设成为一个极其复杂的综合性过程，并使工程项目质量相应地形成以下几种特点。

（1）影响质量的因素多。例如，设计、材料、机械设备、施工工艺、施工操作方法、技术、措施、管理制度等，均可直接影响工程项目质量。对于工业互联网工程项目，首先要明确项目具体需求，从源头控制项目质量。

（2）设计阶段的质量控制尤其重要。为确保工业互联网工程项目质量，设计阶段应重点关注以下问题。

① 不稳定性和安全性问题。跟一般的工程项目相比，工业互联网工程项目应关注平台在面对大量数据处理任务时，可能会出现系统崩溃或延迟等情况，这会影响生产过程的稳定性和可靠性。另外，由于工业互联网平台涉及大量敏感数据的传输和处理，因此应尤其关注平台安全性，防止遭受网络攻击和数据泄露。

② 弹性扩展问题。设计灵活的架构和接口，支持快速应对不同规模和需求的变化，实现系统的高可用性和可扩展性。采用统一的标准和协议，促进不同平台间的互通和兼容，降低技术集成的难度和成本。

（3）容易产生质量变异。质量变异是指各种质量影响因素发生作用使产品质量存在差异。偶然性因素如材料的材质不均匀，机械设备的正常磨损，操作细小差异，一天中温度、湿度的微小变化等；系统性因素如使用材料的规格品种有误、施工方法不妥、操作未按规程、机械故障、仪表失灵、设计计算错误等。影响工程项目质量的偶然性和系统性因素很多，特别是由系统性因素引起的质量变异，严重时可导致重大工程质量事故。

（4）工程产品质量终检局限大。工程项目建设工序交接次数多、产品多、隐蔽工程多，如果不及时检查实质，事后再看表面，就容易产生错误判断，将不合格产品认定为合格产品；工程项目建成后，也不可能拆卸建成实体检查其内在、隐蔽的质量。因此，工程项目质量管理应特别注重质量的事前、事中控制，以防患于未然，力争将质量问题消灭于萌芽状态。

（5）质量受投资、进度要求的影响。工程项目的质量通常要受到投资、进度目标的制约。一般情况下，投资多、进度慢，工程质量就好；反之则工程质量差。

在项目实施过程中，确定质量水平时尤其要考虑成本控制目标的要求。质量成本包括质量保证费用和质量损失费用。质量保证费用是在生产过程中为了保证和提高产品质量而支出的费用，

质量损失费用是产生质量问题后所引起的费用。质量保证费用随着质量水平的提高而上升，质量损失费用则随着质量水平的提高而下降，这样由质量保证费用和质量损失费用两者相加而得的质量成本必然存在一个最小值，这就是最佳质量成本。在工程项目质量管理实践中，最佳质量成本通常是项目管理者制定质量目标的重要依据。

四、工程项目质量管理总目标

工程项目质量管理总目标由业主（或建设单位、投资者）提出，是对工程项目质量管理提出的总要求，包括项目范围的定义、系统构成、使用功能与价值、规格以及应达到的质量等级等。这一总目标是在工程项目策划阶段进行目标决策时确定的。工程项目质量管理总目标还要满足国家对建设项目规定的各项工程质量验收标准，以及使用方提出的其他质量方面的要求。

6.1.2 工业互联网工程项目质量的影响因素

工业互联网工程项目质量的影响因素，主要指在项目质量目标策划、决策和实现过程中影响质量形成的各种客观因素和主观因素，包括人、材料设备、机械、方法和环境等因素。影响工程项目质量的这五种因素简称 4M1E，主要内容如下。

一、Man——人的质量意识和控制质量的能力

人是工程项目质量活动的主体，泛指与工程有关的单位、组织和个人，包括建设单位、勘察设计单位、施工单位、监理及咨询服务单位、政府主管及工程质量监督单位等。人的质量意识和控制质量的能力是最重要的一项因素。这一因素集中反映在人的素质上，包括人的思想意识、文化教育背景、技术水平、工作经验及身体状况等，都直接或间接地影响工程项目的质量。在工业互联网工程质量管理的过程中，工业互联网工程施工的管理人员、设计人员、施工操作人员对质量有重要的影响，因此需要对人员进行有效管理，避免人为的失误。

二、Method——工程项目的决策和方案

项目决策阶段是项目整个生命周期的起始阶段，这一阶段工作的质量关系到全局，主要是确定项目的可行性，对项目所涉及的领域、投融资、技术可行性、社会与环境影响进行全面的评估。这一阶段从总体上明确了项目的质量控制方向，其成果将影响项目总体质量。

工程项目方案主要指施工技术方案和施工组织方案。施工技术方案中的组织设计、施工工艺、施工技术措施、检测方法、处理措施等内容都直接影响工程项目的质量形成，其正确与否、水平高低不仅影响到施工质量，还对施工的进度和费用产生重大影响。因此，对工程项目施工方案应从技术、组织、管理、经济等方面进行全面分析与论证，确保施工方案既能保证工程项目质量，又能加快施工进度、降低成本。

三、Material——工程项目材料

项目材料方面的因素包括原材料、半成品、成品、构配件、仪器仪表和生产设备等，属于工程项目实体的组成部分。这些因素的质量控制主要有采购质量控制，制造质量控制，材料、设备进场的质量控制，材料、设备存放的质量控制。工业互联网工程需要耗费多种材料，材料质量是

工业互联网工程施工质量的重要保障，为了保障工业互联网工程质量，需要做好材料管理，对工程的材料进行有效核查，避免材料质量问题。

四、Machine——设备和机具

施工设备和机具的选择是否具备合理性、适用性与先进性，直接影响工程项目的施工质量高低和进度快慢。因此，要对施工设备和机具的使用培训、保养制度、操作规程等加以严格管理和完善，以保证和控制施工设备与机具被高效率和高质量地使用。在工业互联网工程建设中，需要用到多种测试设备、电子仪表，为了做好工程质量管理，需要保证设备的状态完好。

五、Environment——环境

影响工程项目施工环境的因素主要包括四个方面：自然环境、社会环境、管理环境和作业环境。

自然环境因素是指施工场地所处的地形地貌、气象条件、工程地质和水文地质等自然因素的综合。地形地貌包括山地、平原、丘陵、水域等不同地形，会影响施工场地的平整、运输道路的规划以及基础施工的难度。气象条件涵盖温度、湿度、降水、风速、风向等，极端的温度会影响材料性能和施工工艺，大风则可能影响高空作业安全。工程地质如土壤类型、地质构造等，关系到施工方法。水文地质包括地下水位、水质、水流速度等，可能影响基础施工。

社会环境因素主要是指会对项目质量造成影响的各种社会环境因素，包括国家建设法律法规的健全程度及其执法力度，建设工程项目法人决策的理性程度以及经营者的经营管理理念等。

管理环境因素主要是指项目参建单位的质量管理体系、质量管理制度和各参建单位之间的协调等因素。例如，参建单位的质量管理体系是否健全，运行是否有效，决定了该单位的质量管理能力如何。

作业环境因素主要是指项目实施现场平面和空间环境条件，如施工照明、通风、安全防护设施以及交通运输和道路条件等因素。这些条件是否良好都直接影响施工能否顺利进行，以及施工质量能否得到保证。

6.1.3　不同阶段对项目质量的影响

工程项目实施需要历经由建设程序所规定的各个不同阶段。工程项目建设的不同阶段，对工程项目质量的形成所起的作用各不相同。

一、决策阶段对项目质量的影响

可行性研究阶段的质量管理工作是确定项目的质量要求，确定项目的总体需求。因而这一阶段必然会对项目的设计质量产生直接影响，它是影响工程项目质量的首要环节。

决策阶段确定工程项目应当达到的质量目标及水平。工程项目要做到进度、费用、质量三者的协调统一，达到业主最为满意的质量水平，必须在可行性研究的基础上，通过科学决策，来确定工程项目所应达到的质量目标及水平。因而决策阶段提出的建设实施方案是对项目目标及其水平的决定，它是影响工程项目质量的关键阶段。

二、设计阶段对项目质量的影响

设计阶段质量管理工作的要求是根据决策阶段已确定的质量目标和水平，通过工程设计将之进一步具体化。设计方案技术是否可行、经济是否合理、配套是否完善、系统是否安全可靠、工业场景开发是否合适都将决定项目建成之后的实际使用状况。因此设计阶段必然影响项目建成后的使用价值和功能的正常发挥，它是工程项目质量的决定性环节。

三、施工阶段对项目质量的影响

施工阶段一般是根据设计文件和图样的要求，通过施工活动而形成工程实体的连续过程。施工完成后，工程项目开展工艺及能耗管理、流程控制优化、智能生产管控、产品远程诊断、设备预测性维护、产品全生命周期管理等场景下平台及解决方案的适用性、可行性、稳定性验证。因此施工阶段直接影响工程项目的最终质量，它是影响工程项目质量的关键环节。

四、竣工验收阶段对项目质量的影响

竣工验收阶段的质量管理是考核工程质量的实际水平是否与设计阶段确定的质量目标水平相符。这一阶段是工程项目自建设过程向生产使用过程发生转移的必要环节，它体现的是最终的工程质量水平。因此，竣工验收阶段影响工程能否最终形成生产能力，它是影响工程项目质量的最后一个重要环节。

6.1.4　相关单位的质量管理责任和义务

根据《建设工程质量管理条例》，国家实行建设工程质量监督管理制度，建设工程项目的建设单位、勘察单位、设计单位、施工单位、工程监理单位依法对建设工程质量负责。

一、建设单位的质量管理责任和义务

（1）建设单位应当将工程发包给具有相应资质等级的单位，并不得将建设工程肢解发包。

（2）建设单位应当依法对工程建设项目勘察、设计、施工、监理以及与工程建设有关的重要设备、材料等的采购进行招标。

（3）建设单位必须向勘察、设计、施工、监理等单位提供与建设工程有关的原始资料。原始资料必须真实、准确、齐全。

（4）建设工程发包单位不得迫使承包方以低于成本的价格竞标，不得任意压缩合理工期。建设单位不得明示或者暗示设计单位或者施工单位违反工程建设强制性标准，降低建设工程质量。

（5）施工图设计文件审查的具体办法，由国务院建设行政主管部门、国务院其他有关部门制定。施工图设计文件未经审查批准的，不得使用。

（6）实行监理的建设工程，建设单位应当委托具有相应资质等级的工程监理单位进行监理，也可以委托具有工程监理相应资质等级并与被监理工程的施工承包单位没有隶属关系或者其他利害关系的该工程的设计单位进行监理。

（7）建设单位在开工前，应当按照国家有关规定办理工程质量监督手续，工程质量监督手续可以与施工许可证或者开工报告合并办理。

（8）按照合同约定，由建设单位采购建筑材料、建筑构配件和设备的，建设单位应当保证建筑材料、建筑构配件和设备符合设计文件和合同要求。建设单位不得明示或者暗示施工单位使用不合格的建筑材料、建筑构配件和设备。

（9）涉及建筑主体和承重结构变动的装修工程，建设单位应当在施工前委托原设计单位或者具有相应资质等级的设计单位提出设计方案；没有设计方案的，不得施工。房屋建筑使用者在装修过程中，不得擅自变动房屋建筑主体和承重结构。

（10）建设单位收到建设工程竣工报告后，应当组织设计、施工、工程监理等有关单位进行竣工验收。

建设工程竣工验收应当具备下列条件。

① 完成建设工程设计和合同约定的各项内容。

② 有完整的技术档案和施工管理资料。

③ 有工程使用的主要建筑材料、建筑构配件和设备的进场试验报告。

④ 有勘察、设计、施工、工程监理等单位分别签署的质量合格文件。

⑤ 有施工单位签署的工程保修书。

建设工程经验收合格的，方可交付使用。

（11）建设单位应当严格按照国家有关档案管理的规定，及时收集、整理建设项目各环节的文件资料，建立、健全建设项目档案，并在建设工程竣工验收后，及时向建设行政主管部门或者其他有关部门移交建设项目档案。

二、勘察、设计单位的质量管理责任和义务

（1）从事建设工程勘察、设计的单位应当依法取得相应等级的资质证书，并在其资质等级许可的范围内承揽工程。禁止勘察、设计单位超越其资质等级许可的范围或者以其他勘察、设计单位的名义承揽工程。禁止勘察、设计单位允许其他单位或者个人以本单位的名义承揽工程。勘察、设计单位不得转包或者违法分包所承揽的工程。

（2）勘察、设计单位必须按照工程建设强制性标准进行勘察、设计，并对其勘察、设计的质量负责。

（3）注册建筑师、注册结构工程师等注册执业人员应当在设计文件上签字，对设计文件负责。勘察单位提供的地质、测量、水文等勘察成果必须真实、准确。

（4）设计单位应当根据勘察成果文件进行建设工程设计。设计文件应当符合国家规定的设计深度要求，注明工程合理使用年限。

（5）设计单位在设计文件中选用的建筑材料、建筑构配件和设备，应当注明规格、型号、性能等技术指标，其质量要求必须符合国家规定的标准。除有特殊要求的建筑材料、专用设备、工艺生产线等外，设计单位不得指定生产厂、供应商。

（6）设计单位应当就审查合格的施工图设计文件向施工单位做出详细说明。

（7）设计单位应当参与建设工程质量事故分析，并对因设计造成的质量事故提出相应的技术处理方案。

三、施工单位的质量管理责任和义务

（1）施工单位应当依法取得相应等级的资质证书，并在其资质等级许可的范围内承揽工程。

禁止施工单位超越本单位资质等级许可的业务范围或者以其他施工单位的名义承揽工程。禁止施工单位允许其他单位或者个人以本单位的名义承揽工程。施工单位不得转包或者违法分包工程。

（2）施工单位对建设工程的施工质量负责。施工单位应当建立质量责任制，确定工程项目的项目经理、技术负责人和施工管理负责人。建设工程实行总承包的，总承包单位应当对全部建设工程质量负责；建设工程勘察、设计、施工、设备采购的一项或者多项实行总承包的，总承包单位应当对其承包的建设工程或者采购的设备的质量负责。

（3）总承包单位依法将建设工程分包给其他单位的，分包单位应当按照分包合同的约定对其分包工程的质量向总承包单位负责，总承包单位与分包单位对分包工程的质量承担连带责任。

（4）施工单位必须按照工程设计图纸和施工技术标准施工，不得擅自修改工程设计，不得偷工减料。施工单位在施工过程中发现设计文件和图纸有差错的，应当及时提出意见和建议。

（5）施工单位必须按照工程设计要求、施工技术标准和合同约定，对建筑材料、建筑构配件、设备和商品混凝土进行检验，检验应当有书面记录和专人签字；未经检验或者检验不合格的，不得使用。

（6）施工单位必须建立、健全施工质量的检验制度，严格工序管理，做好隐蔽工程的质量检查和记录。隐蔽工程在隐蔽前，施工单位应当通知建设单位和建设工程质量监督机构。

（7）施工人员对涉及结构安全的试块、试件以及有关材料，应当在建设单位或者工程监理单位监督下现场取样，并送具有相应资质等级的质量检测单位进行检测。

（8）施工单位对施工中出现质量问题的建设工程或者竣工验收不合格的建设工程，应当负责返修。

（9）施工单位应当建立、健全教育培训制度，加强对职工的教育培训；未经教育培训或者考核不合格的人员，不得上岗作业。

四、工程监理单位的质量管理责任和义务

（1）工程监理单位应当依法取得相应等级的资质证书，并在其资质等级许可的范围内承担工程监理业务。禁止工程监理单位超越本单位资质等级许可的范围或者以其他工程监理单位的名义承担工程监理业务。禁止工程监理单位允许其他单位或者个人以本单位的名义承担工程监理业务。工程监理单位不得转让工程监理业务。

（2）工程监理单位与被监理工程的施工承包单位以及建筑材料、建筑构配件和设备供应单位有隶属关系或者其他利害关系的，不得承担该项建设工程的监理业务。

（3）工程监理单位应当依照法律、法规以及有关技术标准、设计文件和建设工程承包合同，代表建设单位对施工质量实施监理，并对施工质量承担监理责任。

（4）工程监理单位应当选派具备相应资格的总监理工程师和监理工程师进驻施工现场。

未经监理工程师签字，建筑材料、建筑构配件和设备不得在工程上使用或者安装，施工单位不得进行下一道工序的施工。未经总监理工程师签字，建设单位不拨付工程款，不进行竣工验收。

（5）监理工程师应当按照工程监理规范的要求，采取旁站、巡视和平行检验等形式，对建设工程实施监理。

五、政府的监督管理

（1）国家实行建设工程质量监督管理制度。国务院建设行政主管部门对全国的建设工程质量

实施统一监督管理。县级以上地方人民政府建设行政主管部门对本行政区域内的建设工程质量实施监督管理。

（2）国务院建设行政主管部门和国务院铁路、交通、水利等有关部门应当加强对有关建设工程质量的法律、法规和强制性标准执行情况的监督检查。

（3）国务院发展计划部门按照国务院规定的职责，组织稽查特派员，对国家出资的重大建设项目实施监督检查。国务院经济贸易主管部门按照国务院规定的职责，对国家重大技术改造项目实施监督检查。

（4）建设工程质量监督管理，可以由建设行政主管部门或者其他有关部门委托的建设工程质量监督机构具体实施。从事专业建设工程质量监督的机构，必须按照国家有关规定经国务院有关部门或者省、自治区、直辖市人民政府有关部门考核。经考核合格后，方可实施质量监督。

（5）县级以上地方人民政府建设行政主管部门和其他有关部门应当加强对有关建设工程质量的法律、法规和强制性标准执行情况的监督检查。

（6）县级以上人民政府建设行政主管部门和其他有关部门履行监督检查职责时，有权采取下列措施。

① 要求被检查的单位提供有关工程质量的文件和资料。

② 进入被检查单位的施工现场进行检查。

③ 发现有影响工程质量的问题时，责令改正。

（7）建设单位应当自建设工程竣工验收合格之日起 15 日内，将建设工程竣工验收报告和规划、公安消防、环保等部门出具的认可文件或者准许使用文件报建设行政主管部门或者其他有关部门备案。建设行政主管部门或者其他有关部门发现建设单位在竣工验收过程中有违反国家有关建设工程质量管理规定行为的，责令停止使用，重新组织竣工验收。

（8）有关单位和个人对县级以上人民政府建设行政主管部门和其他有关部门进行的监督检查应当支持与配合，不得拒绝或者阻碍建设工程质量监督检查人员依法执行职务。

（9）供水、供电、供气、公安消防等部门或者单位不得明示或者暗示建设单位、施工单位购买其指定的生产供应单位的建筑材料、建筑构配件和设备。

（10）建设工程发生质量事故，有关单位应当在 24 小时内向当地建设行政主管部门和其他有关部门报告。对重大质量事故，事故发生地的建设行政主管部门和其他有关部门应当按照事故类别和等级向当地人民政府和上级建设行政主管部门和其他有关部门报告。特别重大质量事故的调查程序按照国务院有关规定办理。

（11）任何单位和个人对建设工程的质量事故、质量缺陷都有权检举、控告、投诉。

6.1.5 设计施工阶段的质量控制

一、设计质量控制

设计质量控制就是在严格遵守技术标准、法规的基础上，正确处理和协调经济、资源、技术、环境条件的制约，使设计项目能更好地满足业主的功能和使用价值需求，充分发挥项目投资的经济效益。

1. 设计质量控制的依据

（1）有关工程建设及质量管理方面的法律、法规，城市规划，国家规定的建设工程勘察、设计深度要求。

（2）有关工程建设的技术标准，如勘察和设计的工程建设强制性标准规范及规程、设计参数、定额、指标等。

（3）项目批准文件，如项目可行性研究报告、项目评估报告及选址报告。

（4）体现建设单位建设意图的勘察、设计规划大纲、纲要和合同文件。

（5）反映项目建设过程中和建成后所需要的有关技术、资源、经济、社会协作等方面的协议、数据和资料。

2. 设计质量的控制

从满足项目建设需求（包括国家相关法律法规、强制性标准和合同规定的明确需求以及潜在需求）出发，以使用功能和安全可靠性为核心，进行下列设计质量的综合控制。

（1）功能性质量控制。

功能性质量控制的目的是保证建设工程项目具备符合要求的使用功能。例如，具备并支撑海量工业数据处理的环境和流程；能够基于工业机制和数据科学实现海量数据的深度分析，并实现工业知识的沉淀和复用；对不同来源和不同结构的数据进行广泛采集、汇总；能够提供开发工具及环境，实现工业场景化 App 的开发、测试、部署和应用。

（2）安全可靠性质量控制。

安全可靠包括设备安全、控制安全、网络安全、应用安全、数据安全五个方面。例如，在网络安全方面，工业互联网项目需要实施严格的安全防护措施，包括网络边界的防火墙、入侵检测系统、反垃圾邮件系统等；需要部署网络流量监控和日志记录系统，能够及时发现和追踪任何异常网络活动。在可靠性方面，主要指系统在运行过程中的稳定性和不间断性，需要建立多重安全保障措施，如防火墙、安全认证、数据加密等，以及备份数据、定期维护、故障预警等可靠性措施。

（3）拓展性质量要求。

拓展性质量要求涵盖架构设计、数据处理能力、接口标准化和开放性以及兼容性和互操作性等方面。工业互联网平台应具备灵活、可扩展的架构设计，平台可以根据需求进行功能模块的添加、删除或升级，以满足不同行业和场景的应用需求，支持未来业务增长和技术创新。随着业务规模的扩大和数据的增长，平台需要能够高效地处理和分析海量数据，这要求平台具备强大的数据处理能力。工业互联网平台应支持统一的接口标准和协议，以便于与其他系统和设备进行连接和集成。

（4）经济性质量控制。

在设计过程中进行多方案比较，通过价值工程、优化设计，不断提高工程项目的性价比。在满足项目投资目标要求的条件下，做到经济高效，防止浪费。

二、施工质量控制

施工阶段是使工程设计意图最终实现并形成工程实体的阶段，也是最终形成工程产品质量和工程项目使用价值的重要阶段。因此，施工阶段的质量控制不但是施工监理重要的工作内容，也是工程项目质量控制的重点。监理工程师对工程施工的质量控制，就是按合同赋予的权利，围绕影响工程质量的各种因素，对工程施工进行有效的监督和管理。

1. 施工质量控制的依据

（1）工程合同文件。工程施工承包合同文件和委托监理合同文件中分别规定了参与建设各方在质量控制方面的权利和义务，有关各方必须履行合同承诺。监理单位既要履行监理合同条款，

又要督促建设单位、承包单位、设计单位履行有关的质量控制条款。因此，监理工程师要熟悉这些条款，以进行质量监督和控制。

（2）设计文件。"按图施工"是施工阶段质量控制的一项重要原则。因此，经过批准的设计图样和技术说明书等设计文件，无疑是质量控制的重要依据。监理单位在施工前还应参加由建设单位组织的设计单位及承包单位参加的设计交底及图样会审工作，了解设计意图和质量要求，减少质量隐患。

（3）国家及政府有关部门颁布的有关质量管理方面的法律法规等。

（4）有关质量检验与控制的专门技术法规性文件。

2．施工质量控制环节

按工程实体质量形成过程的时间阶段划分，施工阶段的质量控制可以分为以下三个环节。

（1）施工准备控制。它是指在各工程对象正式施工活动开始前，对各项准备工作及影响质量的各因素进行控制，这是确保施工质量的先决条件。

（2）施工过程控制。它是指在施工过程中对实际投入的生产要素质量及作业技术活动的实施状态和结果所进行的控制，包括作业者发挥技术能力过程的自控行为和来自有关管理者的监控行为。

（3）竣工验收控制。它是指对通过施工过程所完成的具有独立功能和使用价值的最终产品（单位工程或整个工程项目）及有关方面（如质量文档）的质量进行控制。

3．现场工程师质量检查的方法

（1）目测法。

目测法也称观感质量检验，其手段可概括为"看、摸、敲、照"四个字。

"看"是根据质量标准要求进行外观检查。例如，对于装修工程，看清水墙面是否洁净，喷涂的实度和颜色是否良好、均匀，工人的操作是否正常，内墙抹灰的大面及口角是否平直，混凝土外观是否符合要求等。

"摸"是通过触摸进行检查、鉴别。例如，通过触摸检查油漆的光滑度等。

"敲"是运用敲击工具进行音感检查。例如，对机房地面工程、装饰工程中的水磨石面砖、石材饰面等，进行敲击检查。

"照"是通过人工光源或反射光照射，检查难以看到或光线较暗的部位。例如，检查弱电管道井、电梯井等内部管线、设备安装质量等。

（2）实测法。

实测法即通过实测数据与施工规范、质量标准的要求及允许偏差值的对照，以此判断质量是否符合要求，其手段可概括为"靠、量、吊、套"四个字。

"靠"是用直尺、塞尺检查墙面、地面、路面等的平整度。

"量"是指用测量工具和计量仪表等检查断面尺寸、轴线、标高、湿度、温度等的偏差。例如，量大理石板拼缝尺寸等。

"吊"是利用托线板以及线坠检查垂直度。例如，砌体垂直度检查等。

"套"是以方尺套方，辅以塞尺检查。例如，对踢脚线的垂直度、门窗口及构件的对角线检查等。

（3）试验法。

试验法是指通过必要的试验手段对质量进行判断的检查方法。

工程中常用的理化试验包括物理力学性能的检验、化学成分及化学性能的测定。物理力学性能的检验，包括各种力学指标的测定，如抗拉强度、抗压强度、抗弯强度、抗折强度、冲击韧性、硬度、承载力等的测定，以及各种物理性能的测定，如密度、含水量、凝结时间、安定性及抗渗、耐磨、耐热性能等的测定。化学成分及化学性能的测定，如耐酸、耐碱、抗腐蚀性等的测定。此外，根据规定有时还需进行现场试验。

可利用专门的仪器仪表从表面探测结构物、材料、设备的内部组织结构或损伤情况。常用的无损检测方法有超声波探伤、射线探伤等。

任务二 项目质量管理原理

6.2.1 PDCA 循环原理

工程项目的质量控制是一个持续过程。首先在提出项目质量目标的基础上，制订质量控制计划，包括实现该计划需采取的措施；其次将计划加以实施，特别要在组织上加以落实，真正将工程项目质量控制的计划措施落到实处；在实施过程中，还要经常检查、监测，以评价检查结果与计划是否一致；最后对出现的工程质量问题进行处理，对暂时无法处理的质量问题重新进行分析，进一步采取措施加以解决。

美国质量管理专家戴明博士针对上述过程提出了 PDCA 循环，此循环又称戴明环。PDCA 由英语单词 Plan（计划）、Do（执行）、Check（检查）和 Action（处理）的首字母组成，PDCA 循环就是按照这样的顺序进行管理，并且循环不断地进行下去。质量管理活动的全部过程就是质量计划的制订和组织实现的过程，这个过程按照 PDCA 循环，不停地周而复始地运转，PDCA 循环如图 6.2.1 所示。

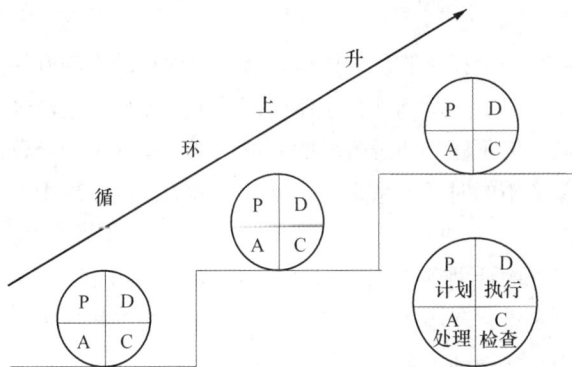

图 6.2.1 PDCA 循环

1. 计划阶段

在计划阶段根据客户的要求来确定质量管理的目标、方针、计划和管理项目，并制定相应的措施和方法。由于管理对象的复杂性和管理难易程度不同，有的项目在计划阶段就是一个庞大的系统工程，必须通过 PDCA 循环来逐步完善。计划阶段包括以下四项工作内容。

（1）分析现状。通过现状分析，找出存在的主要质量问题，尽可能以数字形式表示。

（2）寻找原因。在收集到的资料基础上，分析产生质量问题的各种原因或影响因素。

（3）提炼主因。从各种原因中找出影响质量的主要原因。

（4）制订计划。针对影响质量的主要原因，制定技术组织措施，并落实到具体执行者。

2. 执行阶段

在执行阶段执行实施计划阶段的要求和标准。对一个新项目来说，在实施前应从思想上和方法上充分做好准备工作，要让各类人员明确相关的标准、要求。

3. 检查阶段

在检查阶段检查实施过程中是否按照标准进行，其结果是否达到计划阶段的目标，检查中也可能发现原先制订的计划中的缺陷，如目标不合适、措施不配套等。

4. 处理阶段

在处理阶段对于上一阶段查出来的问题，经过全面、深入的分析，找到原因，采取措施，经过一段时间的运作，如果没有发生异常情况，就可以把标准稳定下来，在实际执行中使用。

至此，一个 PDCA 循环结束。在实施 PDCA 循环的过程中，根据不同的项目类型，可以灵活应用质量管理的各种方法，这也是项目成功的关键。

PDCA 循环具有以下特点。

（1）大环套小环、小环保大环，推动大循环。PDCA 循环作为质量管理的基本方法，不仅适用于整个工程项目，也适用于整个企业和企业内的部门及个人。各级部门根据企业的方针目标，都有自己的 PDCA 循环，层层循环，形成大环套小环，小环里又能套更小的环。每个小环在大环的指导下进行，共同服务于大环的目标。小环的每一次转动都推动大环前进，大小环互相促进、共同发展。

（2）不断前进，不断提高。PDCA 循环就像爬楼梯一样，一个循环运转结束，生产的质量就会提高，然后再制定下一个循环，再运转、再提高，不断前进，不断提高。

6.2.2　三阶段原理

工程项目的质量控制是一个持续管理的过程。从工程项目的立项开始到竣工验收属于工程项目建设阶段的质量控制，项目投产后到项目生命周期结束属于项目生产经营阶段的质量控制，两者在内容上有较大的不同。但不管是建设阶段的质量控制，还是生产经营阶段的质量控制，从控制工作的开展与控制对象实施的时间关系来看，可分为事前控制、事中控制和事后控制三种。

1. 事前控制

事前控制强调质量目标的计划预控，按质量计划进行质量活动前准备工作状态的控制。例如，在施工过程中，事前控制重点在于施工准备工作，且贯穿于施工全过程。首先，要熟悉和审查工程项目的施工图，做好项目建设地点的自然条件、技术经济条件的调查分析，完成项目施工图预算、施工预算和项目的组织设计等技术准备工作；其次，做好器材、施工机具、生产设备的物质准备工作；再次，组成项目组织机构，进行进场人员技术资质、施工单位质量管理体系的核查；最后，制定施工现场管理制度，组织施工现场准备方案等。

2. 事中控制

事中控制是指对质量活动的行为进行约束，对质量进行监控，属于实时控制。例如，项目生产阶段，对产品生产线进行在线监测控制，就是对产品质量的一种实时控制。又如，在项目建设的施工过程中，事中控制的重点在工序质量监控上。其他如施工作业的质量监督、设计变更、隐蔽工程的验收和材料检验等都属于事中控制。

概括地说，事中控制是对质量活动主体、质量活动过程和结果所进行的自我约束和监督检查两方面的控制，其关键是增强质量意识，发挥行为主体的自我约束作用。

3. 事后控制

事后控制也称为合格控制，包括对质量活动结果的评价认定和对质量偏差的纠正。事后控制一般是指输出阶段的质量控制。例如，工程项目竣工验收进行的质量控制，即属于工程项目质量的事后控制。项目生产阶段的产品质量检验也属于产品质量的事后控制。

6.2.3　三全控制原理

三全控制原理是指质量管理应该做到全面、全过程和全员参与。在工程项目质量管理中应用这一原理，对工程项目的质量控制同样具有重要的理论和实践指导意义。

1. 全面质量控制

工程项目质量的全面控制可以从纵向和横向两个方面来理解。从纵向的组织管理角度来看，质量总目标的实现有赖于项目组织的高层、中层、一线员工的通力协作，其中，高层管理者能否全力支持与参与起着决定性的作用。从项目各部门职能间的横向配合来看，要保证和提高工程项目质量，必须使项目组织的所有质量控制活动构成一个有效的整体。

全面质量控制，包括工程实体质量和工作过程质量的全面控制。工作过程质量是实体质量的保证，工作过程质量直接影响工程实体质量的形成。建设单位、监理单位、勘察单位、设计单位、施工总包单位、施工分包单位、材料设备供应商等，任何一方、任何环节的怠慢疏忽或质量责任不落实都会对工程项目质量造成不利影响。

2. 全过程质量控制

任何产品或服务的质量，都有一个产生、形成和实现的过程。从全过程的角度来看，质量产生、形成和实现的整个过程是由多个相互联系、相互影响的环节组成的，每个环节都或轻或重地影响着最终的质量状况。工程项目的全过程质量控制主要涉及项目策划与决策过程、勘察设计过程、采购过程、施工组织与准备过程、施工过程、工程竣工验收与交付过程以及工程回访维修过程等。全过程质量控制强调预防为主、不断改进的思想。实行全过程的质量控制要求项目所有利益相关者必须树立为客户服务的思想，使全过程的质量控制一环扣一环，贯穿整个项目过程。

3. 全员参与质量控制

工程项目的全员参与质量控制是工程项目各方面、各部门、各环节工作质量的综合反映。其中任何一个环节、任何一个人的工作质量都会不同程度直接或间接地影响工程项目的形成质量或服务质量。因此，只有全员参与质量控制，才能实现工程项目的质量控制目标，形成客户满意的产品，其主要的工作如下。

（1）必须抓好全员的质量教育和培训。

（2）制定各级各类人员的质量责任制度，明确任务和职权，各司其职，密切配合，以形成一个高效、协调、严密的质量管理工作系统。

任务三　项目质量统计分析方法

项目质量统计分析方法把数理统计方法应用于产品生产过程的抽样检验，利用样本质量特性数据的分布规律，分析和推断生产过程总体质量的状况，是质量管理不可缺少的工具。

人们应用数理统计原理所创立的分层法、因果分析图法、排列图法、直方图法、控制图法、相关图法等定量和定性方法，对质量管理都有实际的应用价值。

6.3.1　分层法

分层法就是把所收集的数据进行合理的分类，把性质相同、在同一生产条件下收集的数据归纳在一起，把划分的组称为"层"，通过数据分层把错综复杂的影响质量的因素分析清楚。分层的目的是把杂乱无章和错综复杂的数据，按照不同的目的、性质、来源等加以分类整理，使之系统化、条理化，能更确切地反映数据所代表的客观事实，便于查明产品质量波动的实质性原因和变化规律，以便抓住主要矛盾，找到主要影响因素，从而"对症下药"，采取相应的措施。

分层法的一般过程是收集数据，根据不同的目的选择分层的标准，按照分层标准对数据进行分类和整理，画出分层统计图表或分层进行统计分析。

分层法有多种分层角度，例如可按 4M1E 分层。按照问题产生的原因，分层参考如下。

（1）人：按班组、性别、年龄、经验、资历等区分。

（2）机械：按生产厂家、型号、作业时间等区分。

（3）材料：按供应厂家、产地、规格、批号等区分。

（4）方法：按施工工艺、管理组织、测定方法等区分。

（5）环境：按区域、温度、湿度、气候、海拔等区分。

（6）时间：按上午、下午、晚上、日期、季节等区分。

较好的分层能清楚地将层间的区别表现出来。

【例 6.3.1】一个焊工班组有 A、B、C 三位工人实施焊接作业，共抽检 90 个焊接点，发现有 27 点不合格，占抽检总数的 30%，如表 6.3.1 所示。究竟问题出在哪里？

表 6.3.1　分层法示例

作业工人	抽检点数	不合格点数	个体不合格率	占总不合格点数的百分比
A	30	3	10%	11%
B	30	6	20%	22%
C	30	18	60%	67%
合计	90	27	—	100%

根据表 6.3.1，可知作业工人 C 的不合格焊接点数占总不合格点数的百分比为 67%，因此焊接质量问题主要由作业工人 C 引起。

6.3.2　因果分析图法

1. 因果分析图法的基本原理

因果分析图法也称为质量特性要因分析法，其基本原理是对每个质量特性或问题，采用图 6.3.1 所示的方法，逐层深入排查可能的原因，然后确定其中最主要的原因，有的放矢地进行处置和管理。

图 6.3.1 所示为某产品质量问题的因果分析图。其中，把该产品的生产要素，即人、机械、材

料、加工流程和环境作为第一层面的因素进行分析；然后对第一层面的各个因素，再进行第二层面的可能原因的深入分析。以此类推，直至把所有可能的原因，分层次地一一罗列出来。

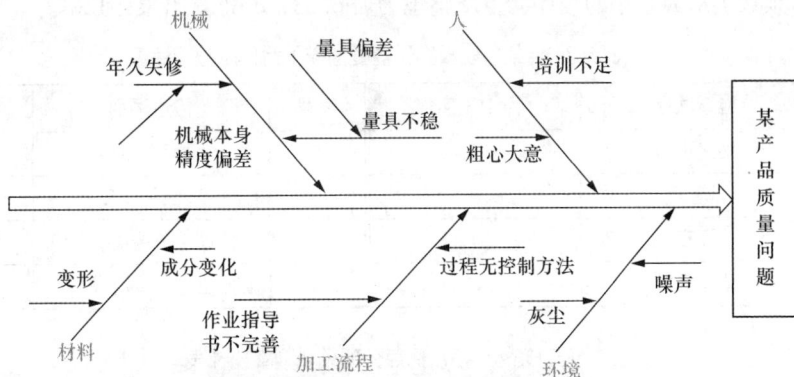

图 6.3.1　某产品质量问题的因果分析图

2. 因果分析图的绘制

绘制因果分析图时需注意以下两点。

（1）组织人员全面观察，多方面寻找原因。

（2）针对初步原因，展开深层挖掘，一直分析到小因素。

【例 6.3.2】某机械零件产品加工过程中发现产品存在某重要的质量问题。在质量管理会议上，与会人员集思广益，对该产品出现质量问题的原因进行了分析。会上共同讨论绘制了该质量问题的因果分析图，如图 6.3.1 所示，从人、机械、材料、加工流程、环境五个方面逐一对影响因素进行剖析，最终找出了该产品质量问题的原因。

3. 应用因果分析图法时的注意事项

（1）一个质量特性或一个质量问题使用一张图分析。

（2）通常采用质量控制（Quality Control，QC）小组活动的方式进行，集思广益，共同分析。

（3）必要时可以邀请小组以外的有关人员参与，广泛听取意见。

（4）分析时要充分发表意见，层层深入，列出所有可能的原因。

（5）在充分分析的基础上，由各参与人员采用投票或其他方式，从中选择 1～5 项多数人达成共识的主要原因。

6.3.3　排列图法

排列图法
（二维码）

排列图法也称帕累托图法、主次因素分析图法、ABC 分类法。意大利学者帕累托最先用该方法分析社会财富分布状况，发现约 20% 的人占有 80% 的财富，根据累积经验，发现多数的问题个案往往由少数问题或原因引起。如果能集中资源去解决关键的少数问题，将会得到较显著的效益。

排列图法是利用排列图寻找影响质量的主次因素的一种有效方法。排列图以图表形式，把多个问题或构成问题的因素，按照各自出现的频率，用相应高低的长方形依次排列出来。

在质量管理过程中，通过抽样检查或检验试验所得到的质量问题、偏差、缺陷、不合格等统计数据，以及造成质量问题的原因分析统计数据，均可采用排列图法进行状况描述，它具有直观、

主次分明的特点。

【**例 6.3.3**】 表 6.3.2 所示为某项模板施工精度抽样不合格点数统计表。将其按照质量特性不合格点数（频数）从大到小的顺序，重新整理为表 6.3.3，并计算出累计频率。

表 6.3.2　某项模板施工精度抽样不合格点数统计表

序号	检查项目	不合格点数	序号	检查项目	不合格点数
1	轴线位置	1	5	平面水平度	15
2	垂直度	8	6	表面平整度	75
3	标高	4	7	预埋设施中心位置	1
4	截面尺寸	45	8	预留空洞中心位置	1

表 6.3.3　不合格点分项频数频率统计表

序号	项目	频数	频率/%	累计频率/%
1	表面平整度	75	50.0	50.0
2	截面尺寸	45	30.0	80.0
3	平面水平度	15	10.0	90.0
4	垂直度	8	5.3	95.3
5	标高	4	2.7	98.0
6	其他	3	2.0	100.0
合计		150	100.0	

根据表 6.3.3 的统计数据，绘制排列图，如图 6.3.2 所示。

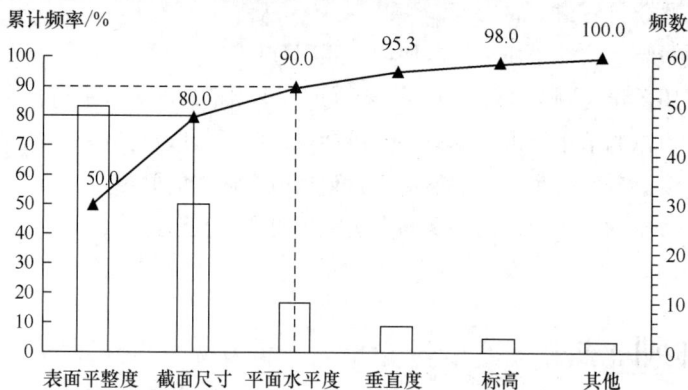

图 6.3.2　排列图

将累计频率为 0～80% 的问题定为 A 类问题，即主要问题，进行重点管理；将累计频率为 80%～90% 的问题定为 B 类问题，即次要问题，作为次重点管理；将累计频率为 90%～100% 的问题定为 C 类问题，即一般问题，按照常规适当加强管理。以上方法称为 ABC 分类法。

6.3.4　直方图法

直方图法即频数分布直方图法，它是将收集到的质量数据进行分组整理，

直方图法

绘制成频数分布直方图，用以描述质量分布状态的一种分析方法。

直方图以长方形的高度代表发生频数。不同组别的长方形连接起来，显示质量数据的集中位置、离散程度及分布图形。

一、绘制直方图的步骤

（1）收集有关质量数据，对数据进行整理。一般数据样本大于 100 个。

（2）确定极差（$X_{\max}$ 与 $X_{\min}$ 的差值）。根据表中所有数据，找出最大值 $X_{\max}$ 和最小值 $X_{\min}$，计算两者的差值，即极差 $R = X_{\max} - X_{\min}$。

（3）确定直方图组数和组距。

$$h = \frac{R}{k}$$

其中 R 为极差，k 为组距，h 为组数。

（4）确定各组的分界点，即确定各组的上、下限。

（5）计算各组内的发生频数。

（6）绘制直方图。

【例 6.3.4】　某款工业产品的长度为 100cm，误差为 ±5cm。本例为了简化计算，仅取 20 个样本，经测量实际长度（单位为 cm）有：100.2、102.1、98.0、99.5、101.3、100.7、99.8、103.5、101.2、99.2、96.9、98.7、102.1、100.7、103.1、99.6、100.8、103.9、98.9、97.2。请绘制质量统计直方图。

【解】　（1）找出最大值 $X_{\max}$ 和最小值 $X_{\min}$，计算极差 R。

$$R = X_{\max} - X_{\min} = 103.9 - 96.9 = 7\text{（cm）}$$

（2）确定直方图数据范围 96～104cm，确定直方图组数 8，组距 1cm。

（3）确定 8 组中各组的上、下限。

（4）统计各组内数据的发生频数，如表 6.3.4 所示。

表 6.3.4　直方图分组及频数

分组/cm	96～97	97～98	98～99	99～100	100～101	101～102	102～103	103～104
频数	1	1	3	4	4	2	2	3

（5）绘制直方图，如图 6.3.3 所示。

观察与分析直方图，可了解产品质量的波动情况，掌握质量特性的分布规律，以便对质量状况进行分析判断。同时可通过质量数据特征值的计算，估算施工生产过程总体的不合格品率、评价过程能力等。

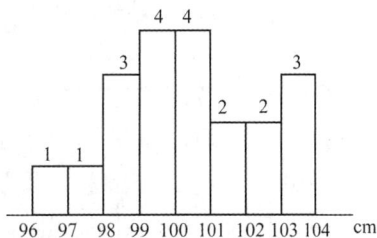

图 6.3.3　直方图

二、利用直方图分析质量状况

利用直方图，一方面可观察分析其分布形状，另一方面可观察分析其分布位置。

1. 观察分析直方图形状

将绘制好的直方图形状与正态分布图的形状进行比较分析，一看形状是否相似，二看分布区间的宽窄。直方图的分布形状及分布区间宽窄由质量特性统计数据的平均值和标准差决定。

正常直方图呈正态分布，其形状特征是中间高、两边低，基本呈对称形状，如图 6.3.4（a）

所示。正常直方图反映生产过程质量处于正常、稳定状态。数理统计研究证明，当随机抽样方案合理且样本数量足够大时，生产能力处于正常、稳定状态，质量特性统计数据趋于正态分布。

异常直方图呈偏态分布，常见的异常直方图有折齿型、缓坡型、孤岛型、双峰型、峭壁型，如图 6.3.4（b）～图 6.3.4（f）所示。出现异常的原因可能是生产过程存在影响质量的系统因素，或收集整理数据、制作直方图的方法不当。

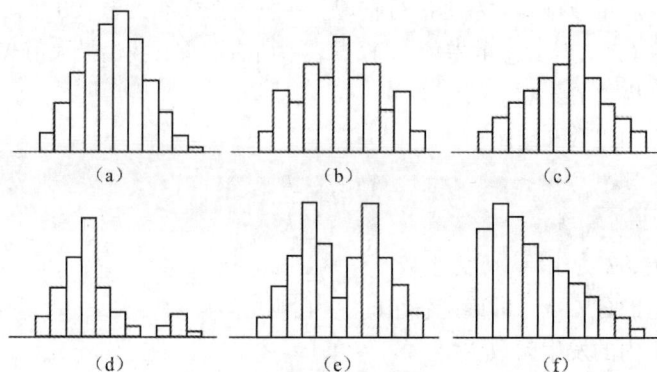

图 6.3.4　观察分析直方图形状

2. 观察分析直方图分布位置

将直方图的分布位置与质量标准范围进行比较分析，如图 6.3.5 所示。

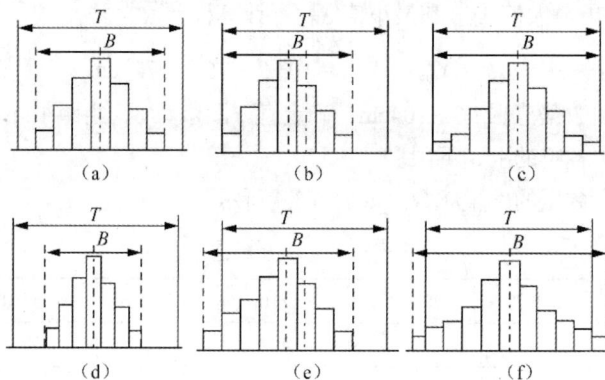

图 6.3.5　观察分析直方图分布位置

图 6.3.5 中，T 是质量标准范围，B 是统计的实际质量数据范围。实际质量数据分布在质量标准范围内，说明质量合格。B 超出 T 的范围，说明已经存在质量不合格现象。

图 6.3.5（a）表示质量稳定和受控，是经济合理的受控状态。

图 6.3.5（b）表示实际质量数据分布偏下限，易出现不合格品，需提高质量管理能力。

图 6.3.5（c）表示实际质量数据分布的宽度边界达到质量标准的上下界限，质量管理能力处于临界状态，易出现不合格品，必须分析原因，采取措施。

图 6.3.5（d）表示实际质量数据的分布居中，但边界与质量标准的上下界限有较大的距离，说明其质量能力偏大，不经济。

图 6.3.5（e）和图 6.3.5（f）表示实际质量数据分布超出质量标准上下限，生产过程存在质量不合格现象，必须分析原因，采取措施进行纠偏。

6.3.5 控制图法

控制图法是一种用于监控生产过程质量稳定性的重要统计工具。控制图是对过程质量特性值进行测定、记录、评估，从而监察过程是否处于控制状态的一种用统计方法设计的图。图上有中心线（CL）、上控制限（UCL）和下控制限（LCL），并有按时间顺序抽取的样本数据点。

当生产过程仅受随机因素影响时，过程处于稳定状态，此时产品质量特性值的分布服从某种已知的概率分布，其均值和标准差保持相对稳定。控制图就是基于这种稳定状态下的统计规律来判断过程是否发生异常变化。

在生产过程中，若过程处于稳定状态，那么质量特性值超出控制限的概率是极小的。一旦数据点超出控制限或呈现非随机的排列模式，就认为过程出现了异常因素，需要及时查找原因并加以调整。

每隔一定时间，在生产线上抽取数量固定的样本，计算其质量特性，若其数值符合这种数学模型，就认为生产过程正常，否则就认为生产中出现某种系统性变化，或者说过程失去控制。这时就需要考虑采取包括停产检查在内的各种措施，以期查明原因并将其排除，以恢复正常生产，不使失控状态延续下去。控制图示例如图 6.3.6 所示。

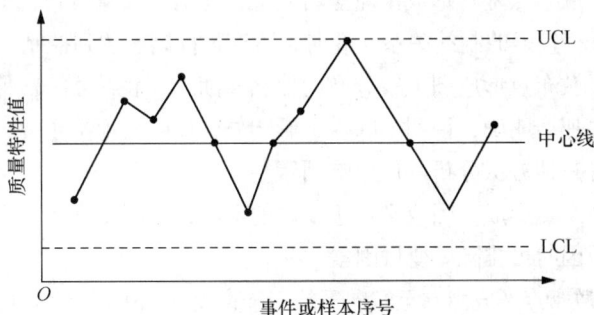

图 6.3.6 控制图示例

6.3.6 相关图法

相关图又称散布图，是指研究成对出现的不同变量之间相关关系的坐标图。该方法通过观测控制相关程度高的两个变量中的一个变量，去估计控制另一个变量的数值，以达到保证产品质量的目的。它将测量获得的数据点描在坐标图上，直观显示数据的分布情况，分析两组不同变量的相关性。这种图示方式具有快捷、易于交流和易于理解的特点，但是收集现象测量值时要排除其他可能影响该现象的因素。

一、相关图的绘制方法

绘制相关图时需要注意以下两点。

（1）收集数据。要成对地收集数据，数据不得过少，一般应在 30 组以上。

（2）绘制相关图。根据整理后的数据依次在坐标图上描点，横坐标表示数据（原因），纵坐标表示因变量（结果）。

二、相关图的观察与分析

相关图中点的集合，反映了两种数据之间的散布状况。根据散布状况，可以分析两个变量之间的关系。因变量和自变量的相关性如图 6.3.7 所示。

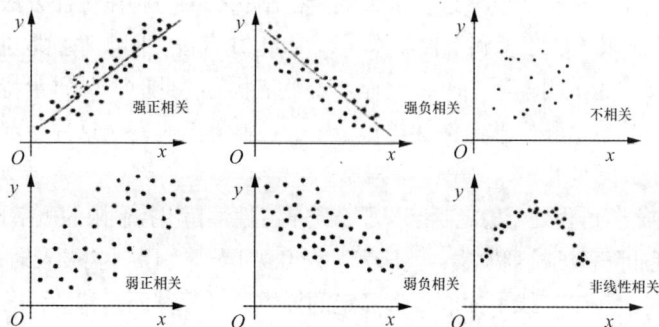

图 6.3.7　因变量和自变量的相关性

归纳起来，有以下六种类型。

（1）强正相关。散布点基本形成由左至右向上变化的一条直线带，即随着 x 值的增加，y 值也增加，说明 x 与 y 有较强的制约关系。此时，可通过控制 x 达到控制 y 的目的。

（2）弱正相关。散布点形成向上较分散的形状。随着 x 的增加，y 值也有增加的趋势，但两者关系不像强正相关那么明确，说明 y 除受 x 影响外，还受其他更重要的因素的影响，需要进一步利用因果分析法等其他方法分析其他影响因素。

（3）不相关。散布点形成一团或平行于 y 轴的形状，说明 x 变化不会引起 y 的变化或其变化无规律，分析质量原因时可排除 x 变量因素。

（4）强负相关。散布点形成由左至右向下的一条直线带，说明 x 对 y 的影响与正相关恰恰相反。

（5）弱负相关。散布点形成由左至右向下分布的较分散的直线带，说明 x 与 y 的相关关系较弱，且变化趋势相反，应考虑寻找影响 y 的其他更重要的因素。

（6）非线性相关。散布点呈一曲线带，因变量与自变量 x 之间不呈线性关系，因此呈曲线或抛物线关系不确定。

任务四　工业互联网平台质量要求

根据国家标准《工业互联网平台　质量管理要求》（GB/T 44282—2024）的规定，工业互联网平台应满足如下要求。

一、工业互联网平台质量管理总体架构

1. 总体要求

提供工业互联网平台应用和服务的组织，应设立合理的管理架构，对影响工业互联网平台质量的人员管理、资源配置、技术实施和运维支持过程，进行策划、实施、检查和改进，并对影响过程质量的各相关要素进行管理。同时满足以下要求。

（1）应根据服务内容建立相应的管理制度，包括但不限于使用规则、运行管理制度、信息安

全与管理制度、投诉管理制度等。

（2）应保障平台内各类软硬件设施的正常运行，通过自动化监控告警、定期检查和运维支持，确保平台服务运行稳定。

（3）遵循相关法律法规的规定和要求，采取网络安全保护技术措施，依法依规监控系统运行状态，及时处理网络安全事件、事故。

2．策划

提供工业互联网平台应用和服务的组织，应对保障平台质量所需的过程进行整体策划并提供必要的资源支持，至少应包括如下内容。

（1）根据组织的业务定位和能力，策划服务内容与质量要求，并形成服务目录。

（2）依据组织的业务发展需要，建立组织结构和管理制度，支持服务目录的实施或实现。

（3）对人员管理、资源配置、技术实施和运维支持过程进行规划，建立相适应的质量指标体系和服务保障体系。

（4）建立内部审核评估机制，管理、审核并改进开发、管理、运维服务过程，以确保工业互联网平台质量。

3．实施

提供工业互联网平台应用和服务的组织，应对平台质量目标的实现进行过程实施，至少应包括如下内容。

（1）制订满足整体质量要求的实施计划，并按计划实施。

（2）建立与需方的沟通协调机制。

（3）按照服务能力要求实施管理活动并记录，确保服务能力管理和服务过程实施可追溯，服务结果可计量或可评估。

（4）提交满足质量要求的交付物。

4．检查

提供工业互联网平台应用和服务的组织，应对满足平台质量所需的过程进行管理，并对实施结果进行监控、测量、分析和评审，确保管理活动符合计划要求和质量目标。至少应包括如下内容。

（1）定期评审服务过程及相关管理体系，以确保服务能力的适宜性和有效性。

（2）调查用户满意度，并对服务能力策划实施的结果进行统计分析。

（3）检查各项指标达成情况。

5．改进

提供工业互联网平台应用和服务的组织，应持续改进工业互联网平台管理过程中的不足，提升工业互联网平台质量。至少应包括如下内容。

（1）建立服务能力管理改进机制。

（2）对不符合策划要求的行为进行总结分析。

（3）对未达成的指标进行调查分析。

（4）根据分析结果确定改进措施，制订服务能力改进计划。

二、平台人员质量管理要求

1．目的

确保提供工业互联网平台应用和服务的组织，在实现平台构建、技术研发、故障响应、问题解决和结果交付等方面具备人员管理能力，以满足工业互联网平台开发、管理、运维服务涉及的质量管理需求。

2. 组织管理

提供工业互联网平台应用和服务的组织，应从以下方面实施组织管理，包括但不限于如下内容。

（1）建立工业互联网平台相关的人员储备计划和机制，确保有足够的人员，以满足工业互联网平台的服务需求。

（2）建立工业互联网平台相关的培训体系或机制，在制订培训计划时识别培训要求，并提供及时和有效的培训。

（3）建立工业互联网平台相关的绩效考核体系或机制，并能够有效组织实施。

3. 岗位结构

提供工业互联网平台应用和服务的组织，应从以下方面进行岗位结构管理，包括但不限于如下内容。

（1）设置人员团队，负责工业互联网平台开发、管理、运维服务工作。

（2）设置主要岗位，包括管理、技术支持、操作等，并对不同岗位有明确分工和职责定义。

4. 知识

提供工业互联网平台应用和服务的组织，应保证人员在学历教育基础上具备工业互联网平台相关知识，包括但不限于如下内容。

（1）与信息技术、工业控制技术相关的基础知识。

（2）从事工业互联网平台相关工作所必备的专业知识。

（3）与工业互联网平台相关的组织和行业综合知识。

5. 技能

提供工业互联网平台应用和服务的组织，应确保平台人员具备足够的技能，包括但不限于如下内容。

（1）确定平台人员在相关岗位或服务中所必备的能力。

（2）要求平台人员具备在相关岗位或过程中的资格。

6. 经验

提供工业互联网平台应用和服务的组织，应确保平台人员具备足够的经验，包括但不限于如下内容。

（1）具备所从事相关岗位或服务活动的经验。

（2）具备工业互联网平台项目及行业经验。

三、平台资源配置质量要求

1. 目的

确保提供工业互联网平台应用和服务的组织，在实现平台构建、技术研发、故障响应、问题解决和结果交付等方面具备资源配置能力，以满足工业互联网平台开发、管理、运维服务涉及的质量管理需求。

2. 工具

提供工业互联网平台应用和服务的组织，应有效使用工具开发、管理和运维平台，包括但不限于如下内容。

（1）平台开发工具、测试工具、安全工具和用于特殊要求的工具等专用工具。

（2）按照商定的 SLA 管理运行维护服务的交付过程，涉及的具备日常运行维护管理、记录、测量、监督和评估等功能的管理工具。

（3）对平台服务对象进行数据采集和监控、评估可能导致服务对象故障因素涉及的监控评估工具。

3．服务台

提供工业互联网平台应用和服务的组织，应使用有效手段和方法受理需方的运行维护服务请求，及时跟踪服务请求的处理进展，确保实现 SLA 要求，包括但不限于如下内容。

（1）设置专门的沟通渠道与需方联络。

（2）设定专人负责服务请求的处理。

（3）针对沟通渠道整合服务过程，建立管理制度，包括服务请求的接收、记录、跟踪和反馈等机制，以及日常工作的监督和考核。

4．知识库

提供工业互联网平台应用和服务的组织，应具备平台服务活动相关的知识积累，以保证在整个组织内收集、共享、重复使用所积累的知识和信息，包括但不限于如下内容。

（1）针对常见问题的描述、分析和解决方法建立知识库。

（2）确保整个组织内的知识是可用的、可共享的。

（3）确保知识管理策略是合适的。

（4）针对知识管理要求制定相关管理制度，并进行知识生命周期管理。

四、平台技术实施质量要求

1．目的

确保提供工业互联网平台应用和服务的组织，在实现平台构建、技术研发、故障响应、问题解决和结果交付等方面具备技术实施能力，以满足工业互联网平台开发、管理、运维服务涉及的质量管理需求。

2．边缘层

提供工业互联网平台应用和服务的组织，应确保工业互联网平台边缘层的技术质量要求，包括但不限于如下内容。

（1）工业互联网平台保障连接对象接入带宽、速率、时延满足工业设备的要求，保障工业设备接入的数据稳定性、资源可用性和系统安全性。

（2）具备工业互联网平台设备接入流程和能力，确保数据接入的正确性、完整性和时效性。

（3）工业互联网平台物联网关支持实现工业设备的现场实时数据采集，监控和告警。

3．基础设施层

提供工业互联网平台应用和服务的组织，应确保工业互联网平台基础设施层支持时间敏感网络（TSN）技术体系，实现平台多组织多服务间的时间同步、时间片调度、抢占、流监控及过滤等流量调度特性，技术实施质量要求包括但不限于以下方面。

（1）平台计算硬件设备总体要求。

① 支持多种操作系统。

② 支持多种虚拟化系统，支持多种计算资源虚拟化方式，系统可运行虚拟化系统。

③ 网络接口，支持千兆及万兆以太技术。

④ 存储接口，支持多种存储设备类型和存储设备。

（2）平台服务器虚拟化总体要求。

① 支持多种灵活的部署方式。

② 支持在虚拟机的整个生命周期中，虚拟化软件提供完整的图形化监控和管理。

③ 支持在任意时间对离线或在线的虚拟机创建快照。

④ 支持提供开放的备份应用编程接口，兼容主流的第三方备份软件平台，或提供一体化的备份解决方案，在不依赖第三方备份软件的情况下，依靠平台自身备份及恢复。

（3）平台计算硬件设备可用性、可靠性、可管理性总体要求。

① 设备应支持本地维护管理和以远程网络管理形式进行操作、维护、管理、配置等工作。

② 设备应具备专用的远程控制网络端口，可不依赖操作系统对设备进行远程控制和管理。

③ 设备应确保在远程监视和控制时对资源的有效控制以及远程管理功能具有较高的优先级等功能。

④ 设备应能以脱机、在线两种方式进行相关的硬件系统及管理配置。

⑤ 设备应具有将设备中的数据传输至外部存储器备份的功能,当系统中断或必要时能重新装载使用。

⑥ 设备应提供图形和命令两种界面和接口，包括本地终端和远程维护中心等多种接口方式。

4. 平台层

提供工业互联网平台应用和服务的组织，应确保工业互联网平台层支持与生产设备、可编程逻辑控制器（PLC）系统、数字产品以及外部数据源等进行对接，技术实施质量要求包括但不限于以下方面。

（1）接入质量要求。

① 支持通过工厂内部网络与各种连接对象互联。

② 支持固定网、移动网、互联网和专网的接入。

③ 支持连接对象，特别是生产设备、自动化系统以及智能产品和边缘网关远程管理能力和更新能力。

④ 支持对接入对象进行身份识别认证，保障平台安全。

（2）数据采集质量要求。

① 支持工业以太网，实现对车间工业专用设备/控制系统的数据连接。

② 支持接口协议、实现车间外部的智能产品数据的采集。

③ 支持接入对象数据流量控制与总量控制，防止平台出现流量与存储压力风险。

④ 通信接口具备实现多工业通信协议兼容及扩展的能力。

（3）工业互联网平台层工业大数据系统质量要求。

① 工业大数据系统具备数据收集、数据清洗、数据处理、数据分析和数据可视化、数字孪生建设等功能。

② 工业大数据系统的数据点名命名应满足平台要求，数据点名命名包括约定标准的编码（对应一个精准定义的数据）、采用标准的点名解析标签等。

③ 制定数据质量管理机制，可对大数据系统数据质量状态进行实时监控，快速发现、定位问题并分析其影响范围，制定处置措施并实施。

（4）工业互联网平台层应用开发和工业微服务要求。

① 提供开发支撑环境、运营支撑环境等支撑功能，提供应用程序或微服务可配置参数的接口。

② 支持把技术、知识、经验等资源固化为可移植、可复用的工业知识图谱、工业微服务组件库供开发者调用。

③ 提供开发工具包，支持表单建模、报表建模、流程建模、服务建模和权限设计，提供云端在线开发平台、支持在线表单设计器、在线工作流设计、在线打印设计等功能。

（5）工业互联网平台层平台间调用服务要求。

① 支持外部或内部平台取数，调用特定设备、特定工艺的机制模型。

② 支持基于超文本传输协议（HTTP）、传输控制协议/互联网协议（TCP/IP）等协议实现统一入口，实现应用集成，支持平台的扩展业务对象编码发布开放应用程序接口（API），以支持各种跨平台的调用。

③ 支持工业 App 的跨平台迁移，并在相互授权的情况下工业 App 跨平台的互动。

（6）工业互联网平台层资源迁移服务要求。

① 支持通过主机迁移服务把服务器中的操作系统和系统配置（如安全加固、用户权限管理等配置）迁移至云服务中。

② 支持把源端服务器上所有数据迁移到云服务中，包括操作系统、应用及配置、文件。

③ 支持在中断业务的情况下，把源端单节点数据库服务器整机都迁移到云服务中，无须额外安装和配置数据库及迁移数据。

④ 支持在不中断业务情况下，自动同步源端数据库数据迁移到基于平台提供的云服务数据库。

5. 应用层

提供工业互联网平台应用和服务的组织,应确保工业互联网平台应用层的技术实施质量要求，包括但不限于如下内容。

（1）具备应用开发服务、工业互联网平台间调用服务以及新技术创新服务等能力。

（2）具备多类开发语言、开发框架和开发工具，提供通用建模分析算法，工业机制能够支撑数据模型及软件应用的快速开发。

（3）支持实现平台用户之间、企业内部和不同企业之间的信息共享、服务协同和优化创新。

任务五　质量问题的预防和处理

6.5.1　质量问题的分类

一、工程质量不合格

1. 质量不合格和质量缺陷

根据我国国家标准《质量管理体系-基础和术语》（GB/T 19000—2016）的定义，凡工程产品没有满足某个规定的要求，即为质量不合格；而与预期或规定用途有关的质量不合格，称为质量缺陷。质量不合格和质量缺陷会引发质量事故的发生。

2. 质量问题和质量事故

凡是工程质量不合格，影响使用功能或工程结构安全，造成永久质量缺陷或存在重大质量隐

患，甚至直接导致工程倒塌或人身伤亡，必须进行返修、加固或报废处理。由此造成直接经济损失低于 5 000 元的称为质量问题，由此造成直接经济损失在 5 000 元以上的是质量事故。

二、工程质量事故

根据住房和城乡建设部发布的《关于做好房屋建筑和市政基础设施工程质量事故报告和调查处理工作的通知》（建质〔2010〕111 号），工程质量事故是指由于建设、勘察、设计、施工、监理等单位违反工程质量有关法律法规和工程建设标准，使工程产生结构安全、重要使用功能等方面的质量缺陷，造成人身伤亡或者重大经济损失的事故。

工程质量事故具有成因复杂、后果严重、种类繁多、往往与安全事故共生的特点，建设工程质量事故的分类有多种方法，不同专业工程类别对工程质量事故的等级划分也不尽相同。

1. 按事故造成损失的程度分级

上述建质〔2010〕111 号文根据工程质量事故造成的人员伤亡或者直接经济损失，将工程质量事故分为 4 个等级。

（1）特别重大事故：指造成 30 人以上死亡，或者 100 人以上重伤，或者 1 亿元以上直接经济损失的事故。

（2）重大事故：指造成 10 人以上 30 人以下死亡，或者 50 人以上 100 人以下重伤，或者 5 000 万元以上 1 亿元以下直接经济损失的事故。

（3）较大事故：指造成 3 人以上 10 人以下死亡，或者 10 人以上 50 人以下重伤，或者 1 000 万元以上 5 000 万元以下直接经济损失的事故。

（4）一般事故：指造成 3 人以下死亡，或者 10 人以下重伤，或者 100 万元以上 1 000 万元以下直接经济损失的事故。

该等级划分所称的"以上"包括本数，所称的"以下"不包括本数。

2. 按事故责任分类

（1）指导责任事故：指工程实施指导或领导失误而造成的质量事故。例如，由于工程负责人片面追求施工进度，放松或不按质量标准进行控制和检验，降低施工质量标准等。

（2）操作责任事故：指在施工过程中，实际操作者不按规程和标准实施操作，而造成的质量事故。

（3）自然灾害事故：指突发的严重自然灾害等不可抗力造成的质量事故。例如，地震、台风、暴雨、雷电、洪水等对工程造成破坏甚至倒塌。这类事故虽然不是人为直接造成的，但灾害事故造成的损失程度也往往与人们是否在事前采取了有效的预防措施有关，相关责任人员也可能负有一定责任。

6.5.2 质量事故的预防措施

1. 严格按照基本建设程序办事

要做好项目可行性论证，不可未经深入的调查分析和严格论证就盲目拍板定案；要彻底搞清工程地质水文条件方可开工；杜绝无证设计、无图施工；禁止任意修改设计和不按图纸施工；工程竣工不进行试车运转、不经验收不得交付使用。

2. 进行必要的设计审查复核

要请具有合格专业资质的审图机构对施工图进行审查复核，防止因设计考虑不周、方案不合理、设计计算错误等，导致质量事故发生。

3. 严格把好材料及制品的质量关

要从采购订货、进场验收、质量复验、存储和使用等几个环节，严格控制材料及制品的质量，防止将不合格或变质、损坏的材料和制品用到工程上。

4. 强化从业人员管理

要加强从业人员职业教育，开展工人职业技能培训，使施工人员掌握基本的专业技术知识，懂得遵守施工验收规范对保证工程质量的重要性，从而在施工中自觉遵守操作规程，不蛮干，不违章操作，不偷工减料。

5. 依法进行施工组织管理

施工管理人员要认真学习、严格遵守国家相关法律法规和施工技术标准，依法进行施工组织管理。施工人员要熟悉图纸，对工程的难点和关键工序、关键部位应编制专项施工方案并严格执行；施工作业必须按照图纸和施工验收规范、操作规程进行；施工技术措施要正确，施工顺序不可搞错；要严格按照制度进行质量检查和验收。

6. 做好应对不利施工条件和各种灾害的预案

要根据当地气象资料的分析和预测，事先针对可能出现的风、雨雪、高温、严寒、雷电等不利施工条件，制定相应的施工技术措施；还要对不可预见的人为事故和严重自然灾害做好应急预案，并有相应的人力、物力储备。

7. 加强施工安全与环境管理

许多施工安全和环境事故都会连带发生质量事故，加强施工安全与环境管理，也是预防施工质量事故的重要措施。

6.5.3　质量问题的处理方法

一、质量缺陷的处理方法

1. 返修处理

当项目的某些部分的质量虽未达到规范、标准或设计规定的要求，存在一定的缺陷，但经过采取整修等措施后可以达到要求的质量标准，又不影响使用功能或外观的要求时，可采取返修处理的方法。当这些缺陷或损伤仅仅在结构的表面或局部，不影响其使用和外观，可进行返修处理。

2. 加固处理

加固处理主要是针对危及结构承载力的质量缺陷的处理。加固处理能使建筑结构恢复或提高承载力，重新满足结构安全性与可靠性的要求，使结构能继续使用或改作其他用途。

3. 返工处理

若工程质量缺陷经过返修、加固处理后仍不能满足规定的质量标准要求，或不具备补救可能性，则必须采取重新制作、重新施工的返工处理措施。

4. 限制使用

当工程质量缺陷按修补方法处理后无法保证达到规定的使用要求和安全要求，而又无法返工处理的情况下，不得已时可做出限制使用的决定。

5. 不做处理

某些工程质量问题虽然达不到规定的要求或标准，但其情况不严重，对结构安全或使用功能影响很小，经过分析、论证、法定检测单位鉴定和设计单位等认可后可不做专门处理。一般可不做专门处理的情况有以下几种。

（1）不影响结构安全和使用功能的。

（2）后道工序可以弥补质量缺陷的。

（3）法定检测单位鉴定合格的。

（4）出现的质量缺陷，经检测鉴定达不到设计要求，但经原设计单位核算，仍能满足结构安全和使用功能的。

6. 报废处理

出现质量事故的项目，经过分析或检测，采取上述处理方法后仍不能满足规定的质量要求或标准，则必须予以报废处理。

二、质量事故

1. 施工质量事故处理的依据

（1）质量事故的实况资料。

质量事故的实况资料包括质量事故发生的时间、地点，质量事故状况的描述，质量事故发展变化的情况，有关质量事故的观测记录、事故现场状态的照片或录像，事故调查组调查研究所获得的第一手资料。

（2）有关合同及合同文件。

有关合同及合同文件包括工程承包合同、设计委托合同、设备与器材购销合同、监理合同及分包合同等。

（3）有关的技术文件和档案。

有关的技术文件和档案主要指有关的设计文件（如施工图纸和技术说明），与施工有关的技术文件、档案和资料（如施工方案、施工计划、施工记录、施工日志、有关建筑材料的质量证明资料、现场制备材料的质量证明资料、质量事故发生后对事故状况的观测记录、试验记录或试验报告等）。

（4）相关的建设法规。

相关的建设法规主要有《建设工程质量管理条例》《建设工程安全生产管理条例》《关于做好房屋建筑和市政基础设施工程质量事故报告和调查处理工作的通知》（建质〔2010〕111 号）等与工程质量及质量事故处理有关的法规，勘察、设计、施工、监理等单位资质管理和从业者资格管理方面的法规，以及相关技术标准、规范、规程和管理办法等。

2. 施工质量事故报告和调查处理程序

施工质量事故报告和调查处理的一般程序如图 6.5.1 所示。

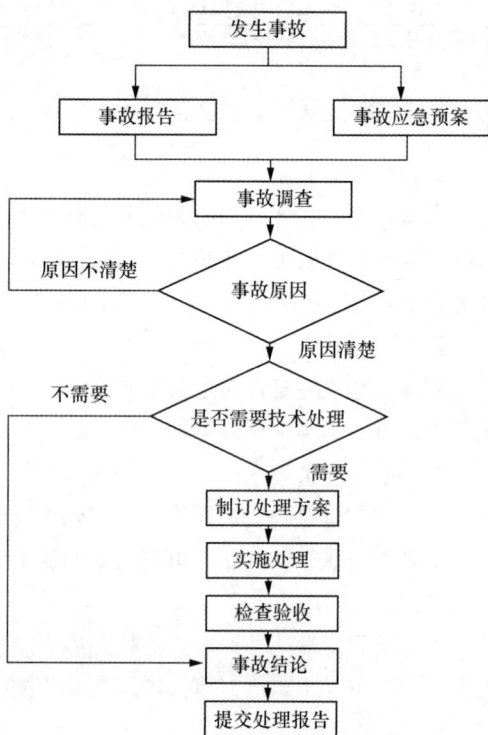

图 6.5.1 施工质量事故报告和调查处理的一般程序

建设工程发生质量事故，有关单位应当在 24 小时内向当地建设行政主管部门和其他有关部门报告。对重大质量事故，事故发生地的建设行政主管部门和其他有关部门应当按照事故类别和等级向当地人民政府和上级建设行政主管部门和其他有关部门报告。如果同时发生安全事故，施工单位应当立即启动生产安全事故应急救援预案，组织抢救遇险人员，采取必要措施，防止事故危害扩大和次生、衍生灾害发生。情况紧急时，事故现场有关人员可直接向事故发生地县级以上政府主管部门报告。

事故报告应包括下列内容。

（1）事故发生的时间、地点、工程项目名称、工程各参建单位名称。

（2）事故发生的简要经过、伤亡人数和初步估计的直接经济损失。

（3）事故原因的初步判断。

（4）事故发生后采取的措施及事故控制情况。

（5）事故报告单位、联系人及联系方式。

（6）其他应当报告的情况。

3．施工质量事故处理的基本要求

（1）质量事故的处理应达到安全可靠、不留隐患、满足生产和使用要求、施工方便、经济合理的目的。

（2）消除造成事故的原因，注意综合治理，防止事故再次发生。

（3）正确确定技术处理的范围、时间和方法。

（4）切实做好事故处理的检查验收工作，认真落实防范措施，确保事故处理期间的安全。

【实训演练】

项目案例——数字化工厂为食品行业提质、扩量、增效

一、项目背景

M 公司是一家行业领先的乳制品供应商。当前，工业数字化是企业面临内外部压力与竞争，寻求转型升级的重要选择。乳制品行业也面临成本攀升、一体化协同效率低、市场两极化竞争激烈等问题。面对时代发展与企业自身转型升级需求，M 公司将"双智"纳入公司发展战略，启动"智慧供应链+智能制造"建设。

二、项目目标

在现有局部自动化和智能化的基础上，打破信息孤岛，实现管理业务横向互联，制造业务纵向集成，数据信息上下互通，通过建设现代化乳制品智能工厂，实现生产过程透明化、质量管控数字化、成本控制精细化管理，打造乳制品行业数字化新模式工厂，进而推动行业的整体建设。

具体目标如下。

（1）质量管理智能化：质量控制自动化、管理数字化、一键式质量追溯。

（2）生产管控智能化：生产数据自动采集、实时监控，有效挖掘改进点。

（3）安全管理智能化：建设安全管理云平台，形成软硬件—体化的安全管理模式。

（4）生产效率提升、成本降低、不良品率降低。

三、项目实施

以数字化工厂为核心，大数据以互联互通为基础，将订单需求与物料供应、生产制造、仓储物流、市场分销有机整合，形成供应链管理数据生态圈，实现有效食品安全治理。采用先进的物联网、大数据、人工智能等技术，对生产执行做到状态感知、实时分析、自动决策、精准执行，让生产更高效、质量更安全、过程更可靠、成本更精准、管理更便捷，从而实现透明化生产、数据化管理、一键化追溯的数字化工厂。

数字化工厂解决方案总体分为四个层面：一是建立智能工厂数据标准体系与运营体系；二是设备数据采集，实现设备数据采集标准化、平台化；三是打造数据平台与工厂大脑，充分融合设备数据采集数据、生产过程数据、外部信息系统数据，打破信息孤岛，构建乳制品行业知识图谱；四是实现工厂智能辅助决策，利用大数据分析技术，支撑生产效率提升，进行设备综合产能分析和工厂关键绩效指标分析等。数字化工厂平台架构如图 6.6.1 所示。

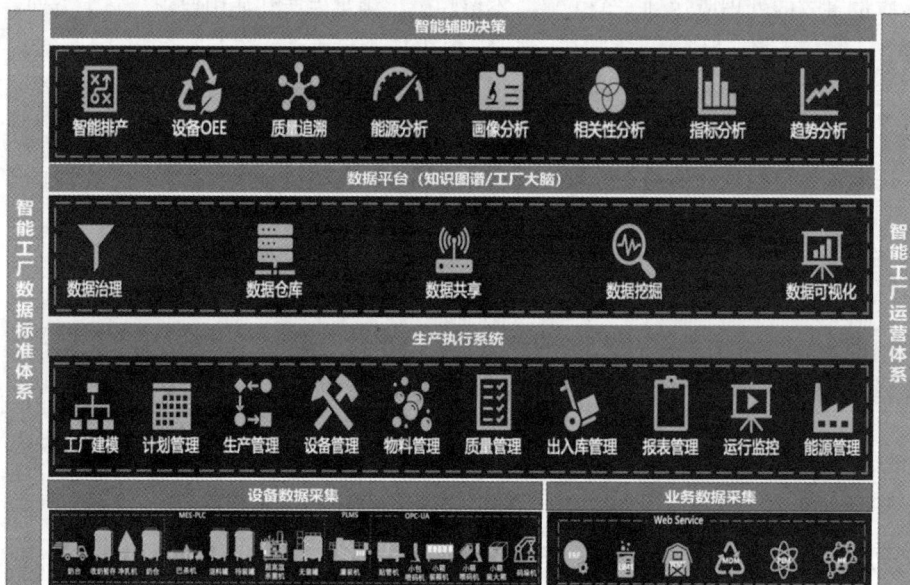

图 6.6.1　数字化工厂平台架构

四、项目实现功能

1. 数据采集与系统集成

通过对设备数据的实时采集和系统集成，打通各个生产相关系统，实现数据链条贯通，质量管控数据化。例如，通过 MES 与化验室信息管理系统（Laboratory Information Management System，LIMS）以及工厂地磅与设备的对接，实现奶车从进厂到出厂的全过程管理。

2. 生产过程可视化与管理精益化

实现生产指标动态可视化监控，通过获取生产实时信息及制约信息，提升生产效率，为降本增效提供有效支撑；对生产订单、原辅料耗用、质检等信息进行动态收集与应用，辅助生产业务协同效率提升、挖掘生产过程改善点。

3. 全产业链协同与质量追溯

通过对全产业链管理实现原辅料验收、生产过程管理、成品储运的信息标识和全程网状信息追溯。例如，对生奶、原辅料、转序样品、成品等检验结果进行自动化采集，并将检验信息数字化、标准化，满足追溯管理需求。系统将追溯时间从一次 2 小时提升到 10 秒钟。乳制品质量信息收集与追溯如图 6.6.2 所示。

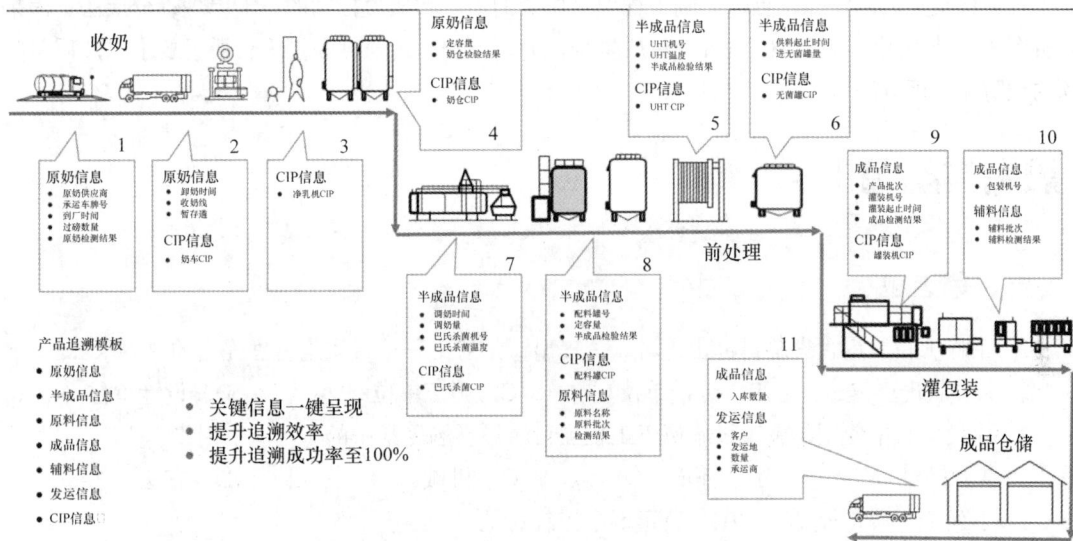

图 6.6.2　乳制品质量信息收集与追溯

4. 实现场景智能化管理

在设备管理场景中，具备设备台账、设备监控、设备维护、备品备件管理等功能。

在生产执行单位管理场景中，具备原辅料管理、计划排产、生产执行与监控、生产防错管理，以及生产统计分析等功能。

在库存管理场景中，具备物料识别、出入库管理、库存管理等功能。

在质量管理场景中，具备质量控制、监控、追溯、统计分析等功能。质量管理应用场景如图 6.6.3 所示。

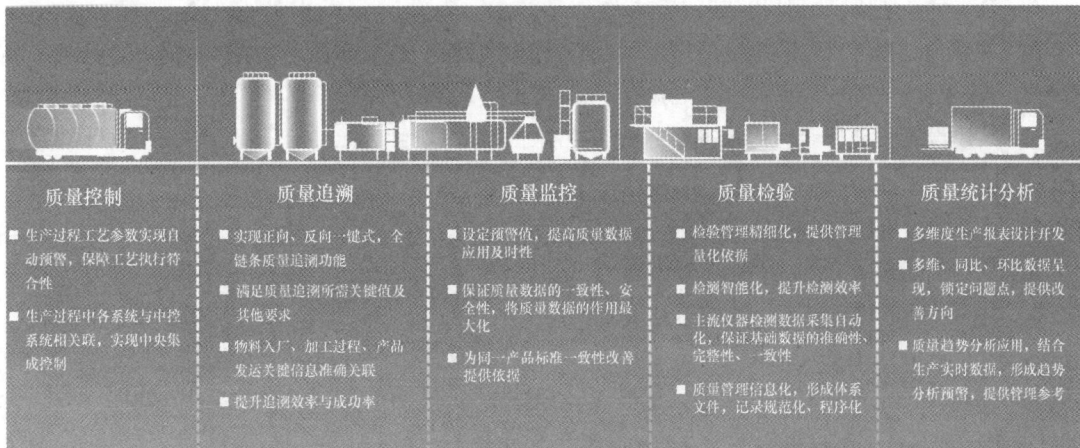

图 6.6.3　质量管理应用场景

【模块小结】

质量管理贯穿于工程项目建设的各个阶段。通过严格的质量管理，项目在各个环节都符合标准规范和质量要求，能够大大减少项目中的错误和缺陷，确保项目目标的实现。本模块主要介绍了工程项目质量的内涵和特点，影响工程项目质量的因素和质量控制的三大原理；分层法、因果分析图法、排列图法、直方图法等项目质量统计分析方法；工业互联网平台质量要求以及质量问题的预防和处理方法。

【思考与练习】

一、单选题

1. 工程项目质量管理总目标由（　　）提出，是对工程项目质量管理提出的总要求。
   A. 监理单位　　　　B. 建设单位　　　　C. 施工单位　　　　D. 设计单位

2. 建设工程中使用的施工设施属于工程项目质量影响因素中的（　　）因素。
   A. 材料　　　　　　B. 环境　　　　　　C. 机械　　　　　　D. 方法

3. 下列施工质量控制活动中，属于事中控制的是（　　）。
   A. 设置质量管理　　　　　　　　B. 质量活动结果评价
   C. 工序质量检查　　　　　　　　D. 编制施工质量计划

4. 下列行为属于事后控制的是（　　）。
   A. 对质量活动结果的认定　　　　B. 监理单位对质量结果的监督
   C. 为施工过程制定有效的控制措施　　D. 编制施工质量计划

5. 质量管理的 PDCA 循环中，D 阶段的职能是（　　）。
   A. 将质量目标值通过投入产出活动转化为实际值
   B. 对质量检查中的问题或不合格及时采取措施纠正
   C. 确定质量目标和制订实现质量目标的行动方案
   D. 对计划执行情况和结果进行检查

6. 在建设工程项目质量的形成过程中，应在建设项目的（　　）阶段完成质量需求的识别。
   A. 设计　　　　　　B. 竣工验收　　　　C. 决策　　　　　　D. 施工

7. 某建设工程项目经理部根据目标动态控制原理，将项目目标进行分解。那么在项目目标实施过程中首先应进行的工作是（　　）。
   A. 确定目标控制的计划值
   B. 分析比较结果，采取纠偏措施
   C. 定期比较目标计划值与实际值
   D. 收集目标的实际值

8. 工程施工质量事故的处理方法包括：①事故调查；②事故原因分析；③事故处理；④事故处理的鉴定验收；⑤制订事故处理方案。正确的程序是（　　）。
   A. ①—②—⑤—③—④　　　　　　B. ①—②—③—④—⑤

C. ②—①—③—④—⑤　　　　　　　　D. ①—②—⑤—④—③

9. 在领取施工许可证或开工报告前，应按照国家有关规定办理工程质量监督手续的是（　　　）。

A. 设计单位　　　　B. 业主单位　　　　C. 施工单位　　　　D. 监理单位

10. 下列直方图中，表明施工生产过程处于正常、稳定状态的是（　　　）。

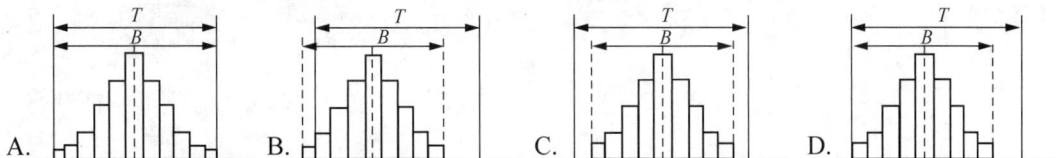

11. 某智能化集成系统在设备安装过程中，发现线缆走线出现不合格，施工项目部采用逐层深入排查的方法分析确定其不合格的主要原因，这种工程项目质量统计分析方法是（　　　）。

A. 排列图法　　　　B. 控制图法　　　　C. 因果分析图法　　　　D. 直方图法

12. 利用直方图分布位置判断生产过程的质量状况和能力，如果实际质量数据的分布宽度边界达到质量标准的上、下界限，说明生产过程的质量能力（　　　）。

A. 偏小，需要整改　　　　　　　　B. 适中，符合要求

C. 处于临界状态，易出现不合格　　　　D. 偏大，不经济

二、多选题

1. 关于因果分析图法应用的说法，正确的有（　　　）。

A. 一张分析图可以解决多个质量问题

B. 常采用 QC 小组活动的方式

C. 因果分析图法专业性很强，QC 小组以外的人员不能参加

D. 通过因果分析图可以了解统计数据的分布特征

E. 分析时要充分发表意见，层层深入，列出所有可能的原因

2. 对某模板工程进行抽样检查，发现其在表面平整度、截面尺寸、平面水平度、垂直度和标高等方面存在质量问题。按照排列图法进行统计分析，上述质量问题累计频率依次为 41%、79%、89%、98% 和 100%，需要进行重点管理的 A 类问题有（　　　）。

A. 平面水平度　　　　　　B. 垂直度　　　　　　C. 标高

D. 表面平整度　　　　　　E. 截面尺寸

3. 在质量管理的工具和方法中，直方图一般用来（　　　）。

A. 找出影响质量问题的主要因素

B. 分析生产过程质量是否处于稳定状态

C. 分析生产过程质量是否处于正常状态

D. 整理统计数据，了解统计数据的分布特征

E. 分析质量水平是否保持在公差允许的范围内

4. 建设工程施工质量的事后控制是指（　　　）。

A. 质量活动结果的评价和认定　　　　B. 质量活动的行为约束

C. 已完施工的成品保护　　　　　　　D. 质量活动的检查和监控

E. 质量偏差的纠正

模块七

工业互联网项目风险管理

【情境导入】

工业互联网打破了过去人机物之间、工厂与工厂之间、企业上下游之间彼此相对独立、纯物理隔离的状态，构建起开放而全球化的工业网络。互联网为工业带来便利之时，也带来了严峻的风险问题。工业互联网工程项目建设具有一次性、复杂性的特点，在建设过程中，工程受环境影响大，存在众多变数，不确定性大。工业互联网工程项目的这些特性使得其在项目建设阶段存在着各种各样的风险，如果不能很好地管理这些风险，就会造成项目的损失，甚至导致项目失败，所以开展风险管理是非常有必要的。

【学习目标】

- 了解工程项目风险相关的概念。
- 理解工程项目风险的特征和分类。
- 掌握工程项目风险管理的三环节。

【能力目标】

- 能够解释工程项目风险的特征。
- 能够区分工程项目风险的类别。
- 能够运用头脑风暴法等多种方法初步识别工程项目风险。
- 能够使用风险概率影响矩阵对风险进行评价。

【素质目标】

- 培养项目全阶段风险管理的意识和思维。
- 培养发现问题和分析问题的能力，能够初步识别、评价和应对工程项目风险。

【知识链接】

任务一　工程项目风险概述

7.1.1　风险概述

一、风险的定义

在日常生活中，人们对风险并不陌生，如个人存在疾病风险、意外事故风险、失业风险等，企业面临战略风险、财务风险、市场风险、运营风险、法律风险等。

风险是指某种行为的未来结果的不确定性。在实践中，往往更强调不确定性带来的不利后果，即行为主体遭受损失的可能性和损失的大小。

二、与风险定义相关的概念

为有效把握和理解风险的定义，需要明确不确定性、风险因素、风险事件、损失、风险成本等概念和风险作用链条，如图 7.1.1 所示。

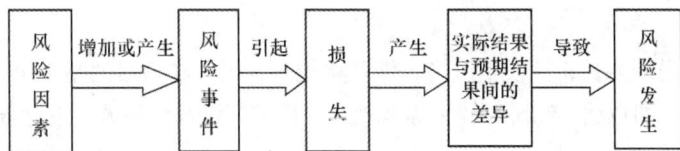

图 7.1.1　风险作用链条

1. 不确定性

将来的活动往往有多种后果，各种后果出现的可能性也不一样，而人们事先并不能确切知道会产生什么样的后果，这便是不确定性。

2. 风险因素

风险因素亦即风险条件。风险因素是风险事件发生的潜在原因，是造成损失的内在或间接原因。例如，对工程项目来说，不合格的材料、存在漏洞的合同条件、松散的管理、不完整的设计文件、建材市场的价格变化等都是风险因素。风险因素包括实质风险因素（有形因素）、道德风险因素（如不诚实或不良企图）和心理风险因素（如疏忽）。

3. 风险事件

风险事件亦即风险事故。风险事件是指直接导致损失发生的偶发事件，并可能引起经济损失或人身的伤亡。

4. 损失

损失强调人们活动的不利后果，是活动实际结果与预期结果之间的差异（负偏离），是指非故意的、非计划的、非预期的经济价值的减少，通常以货币来衡量损失。

5. 风险成本

风险成本是指风险造成的损失或减少的收益以及为预防发生风险事件采取预防措施而支付的费用。风险成本包括有形成本、无形成本以及预防与控制风险的费用。

7.1.2 工程项目风险的特征

工程项目风险管理是一种主动的控制手段。

工程项目管理主体包括建设单位、设计单位、监理单位、承包单位、供应单位等项目参与主体。对不同的管理主体而言，同一个工程项目风险的表现和内容有所不同，但都具有相同的风险特征。

这些相同的风险特征表现为随机性、多样性、高度关联性、全局性，这是由工程项目的一次性及其工程实施的特点决定的。

1. 随机性

风险事件的发生是不确定的，是随机的，原因在于项目外部环境的千变万化以及项目本身具有复杂性，人们对未来变化的预测能力有限。风险事件是否发生、何时发生、会造成什么样的后果是不确定的，但风险事件的发生概率和产生后果会遵循一定的统计规律，具有随机性，可以预测。例如，虽然在一次随机试验中某个事件的发生具有偶然性，但那些可在相同条件下大量重复的随机试验往往呈现出明显的数量规律。概率论就是研究随机现象数量规律的一门数学分支学科。

2. 多样性

工程项目建设周期长，涉及范围广，涉及单位多，因此在项目的整个生命周期中，存在各种各样的风险因素，如自然、经济、技术等客观风险因素，以及建设方、设计方、监理方、承包方、供应方等各参与方的人为风险因素。

3. 高度关联性

风险事件的发生往往是多种风险因素共同作用的结果。同时，一个风险事件的发生又会导致其他风险事件的发生。从项目决策、勘察设计、招标投标、施工到竣工验收等项目建设程序，具体到项目各个阶段、各项工作环节之间的关联性极高，因此，工程项目的各种风险呈现高度的关联性。

4. 全局性

工程项目风险的影响常常不是局部的、某一段时间或某一个方面的，而是全局性的，如反常的气候条件造成工程的停滞，会影响整个工程项目的后期工作。

因此，工程项目风险管理应贯穿于项目生命周期内的各个阶段。由于项目早期阶段的不确定性最大，各阶段前期的不确定性也比该阶段中后期的不确定性大，因此，对不同的管理主体来说，工程项目风险管理应从介入工程项目开始，并且开展得越早越好。

7.1.3　工程项目风险的分类

根据不同的划分标准，工程项目风险有不同的分类方式：按风险发生原因划分、按项目管理的目标划分、按管理主体划分、按建设阶段划分等。通过分类，管理者可以针对不同的风险采取不同的管理方法，从而有效地防范工程项目风险。

按照风险发生的原因划分，工程项目风险可分成以下几类。

（1）技术风险。

技术风险是指技术性因素使工程项目偏离预期目标的风险。常见的技术风险因素有：设计文件存在缺陷、错误或漏洞，设计规范运用不合适，设计文件施工可操作性弱；施工工艺落后，施工技术方案不合理，施工安全措施不当，应用施工新技术失败；材料质量不符合要求，材料使用方法不当；工艺技术未达到先进指标，工艺流程不合理，未考虑操作安全性能，生产工艺设备安装不当，工程试生产不合格等。

（2）自然风险。

自然风险是指地理位置、气候、地质等自然因素使工程项目偏离预期目标的风险。例如，工程项目实施过程中遇到地震、台风、暴雨、雷电、冰冻等，出现泥石流、流沙等；建设过程对地形、地貌、森林、植被、社会环境、名胜古迹、自然保护区等产生破坏。

（3）基础设施风险。

基础设施风险是指交通运输、通信、能源动力、给水排水、防灾环保等基础设施落后或不完善使工程项目偏离预期目标的风险。

（4）政治风险。

政治风险是指政局不稳定、政策不连续、政府信用和廉洁程度低等政治因素使工程项目遭受经济损失和引发人身伤亡的风险。

（5）政策风险。

政策风险是指法律不完备、政策误读、政策发生重大变化等因素使工程项目偏离预期目标的风险。

（6）社会文化风险。

社会文化风险是指社会秩序、人口分布、国际交往、价值观念、宗教信仰、风俗习惯等因素使工程项目偏离预期目标的风险。

（7）经济风险。

经济风险是指社会消费需求、收入水平、通货膨胀、市场环境、金融环境等经济因素使工程项目偏离预期目标的风险，如工程承包市场、材料供应市场、劳动力市场等发生变化，导致工程项目投资大幅增加。

（8）管理风险。

管理风险是指工程项目参与各方的个人或组织因素使工程项目偏离预期目标的风险，如工程项目参与各方之间沟通协调不力、承包单位履约不力、资金筹措不合理、材料供应不及时等，导致工期拖延、造价上升、工程质量不达标、人身伤亡等后果。

按照项目管理的目标划分，工程项目风险可分成质量风险、进度风险、费用风险、安全风险等。

（1）质量风险。

质量风险包括人员资格资质问题，材料质量问题，项目实施方案不合理、施工工艺不符合标准规范，造成修复返工、功能缺陷等。

（2）进度风险。

进度风险包括阶段成果交付滞后、分包商交付成果滞后、合作伙伴团队不稳定导致衔接不畅、总工期滞后等。

（3）费用风险。

费用风险包括工程建设总投资超出计划总投资、项目投入运营后收益不如预期、承包商项目成本过大等。对于财政拨款项目，工程建设总投资不能超过批复的投资费用，若出现可能超支情况，往往通过缩小工程建设规模来控制总投资。

（4）安全风险。

安全风险包括安全风险数据不完整且更新不及时、信息数据集中汇总后存在泄露隐患、系统平台不稳定、财产安全损失、人身伤亡、第三者责任等。

任务二 工程项目风险管理的三环节

工程项目风险管理的三环节指风险识别、风险评价、风险对策及监控。

7.2.1 风险识别

风险识别包括确定风险的来源、风险产生的条件，描述风险特征和确定哪些风险事件有可能影响项目。风险识别不是一次就可以完成的，应当在项目的全过程中定期进行。

一、风险识别的成果

风险管理建立在风险识别的基础上。风险识别的成果是工程项目风险清单。工程项目风险清单示例如表 7.2.1 所示。

表 7.2.1　工程项目风险清单示例

序号	维度	危险源/风险事件	可能后果	管控主体
1	进度	需求变更频繁，导致项目计划调整	拖延工期	本团队
2	进度	复杂的技术调研选型时间长	拖延工期	本团队
3	进度	变更管理不能及时跟踪记录，导致未能及时进行开发和测试	拖延工期	本团队
4	进度	跨团队协调资源，沟通链路过多	拖延工期	本团队
5	进度	测试环境问题影响测试进度	拖延工期	本团队
6	进度	与其他系统或不受本项目组控制的系统相连，调研不充分导致出现无法预料的设计和测试工作	拖延工期	本团队
7	质量	开发自测不充分	经济损失	本团队
8	质量	同类型项目的开发经验不足	返工处理	本团队
9	质量	项目的分包商提交的成果质量不符合要求	返工处理	分包商

　　表 7.2.1 中的风险事件是如何罗列出来的呢？有多种科学的风险识别方法，可以灵活采用。

二、风险识别的方法

1. 头脑风暴法

头脑风暴法是指组织有关方面的专家和项目管理人员开会讨论，对工程项目尚未发生的潜在风险和客观存在的各种风险进行全面识别，与会人员各抒己见，充分发表意见，集思广益，从而建立初始的工程项目风险清单的方法。头脑风暴法可以激发灵感，让人产生创造性思维。

2. 访谈法

通过访问有经验的项目参与者、有关当事人或相关专家对工程项目风险进行识别。访谈者要事先设计好访谈提纲，在访谈过程中注意记录关键要点，从而保证访谈的有效性。

3. 德尔菲法

德尔菲法是指在互不联系的情况下，各专家用书面形式独立分析项目所有可能的风险类别、风险发生的可能性和风险后果，通过多轮次的问卷反馈并修订，建立最终的工程项目风险清单的方法。德尔菲法具有匿名性、反馈性、收敛性等优点。

4. 初始清单法

可利用类似项目的风险清单，以此为基础，风险管理人员结合本工程项目所面临的潜在损失对风险清单中的风险予以确认或排除，从而建立本工程项目的风险清单。采用初始风险清单法识别项目风险，可以克服相关人员风险管理经验积累不足的缺陷，降低风险识别的主观性和随意性。

5. 经验数据法

经验数据法也称为统计资料法，即根据各类已建工程项目与风险有关的统计资料来识别本工程项目的风险。不同工程项目的风险一定会存在差异，但是风险本身是客观事实，有客观规律性，当经验数据或统计资料足够多时，这种差异性就会大大减弱。

6. 流程图法

流程图法依据由若干个模块组成的流程图，在每个模块中标识各种潜在的风险因素或风险事件，从而给决策者一个清晰的总体印象。

三、风险识别的原则

1. 由粗及细，由细及粗

由粗及细是指对风险因素进行全面分析，并通过多种途径对工程项目风险进行分解，逐渐细化，从而得到工程项目初始风险清单。

由细及粗是指从工程项目初始风险清单的众多风险中，根据同类工程项目的经验以及对拟建工程项目具体情况的分析和风险调查，确定对工程项目目标实现有较大影响的工程风险，作为风险评价以及风险对策决策的主要对象。

2. 严格界定风险的内涵并考虑风险因素之间的关系

对各种风险的内涵严格加以界定，不要出现重复和交叉现象。另外，还要尽可能考虑各种风险因素之间的关系，如主次关系、因果关系、互斥关系、正相关关系、负相关关系等。

3. 先怀疑，后排除

对所遇到的问题都要考虑其是否存在不确定性，不要轻易否定或排除某些风险，要通过认真的分析进行确认或排除。

4. 排除与确认并重

对肯定可以排除和肯定可以确认的风险应尽早予以排除和确认。对一时既不能排除又不能确认的风险再做进一步的分析，予以排除或确认。最后，对于肯定不能排除但又不能肯定予以确认的风险按确认考虑。

7.2.2　风险评价

风险评价是在风险识别的基础上，利用相关风险估计方法，对项目风险发生的概率（风险发生的可能性）和风险对项目造成的影响（后果）进行定性和定量估计的过程。

风险评价的目的在于对风险进行排序，评估和比较项目各种风险的大小，明确需要重点关注的风险，从而为风险对策的选择和风险计划制订提供依据。

一、评估风险发生的概率

风险发生概率（简称"风险概率"）的评估有两种方法，即客观概率法和主观概率法。

客观概率法是根据历史统计数据或通过大量试验来推定风险发生的概率。客观概率法需要足够的信息，只适用于完全可重复事件。

主观概率法是基于个人经验、知识、类似项目比较等对风险发生概率进行评估，适用于有效统计数据不足或不可能进行重复试验的情况。

根据风险发生概率的大小，风险发生概率可分为五个等级，如表 7.2.2 所示。

表 7.2.2　风险发生概率等级

概率等级（定性）	概率大小（定量）	发生可能性	符号表示
很低	0~20%	非常不可能	N
较低	21%~40%	不可能	L
中等	41%~60%	可能	M
较高	61%~80%	可能性较大	H
很高	81%~100%	非常有可能	S

二、评估风险的后果

风险后果是风险对工程项目的影响，是指工程项目风险一旦发生，对项目质量、工期、费用、功能和使用效果等项目目标的影响，通常用风险损失来衡量。例如，工程项目质量控制方面的风险损失有修复返工费用、永久缺陷损失对使用的损失、第三者责任的损失等，进度控制方面的风险损失有货币时间价值、赶工额外费用、延期投入损失等，投资控制方面的风险损失有实际投资超出计划投资部分，安全控制方面的风险损

失有人身伤亡的医疗费和补偿费、财产损失、第三者责任损失等。

通常可采用头脑风暴法或专家预测的方式，对每个风险对项目目标的影响进行评估。根据风险发生后对项目的影响大小，风险后果可划分为五个影响等级，如表 7.2.3 所示，这是定性分析方法。

表 7.2.3　风险发生对项目目标的影响等级

影响等级	风险发生对项目目标的影响	符号表示
可忽略	对局部目标的影响可忽略，不影响整体目标	N
较小	局部目标受影响，不影响整体目标	L
中等	对项目目标造成中度影响，实现部分项目目标	M
较大	整个项目目标值严重下降	H
严重	整个项目失败	S

表 7.2.3 对风险大小做出了定性分析，通常情况下需进行定量分析，如表 7.2.4 所示。

表 7.2.4　工程项目风险量化评估示例

序号	维度	危险源/风险事件	可能后果	管控主体	概率 0.1~10	后果严重程度 1~100	总分
1	进度	需求变更频繁	拖延工期	本团队	5	10	50
2	进度	复杂的技术调研选型时间长	拖延工期	本团队	0.5	15	7.5
3	进度	变更管理未能及时跟踪记录	拖延工期	本团队	1	25	25
4	进度	跨团队协调资源，沟通链路过多	拖延工期	本团队	3	5	15
5	进度	测试环境问题影响测试进度	拖延工期	本团队	0.5	5	2.5
6	进度	与其他系统或不受本项目组控制的系统相连，调研不充分导致出现无法预料的设计和测试工作	拖延工期	本团队	3	50	150
7	质量	开发自测不充分	经济损失	本团队	1	30	30
8	质量	同类型项目的开发经验不足	返工处理	本团队	2	10	20
9	质量	项目的分包商提交的成果质量不符合要求	返工处理	分包商	3	30	90

基于表 7.2.4，可根据总分（风险值）对风险进行排序。表中，风险值排前三的风险分别是"与其他系统或不受本项目组控制的系统相连，调研不充分导致出现无法预料的设计和测试工作""项目的分包商提交的成果质量不符合要求""需求变更频繁"。这三项风险的风险值分别是 150 分、90 分、50 分，必须对其采取积极有效的防范措施。这类似于 ABC 分类法，即对重点问题重点关注。

三、风险概率影响矩阵

风险大小是风险发生概率和风险后果（影响）的函数。

综合上述对风险发生概率和风险后果的评估，可以绘制风险概率影响矩阵，如图 7.2.1 所示。风险概率影响矩阵以风险发生概率为横坐标，以风险发生后对项目的影响为纵坐标，能够直观地表示风险的大小。

风险概率影响矩阵

风险概率影响矩阵将风险分为五个等级：N 区域代表微小风险，风险可以忽略；L 区域代表较小风险，不影响项目的可行性；M 区域代表中等风险，一般不影响项目的可行性，但应采取一定的防范措施；H 区域代表较大风险，必须采取一定的防范措施；S 区域代表严重风险，需要采取积极有效的防范措施或放弃项目。

运用风险概率影响矩阵，目的是对众多的项目风险进行排序，突出需要给予重点关注的风险和近期需要采取应对措施的风险。根据风险概率影响矩阵，集中处理重要的风险，以获得更好的项目成果。

风险发生后对项目的影响 ↑

	很低	较低	中等	较高	很高
严重	M	H	H	S	S
较大	L	M	H	H	S
中等	L	L	M	H	H
较小	N	L	L	M	H
可忽略	N	N	L	M	M

风险发生概率

图 7.2.1　风险概率影响矩阵

7.2.3　风险对策及监控

一、风险对策

风险对策的本质是降低潜在风险事件发生的可能性，风险事件发生后则尽量减少对项目的不利影响。在完成项目的风险识别、评价后，应综合考虑项目所面临的风险性质、风险大小、项目的管理目标、项目参与主体的风险承受水平和风险管理能力等因素，选择合适的风险对策，如风险回避、风险控制、风险自留、风险转移等。

1. 风险回避

风险回避就是以一定的方式中断风险源，使其不发生或不再发展，从而避免可能产生的潜在损失。回避风险的同时失去了从风险中获益的可能性。风险回避适用于风险量大的风险事件，是一种消极的风险处理方式。

2. 风险控制

风险控制不是放弃风险，而是制订计划和采取措施降低损失的可能性或者减少风险带来的损失，也就是降低风险量的大小。风险控制包括事前控制、事中控制和事后控制。事前控制的目的是降低风险发生的概率，事中和事后控制的目的主要是减少风险产生对项目的影响。例如，项目工期滞后时，可调整工序顺序或增加资源进行赶工。

3. 风险自留

风险自留既不改变工程项目风险的发生概率，也不改变工程项目风险发生后对项目的影响。当处理风险的成本大于承担风险所付出的代价，或者预计某一风险发生可能造成的最大损失可以安全承担，可采取风险自留的策略。风险自留适用于风险量小的风险事件。

4. 风险转移

风险转移就是通过合同或非合同的方式将风险转嫁给他人的一种风险处理方式，适用于风险量大或中等的风险事件。风险转移分为非保险转移和保险转移两种形式。

非保险转移是指通过订立经济合同，将风险以及与风险有关的财务结果转移给他人。常见的非保险转移有以下三种：业主合法将合同责任和风险转移给对方当事人；承包商将非主体工程分包；第三方担保。

保险转移是业主或承包商通过订立保险合同，作为投保人将本应由自己承担的工程项目风险转移给保险公司。

表 7.2.5 是某承包单位风险对策及措施示例。

表 7.2.5　风险对策及措施示例

序号	风险事件	风险对策	控制措施
1	通货膨胀	风险转移	与建设单位签订固定总价合同
2	分包单位技术管理水平低	风险回避	出现问题按照合同向分包单位索赔
3	分包单位违约	风险转移	要求分包单位提供第三方担保或提供履约保函
4	建设单位购买的昂贵设备运输过程中的意外事故	风险转移	购买相关保险
5	第三方责任	风险自留	预留备用资金

二、风险监控

风险监控是对风险的实时连续监视与控制，跟踪已识别的风险，监测残余风险的变化，识别新的风险，监控潜在风险的发展。其目的是保证风险计划的执行，核查风险处置措施的实际效果，并及时获取反馈信息，对风险管理计划及时调整和持续改进。

根据风险评价清单，从工程项目所有风险中挑出最严重的几个，列入监视范围，定期进行检查，制订风险应对计划，说明应对策略的实施效果。表 7.2.6 是项目风险监控示例。

表 7.2.6　项目风险监控示例

风险	当月优先序号	上月优先序号	风险类别	风险策略
进度拖延	1	3	进度	风险控制
要求变更	3	4	进度	风险控制
功能未达要求	2	2	质量	风险控制
费用超出预算	4	1	费用	风险控制
人员无经验	5	8	质量	风险自留

【实训演练】

项目案例1——项目失败的分析

一、案例背景

A 公司为某运营商建设一个工业互联网业务平台，该平台为制造企业提供与设备管理、能耗优化、质量提升相关的大数据分析等专业服务。A公司与运营商采用合作分成的方式，所有投资由A公司负担。工业互联网业务平台投入商业应用之后，运营商从所收取的收入中按照一定的比例跟A公司合作分成。

同一时间，另有C公司并行建设业务平台，设备及技术均独立，也就是说同时有两个平台提供同一种服务，两个平台分别负责不同类型的用户。

但是整个项目进行10个月，并经历了1个月试用期之后，准备正式投入商业应用的第一天，运营商在没有任何通知的情况下，将该工业互联网业务平台上所有的用户转到了A公司竞争对手C公司的平台上，也就是停止使用A公司的业务平台。

整个项目A公司投资超过200万元，包括软硬件及各种集成、差旅费用等。现在A公司整个项目停滞，运营商口头承诺还会履行合同，按照原来的分成比例给A公司分成。但是A公司无法得知每个月的使用情况、用户数量，所以根本无法知道自己究竟应该拿到多少分成。所以，运营商的口头承诺如同鸡肋。

得知情况后，项目经理王刚无可奈何。

【问题1】

请描述该项目存在的主要问题和原因。

【问题2】

发生这样的事情，项目经理有没有责任？如果有责任，那么具体有哪些责任？

【问题3】

如果你是王经理，你觉得应如何避免这样的事情发生？

二、案例分析及解答

【问题1】

从本案例的商业模式来看，A公司与运营商都是投资方，运营商投入的是品牌和渠道，A公司投入的是技术和资金。商业模式本身没有问题。

首先，A公司未做好对该项目的风险管理。A公司被项目"合作分成"的利益所吸引，没有充分识别项目存在的风险，并采取相关的风险应对措施，才会出现全额承担项目费用的情况，所以公司决策层、项目经理都有错。

其次，A公司未严格把控该项目的合同条款。A公司承担了所有投资，风险极高，但案例中没提及合同相关条款，导致没有具有法律效力的合同条款来约束运营商停用平台的行为，出现严重后果。

最后，A公司需要对项目的技术进一步审核把关，使项目质量达标。项目过程中，整个项目团队都要及时整理相关合同、项目文档，为后续可能出现的索赔做准备。

这个案例的直接原因就是缺乏风险管理。如果有一个运作良好的风险预警体系，A公司应早能预料到这种问题，并及时采取防范措施。

【问题2】

在这个案例中，项目经理负有不可推卸的责任。项目管理以项目经理为主体，确保项目管理目标实现。项目经理对项目实施过程进行总体控制，包括风险管控。

项目经理在项目实施前未做好风险管理计划，项目实施过程中未识别新的风险，监控潜在风险的发展。在项目执行过程中会有很多"蛛丝马迹"表明运营商将有违约的可能，此时项目经理

应该及时向公司通报项目存在的风险。例如，案例中提到"另有 C 公司并行建设业务平台"，项目经理未觉察到潜在风险。项目经理应提高自己的风险意识。

【问题 3】

首先，"合作分成"的商业模式本身具有较大风险，这要求项目经理具有较强的法律意识，在签订项目合同时，应该规范合作各方的责权利，规避项目风险。

其次，项目经理应在项目实施之前，组织做好项目的风险管理。项目开始时就要进行风险识别，并在项目执行中持续监控风险变化。项目经理应准备好风险出现时的应急措施。

最后，在项目风险管理中，存在多种风险管理方法与工具，平台类项目管理只有找出最适合自己的方法与工具并应用到风险管理中，才能尽量减少平台类项目风险，促进项目的成功。

项目案例2——项目风险对策分析

一、案例背景

A 公司承接某市机关事业单位养老保险信息系统项目，项目覆盖各市、区、县的机关事业单位在编人员的养老保险信息，实现数据集中统一管理。公司成立了项目组，并任命小王担任项目经理。项目组对项目进行调研后，成立了风险管理小组，编写了项目管理计划和风险管理计划。项目组对项目风险清单的主要风险制定了相应措施，部分风险措施如表 7.3.1 所示。

表 7.3.1　部分风险措施

风险类别	风险描述	措施
人员风险	人员情绪风险	调离项目组
技术风险	缺少数据库设计和相关技术储备	外包
技术风险	需要新的数据安全管理技术	培训
管理风险	非预期事件造成成本增加的风险	备用资金
管理风险	审批流程烦琐	加强部门沟通，建立协调配合机制

请指出案例中列出的风险措施分别采用的是哪种风险应对策略。

二、案例分析及解答

将有情绪风险的人员调离项目组，属于风险回避。

采用外包方式进行数据库设计，属于风险转移。

培训学习新的数据安全管理技术，属于风险控制。

对非预期事件造成的风险采用备用资金来应对，属于风险自留。

加强部门沟通，建立协调配合机制，属于风险控制。

【模块小结】

工程项目风险管理利用科学的、系统的方法，管理和处置各种工程项目风险，有利于减少因

项目组织决策失误所引起的风险，能够有效保证项目目标的实现。本模块介绍了工程项目风险的特征和分类；风险识别环节使用的方法和取得的成果、利用概率影响矩阵对风险进行评价、针对不同风险采用合适的处置对策；风险监控始终贯穿于项目实施过程。

【思考与练习】

一、单选题

1. （　　　）是风险事件发生的潜在原因。
   A. 风险环境　　　　B. 风险因素　　　　C. 风险过程　　　　D. 风险概率变化

2. 从项目管理目标的角度分析，工程项目风险不包括（　　　）。
   A. 费用风险　　　　B. 进度风险　　　　C. 质量风险　　　　D. 技术风险

3. （　　　）是风险管理的第一步。
   A. 风险识别　　　　B. 风险预测　　　　C. 风险分析　　　　D. 风险控制

4. 工程项目风险管理工作包括：①风险应对；②风险评价；③风险识别；④风险监控。以下程序正确的是（　　　）。
   A. ③—②—④—①　　　　　　　　　　B. ②—③—④—①
   C. ③—②—①—④　　　　　　　　　　D. ①—③—②—④

5. 按照"排除与确认并重"的风险识别原则，对肯定不能排除但又不能肯定予以确认的风险应该（　　　）。
   A. 再做进一步的分析然后予以排除或确认
   B. 按确认考虑
   C. 必要时可做试验论证
   D. 按排除考虑

6. 将一项特定的生产或经营活动按步骤或阶段顺序组成若干个模块，在每个模块中都标出各种潜在的风险因素或风险事件，从而给决策者一个清晰的总体印象。这种风险识别方法是（　　　）。
   A. 财务报表法　　　B. 初始清单法　　　C. 经验数据法　　　D. 流程图法

7. 下列质量风险应对策略中，属于风险自留的是（　　　）。
   A. 慎重选择有相应资质的设计、施工单位，避免因选择不当而发生质量风险
   B. 在施工中有针对性地制定落实有效的施工质量保证措施和质量事故应急预案
   C. 采取设立风险基金的办法，在损失发生后用基金弥补
   D. 不选用不成熟、不可靠的设计、施工技术方案

8. 某承包单位在施工中有针对性地制定和落实施工质量保证措施来降低质量事故发生概率，这一行为属于风险应对的（　　　）策略。
   A. 控制　　　　　　B. 回避　　　　　　C. 转移　　　　　　D. 自留

9. 下列有关工程项目风险的表述，正确的是（　　　）。
   A. 风险的大小与变动发生的可能性成反比
   B. 风险的大小与变动发生后对项目影响的大小成反比

  C. 风险是未来变化偏离预期的可能性及其对目标产生影响的大小

  D. 风险是不可预测的

10. 以下风险应对策略中，属于风险回避的是（ ）。

  A. 购买工程保险   B. 选择成熟可靠的技术方案

  C. 设立风险储备金   D. 与其他单位合作分担风险

11. 在工程项目风险应对中，采用备用设备来应对设备故障风险属于（ ）策略。

  A. 风险减轻   B. 风险转移   C. 风险自留   D. 风险回避

12. 风险概率影响矩阵的主要作用是（ ）。

  A. 计算风险发生的具体损失金额   B. 确定风险应对的优先级

  C. 分析风险之间的关联性   D. 预测风险发生的时间

13. 风险矩阵中，"高风险"区域通常位于矩阵的（ ）。

  A. 左下角   B. 右下角   C. 左上角   D. 右上角

二、简答题

1. 请简述德尔菲法的基本原理和操作过程。

2. 工程项目风险识别的结果是什么，包括哪些内容？

3. 请简述风险回避、风险控制、风险自留、风险转移等风险对策分别适用的风险事件。

工业互联网项目安全管理

【情境导入】

工业互联网安全是关于保护工业控制系统和设备免受网络攻击和数据泄露的领域。它涵盖了各种安全措施和策略，以确保制造业、工业自动化和基础设施的正常运行。随着网络威胁不断变化和进化，工业领域的安全事件频发，危害日益严重，网络攻击成为制约工业互联网发展的关键因素。因此，持续的监控、评估和改进是确保工业系统安全的关键。

【学习目标】

- 了解制造和工业自动化领域的基础知识。
- 熟悉工业互联网工程项目安全管理的内涵。
- 熟悉工业互联网工程项目安全管理相关法规。
- 掌握工业互联网工程项目安全控制措施。
- 掌握安全管理信息化管理相关技术。

【能力目标】

- 能应用计算机相关技术，创建工业互联网工程项目安全管理的解决方案。
- 能应用机器学习和人工智能技术来优化工业过程和预测故障。
- 能运用项目管理知识，完成规划、执行和维护工业互联网工程项目。
- 能够进行危险点辨析与管理。

【素质目标】

- 培养解决问题的能力，具备工业互联网工程项目安全管理的数据分析和性能优化能力。
- 培养工业互联网工程项目管理能力，有效规划和执行相关项目。
- 培养团队合作能力，能与多领域的专业人员合作。
- 培养爱岗敬业、吃苦耐劳、严谨认真的工作作风和职业责任感。
- 培养职业道德，遵守相关法规和道德准则，确保工业互联网工程项目的合规性。

【知识链接】

任务一　工业互联网工程项目安全管理相关规定

在新一轮科技革命推动下，中国正在加速迈向数字社会，"十四五"规划和2035年远景目标纲要对加快数字社会建设作出了部署安排，各行各业都在加快数字化改造。随着云计算、大数据等新一代信息技术与传统工业运营技术的深度融合，工业互联网已成为工业企业数字化转型升级的新动能。与此同时，工业互联网安全问题日益凸显，工业互联网安全技术保障能力成为我国工业互联网高质量发展的前提和保障，也是建设网络强国和制造强国的重要支撑。

目前，我国工业互联网发展迅速，已广泛应用于能源、交通、制造、国防等行业领域，对经济社会发展的带动效应日益显著。工业互联网在构建全新生产制造和服务体系，为高质量发展和供给侧结构性改革提供支撑。同时，也打破了传统工业环境相对封闭可信的状态，增加了遭受网络攻击的可能性，为此，亟须加快构建工业互联网安全保障体系，提升工业互联网安全保障能力。

8.1.1　工业互联网工程项目安全管理概述

工业互联网工程项目安全管理涉及设备、控制、网络、平台、工业App、数据等多方面网络安全问题，其核心任务就是通过监测预警、应急响应、检测评估、功能测试等手段确保工业互联网健康有序发展。与传统互联网安全相比，工业互联网工程项目安全具有三大特点。一是涉及范围广。工业互联网打破了传统工业相对封闭可信的环境，网络攻击可直达生产一线。联网设备的爆发式增长和工业互联网平台的广泛应用，使网络攻击面持续扩大。二是造成影响大。工业互联网涵盖制造业、能源等实体经济领域，一旦发生网络攻击、破坏行为，安全事件影响严重。三是企业防护基础弱。目前我国广大工业企业安全意识、防护能力仍然薄弱，整体安全保障能力有待进一步提升。

"工业互联网+安全生产"，是指利用工业互联网及新一代信息技术，对安全生产管理工作进行赋能，通过推动安全生产管理体系数字化、网络化、智能化，建立数据资源合作共享机制，通过政府部门监管服务创新与企业安全管控方式创新，形成监管、服务、安全、生产一体化的安全管控新模式。通过终端、网络、平台的作用，利用信息化技术完成了人员、设备、物料、施工方法及环境的数字化安全管理，为施工安全提供了保障。

8.1.2　工业互联网工程项目安全影响因素

工业互联网工程项目包括三个部分的安全影响因素：人的影响因素、物的影响因素和组织管理上的影响因素。

一、人的影响因素

人的影响因素包括能够使系统发生故障或发生性能不良的事件的个人的影响因素和违背安全要求的错误行为。

1. 个人的影响因素

个人的影响因素包括人员的心理、生理、能力上所具有的不能适应工作、作业岗位要求的影响安全的因素。

（1）心理上的影响因素有影响安全的性格、气质和情绪（如急躁、懒散、粗心等）。

（2）生理上的影响因素大致有五个方面：视觉、听觉等不能适应作业岗位要求；体能不能适应作业岗位要求；年龄不能适应作业岗位要求；有不适合作业岗位要求的疾病；疲劳和酒醉或感觉朦胧。

（3）能力上的影响因素包括知识技能、应变能力、资格等不能适应作业岗位要求。

2. 个人的不安全行为

个人的不安全行为是指能造成事故的人为错误，是人为地使系统发生故障或发生性能不良事件、违背设计和操作规程的错误行为。

不安全行为的类型如下。

（1）操作失误、忽视安全、忽视警告。

（2）造成安全装置失效。

（3）使用不安全设备。

（4）用手代替工具操作。

（5）物体存放不当。

（6）冒险进入危险场所。

（7）攀坐不安全位置。

（8）在起吊物下作业、停留。

（9）在机器运转时进行检查、维修、保养。

（10）有分散注意力的行为。

（11）未正确使用个人防护用品、用具。

（12）不安全装束。

（13）对易燃易爆等危险物品处理错误。

二、物的影响因素

物的影响因素是指能导致事故发生的物质条件，包括机械设备或环境所存在的安全隐患。

1. 物的不安全状态的内容

（1）物本身存在的缺陷。

（2）防护保险方面的缺陷。

（3）物的放置方法的缺陷。

（4）作业环境场所的缺陷。

（5）外部的和自然界的不安全状态。

（6）作业方法导致的物的不安全状态。

（7）保护器具信号、标志和个体防护用品的缺陷。

　2．物的不安全状态的类型

（1）防护等装置缺陷。

（2）设备、设施等缺陷。

（3）个人防护用品缺陷。

（4）生产场地环境的缺陷。

三、组织管理上的影响因素

组织管理上的缺陷也是潜在的不安全因素，包括以下方面。

（1）技术上的缺陷。

（2）教育上的缺陷。

（3）管理工作上的缺陷。

8.1.3　工业互联网工程项目安全管理相关法规

对于从事工业互联网工程项目安全管理工作的人员，了解我国现行的工业互联网工程项目安全管理的相关法律法规非常重要。近年来，我国陆续出台了一系列政策、指南，从宏观、中观、微观层面不断细化完善工业互联网安全政策体系。

一、工业互联网相关政策

2021 年 3 月，《中华人民共和国国民经济和社会发展第十四个五年规划和 2035 年远景目标纲要》发布，提出积极稳妥发展工业互联网，并将工业互联网作为数字经济重点产业，提出打造自主可控的标识解析体系、标准体系、安全管理体系，加强工业软件研发应用，培育形成具有国际影响力的工业互联网平台，推进"工业互联网+智能制造"产业生态建设。

二、工业互联网工程项目安全生产法律法规

工业互联网工程项目安全生产法律法规包括以下内容。

　1．数据隐私保护法规

数据隐私保护法规规定了在工业互联网中处理和存储数据时需要遵守的隐私保护原则，以保护个人和企业的数据安全。

　2．网络安全法规

网络安全法规旨在确保工业互联网系统的网络安全，包括防范网络攻击、数据泄露和其他网络威胁。

3. 行业标准和规范

各个国家和行业都可能制定了特定的工业互联网工程项目安全标准和规范，以帮助企业确保其系统和设备的安全性。

4. 员工培训和教育法规

员工培训和教育法规可能要求企业提供培训和教育，以确保员工了解工业互联网安全管理最佳实践，并能够识别和应对潜在的安全风险。

5. 报告和合规要求

某些法规可能要求企业报告安全事件，同时需要制定合规措施来确保其符合法规要求。

针对工业互联网标准的跨行业、跨专业、跨领域特点，我国加速开展相关标准的研制，陆续发布了《工业互联网 安全总体要求》等标准规范，印发了《工业互联网综合标准化体系建设指南（2021版）》等，初步形成了涵盖设备安全、控制安全、网络安全、数据安全、应用安全、平台安全、安全管理的工业互联网安全标准体系。后续，工业互联网安全相关标准将会进一步完善，产业发展将更趋规范。

工业互联网工程项目作为工程项目的类型之一，同时须符合国家在安全方面的总体要求。

任务二　工业互联网工程项目安全控制

工业互联网工程项目的安全控制至关重要，涉及保护生产设备、数据和系统免遭潜在的威胁和风险。应建立项目安全管理体系，明确相关责任人的职责权限，不断监控和改进，提高工业互联网工程项目的安全性。工业互联网工程项目安全管理体系如图8.2.1所示。

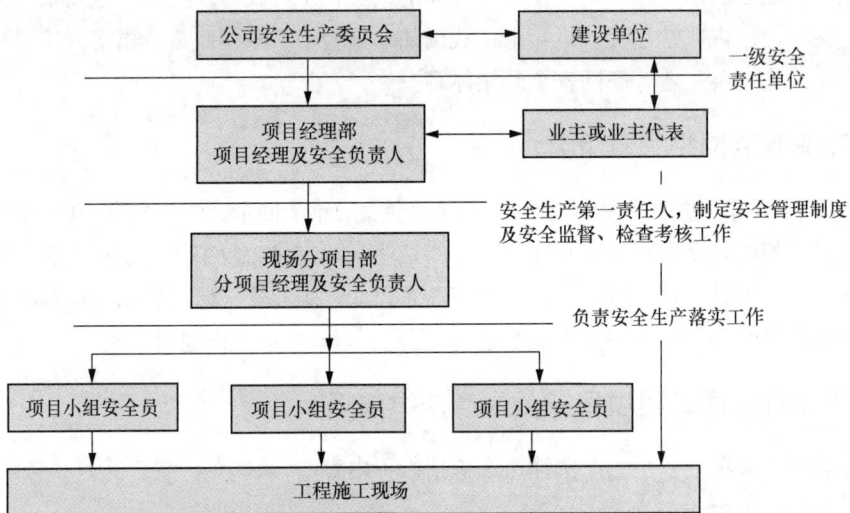

- ◇ 项目经理为项目生产安全第一责任人；
- ◇ 项目经理部安全负责人负责制定安全管理制度及安全监督、检查考核工作；
- ◇ 分项目部安全负责人负责安全生产落实工作；
- ◇ 各施工班组设立项目小组兼职安全员1名，负责协助分项目部安全负责人落实安全生产措施工作。

图 8.2.1　工业互联网工程项目安全管理体系

8.2.1　工业互联网工程项目安全生产管理制度

一、安全生产责任制

安全生产责任制是基本的安全生产管理制度，是所有安全生产管理制度的核心。安全生产责任制是按照安全生产管理方针和"管生产的同时必须管安全"的原则，将各级负责人员、各职能部门及其工作人员和各岗位生产工人在安全生产方面应做的事情及应负的责任加以明确规定的一种制度。具体来说，其就是将安全生产责任分解到相关单位的主要负责人、项目负责人、班组长以及每个岗位的作业人员身上。

1. 建设单位的安全责任

向施工单位提供施工现场及毗邻区域内供水、排水、供电等地下管线资料，气象和水文观测资料，相邻建筑物和构筑物、地下工程的有关资料，并保证资料的真实、准确、完整。

需临时占用规划批准范围以外场地，可能损坏公共设施，临时停水、停电、中断道路交通，进行爆破作业等情形，应按国家有关规定办理申请批准手续。

不得对勘察、设计、施工、工程监理等单位提出不符合建设工程安全生产法律、法规和强制性标准规定的要求，不得压缩合同约定的工期。

不得明示或者暗示施工单位购买、租赁、使用不符合安全施工要求的安全防护用具、机械设备等。

申请领取施工许可证时，应当提供建设工程有关安全施工措施的资料。依法批准开工报告的建设工程，建设单位应当自开工报告批准之日起15日内，将保证安全施工的措施报送建设工程所在地的县级以上地方人民政府建设行政主管部门或者其他有关部门备案。

2. 勘察、设计单位的安全责任

勘察单位应按照法律、法规和工程建设强制性标准进行勘察，提供真实、准确的勘察文件，满足建设工程安全生产的需要。勘察作业时，严格执行操作规程，采取措施保证各类管线、设施和周边建筑物、构筑物的安全。

设计单位按照法律、法规和工程建设强制性标准进行设计，防止因设计不合理导致生产安全事故的发生。考虑施工安全操作和防护的需要，对涉及施工安全的重点部位和环节在设计文件中注明，并对防范生产安全事故提出指导意见。采用新结构、新材料、新工艺的建设工程和特殊结构的建设工程，应在设计中提出保障施工作业人员安全和预防生产安全事故的措施建议。

设计单位和注册执业人员应当对其设计负责。

3. 工程监理单位的安全责任

审查施工组织设计中的安全技术措施或者专项施工方案是否符合工程建设强制性标准。

在实施监理过程中，发现存在安全事故隐患的，应当要求施工单位整改；情况严重的，应当要求施工单位暂时停止施工，并及时报告建设单位。施工单位拒不整改或者不停止施工的，工程监理单位应当及时向有关主管部门报告。

按照法律、法规和工程建设强制性标准实施监理，并对建设工程安全生产承担监理责任。

4. 施工单位的安全责任

施工单位主要负责人对本单位安全生产工作全面负责，建立健全安全生产责任制度，制定安全生产规章制度和操作规程，保证本单位安全生产条件所需资金的投入，对所承担的建设工程进行定期和专项安全检查，并做好安全检查记录。

设立安全生产管理机构，配备专职安全生产管理人员。专职安全生产管理人员负责对安全生产进行现场监督检查，发现安全事故隐患，及时向项目负责人和安全生产管理机构报告；对违章指挥、违章操作的，立即制止。

施工项目负责人由取得相应执业资格的人员担任，对建设工程项目的安全施工负责，落实安全生产责任制度、安全生产规章制度和操作规程，确保安全生产费用的有效使用，根据工程的特点组织制定安全施工措施，消除安全事故隐患，及时、如实报告生产安全事故。

建设工程实行施工总承包的，由总承包单位对施工现场的安全生产负总责。总承包单位依法将建设工程分包给其他单位的，分包合同中应当明确各自的安全生产方面的权利、义务。总承包单位和分包单位对分包工程的安全生产承担连带责任。分包单位应当服从总承包单位的安全生产管理，分包单位不服从管理导致生产安全事故的，由分包单位承担主要责任。

二、安全生产许可制度

《安全生产许可证条例》规定国家对建筑施工企业实施安全生产许可制度。其目的是严格规范安全生产条件，进一步加强安全生产监督管理，防止和减少生产安全事故。

企业取得安全生产许可证，应当具备下列安全生产条件。

（1）建立、健全安全生产责任制，制定完备的安全生产规章制度和操作规程。

（2）安全投入符合安全生产要求。

（3）设置安全生产管理机构，配备专职安全生产管理人员。

（4）主要负责人和安全生产管理人员经考核合格。

（5）特种作业人员经有关业务主管部门考核合格，取得特种作业操作资格证书。

（6）从业人员经安全生产教育和培训合格。

（7）依法参加工伤保险，为从业人员缴纳保险费。

（8）厂房、作业场所和安全设施、设备、工艺符合有关安全生产法律、法规、标准和规程的要求。

（9）有职业危害防治措施，并为从业人员配备符合国家标准或者行业标准的劳动防护用品。

（10）依法进行安全评价。

（11）有重大危险源检测、评估、监控措施和应急预案。

（12）有生产安全事故应急救援预案、应急救援组织或者应急救援人员，配备必要的应急救援器材、设备。

（13）法律、法规规定的其他条件。

企业进行生产前，应当依照该条例的规定向安全生产许可证颁发管理机关申请领取安全生产许可证，并提供上述（1）～（13）条要求的相关文件、资料。安全生产许可证颁发管理机关应当自收到申请之日起45日内审查完毕，经审查符合该条例规定的安全生产条件的，颁发安全生产许可证；不符合该条例规定的安全生产条件的，不予颁发安全生产许可证，书面通知企业并说明理由。

安全生产许可证的有效期为3年。安全生产许可证有效期满需要延期的，企业应当于期满前3个月向原安全生产许可证颁发管理机关办理延期手续。

企业在安全生产许可证有效期内，严格遵守有关安全生产的法律法规，未发生死亡事故的，安全生产许可证有效期届满时，经原安全生产许可证颁发管理机关同意，不再审查，安全生产许可证有效期延期 3 年。

企业不得转让、冒用安全生产许可证或者使用伪造的安全生产许可证。

三、政府安全生产监督检查制度

政府安全生产监督检查制度是指国家法律、法规授权的行政部门，代表政府对企业的安全生产过程实施监督管理的制度。《建设工程安全生产管理条例》第五章"监督管理"对建设工程安全生产监督管理的部分规定内容如下。

（1）国务院负责安全生产监督管理的部门依照《中华人民共和国安全生产法》的规定，对全国建设工程安全生产工作实施综合监督管理。

县级以上地方人民政府负责安全生产监督管理的部门依照《中华人民共和国安全生产法》的规定，对本行政区域内建设工程安全生产工作实施综合监督管理。

（2）国务院建设行政主管部门对全国的建设工程安全生产实施监督管理。国务院铁路、交通、水利等有关部门按照国务院规定的职责分工，负责有关专业建设工程安全生产的监督管理。

县级以上地方人民政府建设行政主管部门对本行政区域内的建设工程安全生产实施监督管理。县级以上地方人民政府交通、水利等有关部门在各自的职责范围内，负责本行政区域内的专业建设工程安全生产的监督管理。

（3）县级以上人民政府负有建设工程安全生产监督管理职责的部门在各自的职责范围内履行安全监督检查职责时，有权采取下列措施。

① 要求被检查单位提供有关建设工程安全生产的文件和资料。

② 进入被检查单位施工现场进行检查。

③ 纠正施工中违反安全生产要求的行为。

④ 对检查中发现的安全事故隐患，责令立即排除；重大安全事故隐患排除前或者排除过程中无法保证安全的，责令从危险区域内撤出作业人员或者暂时停止施工。

（4）建设行政主管部门或者其他有关部门可以将施工现场的监督检查委托给建设工程安全监督机构具体实施。

四、安全生产教育培训制度

企业安全生产教育培训一般包括对管理人员、特种作业人员和企业员工的安全教育。

1. 管理人员的安全教育

（1）企业领导的安全教育。

企业法定代表人安全教育的主要内容如下。

① 国家有关安全生产的方针、政策、法律、法规及有关规章制度。

② 安全生产管理职责、企业安全生产管理知识及安全文化。

③ 有关事故案例及事故应急处理措施等。

（2）项目经理、技术负责人和技术干部的安全教育。

项目经理、技术负责人和技术干部安全教育的主要内容如下。

① 安全生产方针、政策和法律、法规。

② 项目经理部安全生产责任。

③ 典型事故案例剖析。

④ 本系统安全及其相应的安全技术知识。

（3）行政管理干部的安全教育。

行政管理干部安全教育的主要内容如下。

① 安全生产方针、政策和法律、法规。

② 基本的安全技术知识。

③ 本职的安全生产责任。

（4）企业安全管理人员的安全教育。

企业安全管理人员安全教育的主要内容如下。

① 国家有关安全生产的方针、政策、法律、法规和安全生产标准。

② 企业安全生产管理、安全技术、职业病知识、安全文件。

③ 员工伤亡事故和职业病统计报告及调查处理程序。

④ 有关事故案例及事故应急处理措施。

（5）班组长和安全员的安全教育。

班组长和安全员安全教育的主要内容如下。

① 安全生产法律、法规、安全技术及技能、职业病和安全文化的知识。

② 本企业、本班组和工作岗位的危险因素、安全注意事项。

③ 本岗位安全生产职责。

④ 典型事故案例。

⑤ 事故抢救与应急处理措施。

2. 特种作业人员的安全教育

特种作业人员必须经专门的安全技术培训并考核合格，取得中华人民共和国特种作业操作证后，方可上岗作业。

特种作业人员应当接受与其所从事的特种作业相应的安全技术理论培训和实际操作培训。已经取得职业高中、技工学校及中专以上学历的毕业生从事与其所学专业相应的特种作业，待学历证明经考核发证机关同意，可以免予相关专业的培训。

跨省、自治区、直辖市从业的特种作业人员，可以在户籍所在地或从业所在地参加培训。

3. 企业员工的安全教育

企业员工的安全教育主要有新员工上岗前的三级安全教育、改变工艺和变换岗位时的安全教育、经常性安全教育三种形式。

（1）新员工上岗前的三级安全教育。

三级安全教育中的"三级"通常是指进厂、进车间、进班组三级，对建设工程来说，具体指企业（公司）、项目（或工区、工程处、施工队）、班组三级。

企业新员工上岗前必须进行三级安全教育，企业新员工须按规定通过三级安全教育和实际操作训练，并经考核合格后方可上岗。企业新上岗的从业人员，岗前培训时间不得少于24学时。

企业（公司）级安全教育由企业主管领导负责，企业职业健康安全管理部门会同有关部门组织实施，内容应包括安全生产法律、法规，通用安全技术、职业卫生和安全文化的基本知识，本企业安全生产规章制度及状况、劳动纪律和有关事故案例等内容。

项目（或工区、工程处、施工队）级安全教育由项目级负责人组织实施，专职或兼职安全员协助，内容包括工程项目的概况、安全生产状况和规章制度、主要危险因素及安全事项、预防工伤事故和职业病的主要措施、典型事故案例及事故应急处理措施等。

班组级安全教育由班组长组织实施，内容包括遵章守纪、岗位安全操作规程、岗位间工作衔接配合的安全生产事项、典型事故及发生事故后应采取的紧急措施、劳动防护用品（用具）的性能及正确使用方法等。

（2）改变工艺和变换岗位时的安全教育。

企业（或工程项目）在实施新工艺、新技术或使用新设备、新材料时，必须对有关人员进行相应级别的安全教育，要按新的安全操作规程教育和培训参加操作的岗位员工和有关人员，使其了解新工艺、新设备、新产品的安全性能及安全技术，以适应新的岗位作业的安全要求。

当组织内部员工发生从一个岗位调到另外一个岗位，或从某工种改变为另一工种，或因放长假离岗1年以上重新上岗的情况，企业必须进行相应的安全技术培训和教育，以使其掌握现岗位安全生产特点和要求。

（3）经常性安全教育。

无论何种教育都不可能是一劳永逸的，安全教育同样如此，必须坚持不懈、经常不断地进行，这就是经常性安全教育。在经常性安全教育中，安全思想、安全态度教育最重要。进行安全思想、安全态度教育，要通过采取多种多样形式的安全教育活动，激发员工搞好安全生产的热情，促使员工重视和真正实现安全生产。经常性安全教育的形式有：每天的班前班后会上说明安全注意事项，安全活动日，安全生产会议，事故现场会，张贴安全生产招贴画、宣传标语及标志等。

五、安全措施计划制度

安全措施计划制度是指企业进行生产活动时，必须编制安全措施计划，它是企业有计划地改善劳动条件和安全卫生设施条件，防止工伤事故和职业病的重要措施之一，对企业加强劳动保护、改善劳动条件、保障职工的安全和健康、促进企业生产经营的发展都起着积极作用。

1. 安全措施计划的范围

安全措施计划的范围应包括改善劳动条件、防止事故发生、预防职业病和职业中毒等内容，具体包括以下措施。

（1）安全技术措施。

安全技术措施是预防企业员工在工作过程中发生工伤事故的各项措施，包括防护装置、保险装置、信号装置和防爆炸装置等。

（2）职业卫生措施。

职业卫生措施是预防职业病和改善职业卫生环境的必要措施，包括防尘、防毒、防噪声、通风、照明、取暖、降温等措施。

（3）辅助用房间及设施。

辅助用房间及设施是为了保证生产过程安全卫生所必需的房间及一切设施，包括更衣室、休息室、淋浴室、消毒室、妇女卫生室、厕所和冬季作业取暖室等。

（4）安全宣传教育措施。

安全宣传教育措施是为了宣传普及有关安全生产法律、法规、基本知识所需要的措施，其主要内容包括安全生产教材、资料，安全生产展览，安全生产规章制度，安全操作方法训练设施，劳动保护和安全技术的研究与实验等。

2．编制安全措施计划的依据

（1）国家发布的有关职业健康安全政策、法规和标准。

（2）在安全检查中发现的尚未解决的问题。

（3）造成伤亡事故和职业病的主要原因和所采取的措施。

（4）为生产发展需要所应采取的安全技术措施。

（5）安全技术革新项目和员工提出的合理化建议。

3．编制安全措施计划的一般步骤

编制安全措施计划可以按照下列步骤进行。

（1）工作活动分类。

（2）危险源识别。

（3）风险确定。

（4）风险评价。

（5）制订安全措施计划。

（6）评价安全措施计划的充分性。

六、特种作业人员持证上岗制度

《建设工程安全生产管理条例》第二十五条规定："垂直运输机械作业人员、安装拆卸工、爆破作业人员、起重信号工、登高架设作业人员等特种作业人员，必须按照国家有关规定经过专门的安全作业培训，并取得特种作业操作资格证书后，方可上岗作业。"

专门的安全作业培训是指由有关主管部门组织的专门针对特种作业人员的培训，也就是特种作业人员在独立上岗作业前，必须进行与本工种相适应的、专门的安全技术理论学习和实际操作训练。经培训考核合格，取得特种作业操作证后，才能上岗作业。特种作业操作证在全国范围内有效，离开特种作业岗位6个月以上的特种作业人员，应当重新进行实际操作考试，经确认合格后方可上岗作业。对于未经培训考核，即从事特种作业的，条例第六十二条规定了行政处罚；造成重大安全事故，构成犯罪的，对直接责任人员，依照刑法的有关规定追究刑事责任。

七、专项施工方案专家论证制度

《建设工程安全生产管理条例》第二十六条规定，施工单位应当在施工组织设计中编制安全技术措施和施工现场临时用电方案，对下列达到一定规模的危险性较大的分部分项工程编制专项施工方案，并附具安全验算结果，经施工单位技术负责人、总监理工程师签字后实施，由专职安全生产管理人员进行现场监督：基坑支护与降水工程；土方开挖工程；模板工程；起重吊装工程；脚手架工程；拆除；爆破工程；国务院建设行政主管部门或者其他有关部门规定的其他危险性较大的工程。

对上述所列工程中涉及深基坑、地下暗挖工程、高大模板工程的专项施工方案，施工单位还应当组织专家进行论证、审查。

八、危及施工安全工艺、设备、材料淘汰制度

严重危及施工安全的工艺、设备、材料是指不符合生产安全要求，极有可能导致生产安全事

故发生，致使人民生命和财产遭受重大损失的工艺、设备和材料。

《建设工程安全生产管理条例》第四十五条规定："国家对严重危及施工安全的工艺、设备、材料实行淘汰制度。具体目录由国务院建设行政主管部门会同国务院其他有关部门制定并公布。"本条明确规定，国家对严重危及施工安全的工艺、设备和材料实行淘汰制度。这一方面有利于保障安全生产；另一方面也体现了优胜劣汰的市场经济规律，有利于提高生产经营单位的工艺水平，促进设备更新。

根据本条的规定，对严重危及施工安全的工艺、设备和材料，实行淘汰制度，需要国务院建设行政主管部门会同国务院其他有关部门确定哪些是严重危及施工安全的工艺、设备和材料，并且以明示的方式予以公布。对于已经公布的严重危及施工安全的工艺、设备和材料，建设单位和施工单位都应当严格遵守和执行，不得继续使用此类工艺和设备，也不得转让他人使用。

九、安全检查制度

1. 安全检查的目的

安全检查制度是清除隐患、防止事故、改善劳动条件的重要手段，是企业安全生产管理工作的一项重要内容。通过安全检查可以发现企业及生产过程中的危险因素，以便有计划地采取措施，保证安全生产。

2. 安全检查的方式

检查方式有企业组织的定期安全检查，各级管理人员的日常巡回检查，专业性检查，季节性检查，节假日前后的安全检查，班组自检、交接检查，不定期检查等。

3. 安全检查的内容

安全检查的主要内容包括：查思想、查管理、查隐患、查整改、查伤亡事故处理等。安全检查的重点是检查"三违"和安全生产责任制的落实。检查后应编写安全检查报告，报告应包括以下内容：已达标项目、未达标项目、存在问题、原因分析、纠正和预防措施。

4. 安全隐患的处理程序

对查出的安全隐患，不能立即整改的要制订整改计划，定人、定措施、定经费、定完成日期，在未消除安全隐患前，必须采取可靠的防范措施，如有危及人身安全的紧急险情，应立即停工。应按照"登记—整改—复查—销案"的程序处理安全隐患。

十、生产安全事故报告和调查处理制度

关于生产安全事故报告和调查处理制度，《中华人民共和国安全生产法》《中华人民共和国建筑法》《建设工程安全生产管理条例》《生产安全事故报告和调查处理条例》《特种设备安全监察条例》等法律法规都对此有相应的规定。

《中华人民共和国安全生产法》第八十三条规定："生产经营单位发生生产安全事故后，事故现场有关人员应当立即报告本单位负责人。单位负责人接到事故报告后，应当迅速采取有效措施，组织抢救，防止事故扩大，减少人员伤亡和财产损失，并按照国家有关规定立即如实报告当地负有安全生产监督管理职责的部门，不得隐瞒不报、谎报或者迟报，不得故意破坏事故现场、毁灭有关证据。"

《中华人民共和国建筑法》第五十一条规定："施工中发生事故时，建筑施工企业应当采取紧

急措施减少人员伤亡和事故损失，并按照国家有关规定及时向有关部门报告。"

《建设工程安全生产管理条例》第五十条对建设工程生产安全事故报告制度的规定为："施工单位发生生产安全事故，应当按照国家有关伤亡事故报告和调查处理的规定，及时、如实地向负责安全生产监督管理的部门、建设行政主管部门或者其他有关部门报告；特种设备发生事故的，还应当同时向特种设备安全监督管理部门报告。接到报告的部门应当按照国家有关规定，如实上报。"该条是关于发生伤亡事故时的报告义务的规定。一旦发生安全事故，及时报告有关部门是及时组织抢救的基础，也是认真进行调查分清责任的基础。因此，施工单位在发生安全事故时，不能隐瞒事故情况。

2007年6月1日起实施的《生产安全事故报告和调查处理条例》对生产安全事故报告和调查处理制度作了更加明确的规定。

十一、"三同时"制度

"三同时"制度是指凡是我国境内新建、改建、扩建的基本建设项目（工程），技术改建项目（工程）和引进的建设项目，其安全生产设施必须符合国家规定的标准，必须与主体工程同时设计、同时施工、同时投入生产和使用。安全生产设施主要是指安全技术方面的设施、职业卫生方面的设施、生产辅助性设施。

《中华人民共和国劳动法》第五十三条规定："新建、改建、扩建工程的劳动安全卫生设施必须与主体工程同时设计、同时施工、同时投入生产和使用。"

《中华人民共和国安全生产法》第三十一条规定："生产经营单位新建、改建、扩建工程项目的安全设施，必须与主体工程同时设计、同时施工、同时投入生产和使用。安全设施投资应当纳入建设项目概算。"

新建、改建、扩建工程项目的初步设计要经过行业主管部门、安全生产管理部门、卫生部门和工会的审查，同意后方可进行施工；工程项目完成后，必须经过主管部门、安全生产管理行政部门、卫生部门和工会的竣工检验；工程项目投产后，不得将安全设施闲置不用，生产设施必须和安全设施同时使用。

十二、安全预评价制度

安全预评价是指根据建设项目可行性研究报告内容，分析和预测该建设项目可能存在的危险、有害因素的种类和程度，提出合理可行的安全对策措施及建议。

开展安全预评价工作，是贯彻落实"安全第一，预防为主"方针的重要手段，是企业实施科学化、规范化安全管理的工作基础。科学、系统地开展安全评价工作，不仅直接起到了消除危险有害因素、减少事故发生的作用，有利于全面提高企业的安全管理水平，而且有利于系统地、有针对性地加强对不安全状况的治理、改造，最大限度地降低安全生产风险。

十三、工伤和意外伤害保险制度

根据2010年修订后重新公布的《工伤保险条例》，工伤保险是属于法定的强制性保险。工伤保险费的征缴按照《社会保险费征缴暂行条例》关于基本养老保险费、基本医疗保险费、失业保险费的征缴规定执行。

8.2.2　施工安全技术措施和安全技术交底

一、施工安全技术措施

1. 施工安全控制的目标

施工安全控制的目标是减少和消除生产过程中的事故，保证人员健康安全和财产免受损失。具体包括以下目标。

（1）减少或消除人的不安全行为。

（2）减少或消除设备、材料的不安全状态。

（3）改善生产环境和保护自然环境。

2. 施工安全的控制程序

（1）确定具体的安全目标。

按"目标管理"方法在以项目经理为首的项目管理系统内进行分解，从而确定每个岗位的安全目标，实现全员安全控制。

（2）编制安全技术措施计划。

安全技术措施计划是对生产过程中的不安全因素，用技术手段加以消除和控制的文件，是落实"预防为主"方针的具体体现，是进行工程项目安全控制的指导性文件。

（3）安全技术措施计划的落实和实施。

安全技术措施计划的落实和实施包括建立健全安全生产责任制，设置安全生产设施，采用安全技术和应急措施，进行安全教育和培训、安全检查、事故处理、沟通和交流信息等，通过一系列安全措施的贯彻，使生产作业的安全状况处于受控状态。

（4）安全技术措施计划的验证。

安全技术措施计划的验证是通过施工过程中对施工安全技术措施计划实施情况的安全检查，纠正不符合安全技术措施计划的情况，保证安全技术措施的贯彻和实施。持续改进根据安全技术措施计划的验证结果，对不适宜的安全技术措施计划进行修改、补充和完善。

3. 施工安全技术措施的一般要求

（1）施工安全技术措施必须在开工之前制定。

施工安全技术措施是施工组织设计的重要组成部分，应在工程开始前与施工组织设计一同编制。为保证各项安全设施的落实，在工程图纸会审时，就应特别注意考虑安全施工的问题，并在开工前制定好施工安全技术措施，使得用于该工程的各种安全设施有较充分的时间进行采购、制作和维护等准备工作。

（2）施工安全技术措施要有全面性。

按照有关法律法规的要求，在编制工程施工组织设计时，应当根据工程特点制定相应的施工安全技术措施。对于大中型工程项目、结构复杂的重点工程，除必须在工程施工组织设计中编制施工安全技术措施外，还应编制专项工程施工安全技术措施，详细说明有关安全方面的防护要求和措施，确保单位工程或分部分项工程的施工安全。

（3）施工安全技术措施要有针对性。

施工安全技术措施是针对每项工程的特点制定的，编制施工安全技术措施的技术人员必须掌握工程概况、施工方法、施工环境、条件等一手资料，并熟悉安全法规、标准等，才能制定有针对性的施工安全技术措施。

（4）施工安全技术措施应力求全面、具体、可靠。

施工安全技术措施应把可能出现的各种不安全因素考虑周全，制定的对策措施方案应力求全面、具体、可靠，这样才能真正做到预防事故的发生。但是，全面具体不等于罗列一般通常的操作工艺、施工方法以及日常安全工作制度、安全纪律等。这些制度性规定，施工安全技术措施中不需要再进行抄录，但必须严格执行。

对大型群体工程或一些面积大、结构复杂的重点工程，除必须在施工组织总设计中编制施工安全技术总体措施外，还应编制单位工程或分部分项工程施工安全技术措施，详细地制定出有关安全方面的防护要求和措施，确保该单位工程或分部分项工程的安全施工。

（5）施工安全技术措施必须包括应急预案。

由于施工安全技术措施是在相应的工程施工实施之前制定的，所涉及的施工条件和危险情况大都建立在可预测的基础上，而建设工程施工过程是开放的过程，在施工期间的变化是经常发生的，还可能出现预测不到的突发事件或灾害（如地震、火灾、台风、洪水等）。所以，施工安全技术措施必须包括面对突发事件或紧急状态的各种应急设施、人员逃生和救援预案，以便在紧急情况下，能及时启动应急预案，减少损失，保护人员安全。

（6）施工安全技术措施要有可行性和可操作性。

施工安全技术措施应能够在每个施工工序中得到贯彻实施，既要考虑保证安全要求，又要考虑现场环境条件和施工技术条件能够做得到。

4. 施工安全技术措施的主要内容

（1）进入施工现场的安全规定。

（2）地面及深槽作业的防护。

（3）高处及立体交叉作业的防护。

（4）施工用电安全。

（5）施工机械设备的安全使用。

（6）在采取"四新"技术时，有针对性地提供专门安全技术措施。

（7）有针对自然灾害预防的安全措施。

（8）有预防有毒、有害、易燃、易爆等作业造成危害的安全技术措施。

（9）现场消防措施。

季节性施工安全技术措施，就是考虑夏季、冬季等不同季节的气候对施工生产带来的不安全因素可能造成的各种突发性事故，而从防护上、技术上、管理上采取的防护措施。一般工程可在施工组织设计或施工方案的安全技术措施中编制季节性施工安全技术措施；危险性大、高温期长的工程，应单独编制季节性施工安全技术措施。

二、安全技术交底

1. 安全技术交底的内容

安全技术交底是一项技术性很强的工作，对于贯彻设计意图、严格实施技术方案、按图施工、循规操作、保证施工质量和施工安全至关重要。安全技术交底的主要内容如下。

（1）工程项目和分部分项工程的概况。

（2）本施工项目的施工作业特点和危险点。

（3）针对危险点的具体预防措施。

（4）作业中应遵守的安全操作规程以及应注意的安全事项。

（5）作业人员发现事故隐患应采取的措施。

（6）发生事故后应及时采取的避难和急救措施。

2. 安全技术交底的要求

（1）项目经理部必须实行逐级安全技术交底制度，纵向延伸到班组全体作业人员。

（2）安全技术交底必须具体、明确、针对性强。

（3）安全技术交底的内容应针对分部分项工程施工中给作业人员带来的潜在危险因素和存在的问题。

（4）应优先采用新的安全技术措施。

（5）对于涉及"四新"项目或技术含量高、技术难度大的单项技术设计，必须经过两阶段安全技术交底，即初步设计安全技术交底和实施性施工图技术设计交底。

（6）应将工程概况、施工方法、施工程序、安全技术措施等向工长、班组长进行详细交底。

（7）定期向由两个以上作业队和多工种进行交叉施工的作业队伍进行书面交底。

（8）保持书面安全技术交底签字记录。

【实训演练】

项目案例——5G+基站智慧安全管理案例

一、案例背景

在新一轮科技革命推动下，中国正在加速迈向数字社会，"十四五"规划和2035年远景目标纲要对加快数字社会建设作出了部署安排，各行各业都在加快数字化改造。工程建设行业的数字化也在政策的推动和技术进步的支持下迅速发展。特别是在以5G网络为代表的新一代信息技术的支持下，智慧工地的全过程管理已经成为行业的热点。

建设工程安全管理包括对工程建设中的人、机、物、环境及施工全过程的安全生产进行监督管理，并采取组织、技术、经济和合同措施，保证建设行为符合国家安全生产、劳动保护法律法规和有关政策，有效地将建设工程安全风险控制在允许的范围内，以确保施工安全性。将安全管理与工程项目的"人材机法环"五要素紧密结合起来。

【问题】

如何实现工程项目智慧安全管理？试从网络、终端、平台等维度进行描述。

二、案例分析及解答

网络方面，5G网络已经成为智慧建设的关键基础设施之一，其高速、低延迟、高带宽的特性为智慧管理提供更高效、更智能的解决方案。5G网络的特性可以实现更智能的物联网应用，实现高效准确的数据采集和分析。5G+智慧工地网络安全监控如图8.3.1所示。

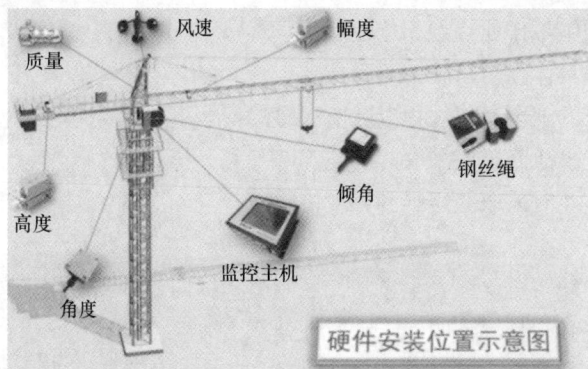

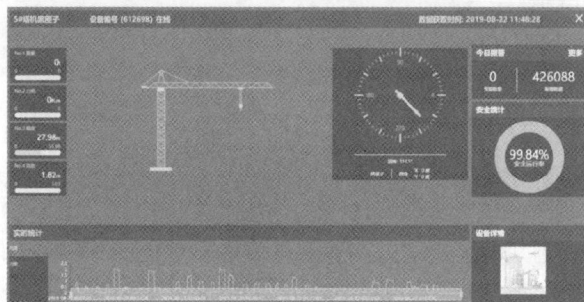

图 8.3.1　5G+智慧工地网络安全监控

在 5G+智慧建设全过程管理中，依托 5G 网络，实现安全管理的数字化、云化和可视化。

终端方面，为了对工地的安全状态进行实时监控，采用多种传感终端设备，加以控制人员出入和定位的闸机及智能安全帽，管理人员可以从人员安全和用工管理两方面提升人员管理的精准度和效率，打造高效安全工地。通过对工地各出入口、加工厂、塔机、项目指挥中心、通道、仓库、工人宿舍、停车场、围墙等重点区域布设视频监控，可以对施工现场的重点关注区域和工地现场周界进行连续的视频记录，帮助项目部及企业管理人员了解工地现场各区域的详细情况，跟踪生产进度，检查工人的工作状态，也便于政府人员对施工现场发生的事故问题进行回溯，有效降低重大安全事故损失，提高施工质量。安全监控的传感终端设备如图 8.3.2 所示。

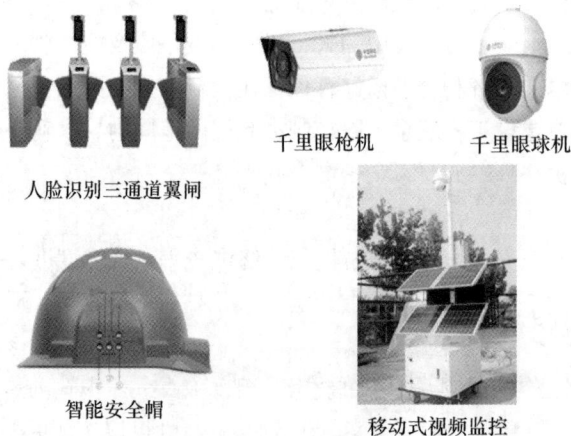

图 8.3.2　安全监控的传感终端设备

　　平台方面，通过可视化平台实现工程项目信息的集中展示，包括项目概况、安全质量监测预警、气候参数、现场人员情况、视频监控等信息。这有助于一目了然地了解施工现场的信息化应用内容，并能实现数据穿透性查看，自动搜集和汇总各信息化数据，对项目部的安全管理和质量管理等进行综合分析，为施工进度安排和资金投入等提供数据支撑。5G+智慧建设可视化平台如图 8.3.3 所示。

图 8.3.3　5G+智慧建设可视化平台

　　利用智慧工地巡检管理模块，安全员、质量员可以快速将施工现场存在的安全质量问题拍照上传，由相关负责人整改后拍照上传处置结果，问题发起人对处置结果进行审核，形成施工现场安全质量问题闭环管理，有效提升巡检效率，保证工程项目的质量和安全。智慧安全管理平台-安全检查如图 8.3.4 所示。

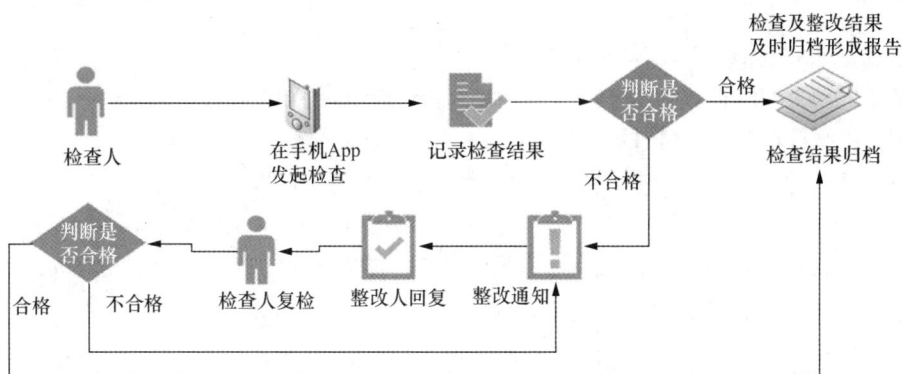

图 8.3.4　智慧安全管理平台-安全检查

　　智慧建设平台对工程进度、劳务人员、环境影响、安全质量问题和监督执法情况等多维度信息进行汇总统计分析，可以为企业的管理决策提供有效的数据支撑。

　　通过网络、终端、平台的作用，实现"人材机法环"多维度的智慧安全管理，为项目实施全过程安全提供保障。5G+智慧建设安全控制如图 8.3.5 所示。

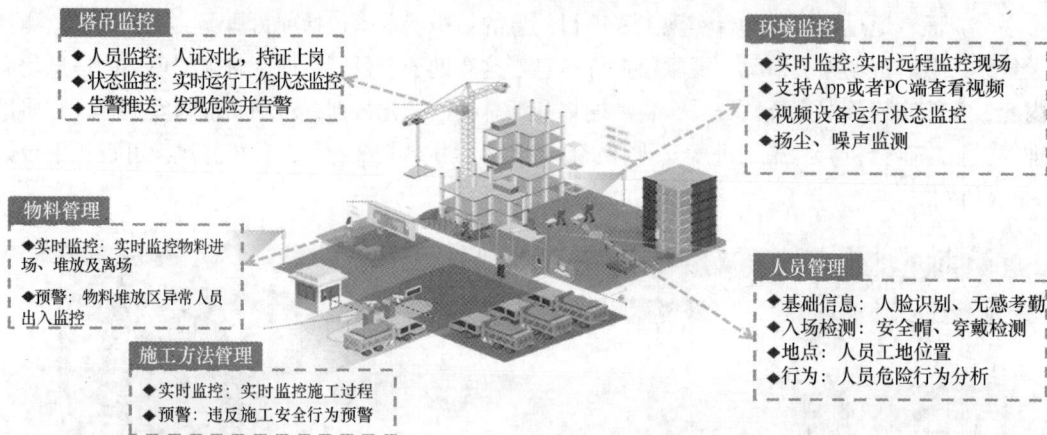

图 8.3.5　5G+智慧建设安全控制

【模块小结】

本模块通过学习安全管理的内容以及工业互联网安全管理相关规定，了解安全管理的重要性，并通过 5G+智慧建设可视化平台的介绍，熟悉项目监管、服务、安全、生产一体化的安全管控新模式，掌握如何通过信息化手段持续监控、评估和改进工业互联网项目，完成智慧化的安全管理，确保工业互联网项目安全。

【思考与练习】

一、选择题

1. 工业互联网工程项目的安全影响因素是（　　　）。

    A. 人的影响因素　　　　　　　　　　B. 物的影响因素

    C. 组织管理上的影响因素　　　　　　D. 以上都是

2. 关于安全生产责任，（　　　）是本单位安全生产第一责任人。

    A. 生产经营单位主要负责人　　　　　B. 技术负责人（工程师）

    C. 专职安全生产管理人员　　　　　　D. 施工人员

3. 安全生产许可证的有效期为（　　　）。

    A. 1 年　　　　　　B. 2 年　　　　　　C. 3 年　　　　　　D. 4 年

4. 安全控制的目标是（　　　）。

    A. 减少或消除人的不安全行为

    B. 减少或消除设备、材料的不安全状态

    C. 改善生产环境和保护自然环境

    D. 以上都

5. 施工安全技术措施的主要内容包括（　　　）。

    A. 进入施工现场的安全规定　　　　　B. 施工用电安全

    C. 施工机械设备的安全使用   D. 以上都是

6. 安全措施计划的范围应包括（　　　）。

    A. 安全技术措施   B. 职业卫生措施

    C. 辅助用房间及设施   D. 安全宣传教育措施

7. 新员工上岗前的三级安全教育中的"三级"包括（　　　）。

    A. 进厂   B. 进车间   C. 进班组   D. 以上都是

8. 生产经营单位的安全生产责任制的核心是实现安全生产的（　　　）。

    A. 五同时   B. 三同时   C. 六大纪律   D. 十项规定

9. 安全管理工作中消除隐患、防止事故发生、改善劳动条件的重要手段是（　　　）。

    A. 安全生产控制   B. 安全生产评价

    C. 安全生产检查   D. 安全生产管理

10. 我国安全方针是（　　　）。

    A. 安全第一、预防为主、综合治理   B. 安全第一、预防为主

    C. 管生产必须管安全   D. 安全第一、消防结合

11. 施工安全技术措施必须在（　　　）制定。

    A. 开工之前   B. 开工时   C. 开工后   D. 以上都是

12. 特种作业操作证在全国范围内有效，离开特种作业岗位（　　　）以上的特种作业人员，应当重新进行实际操作考试，经确认合格后方可上岗作业。

    A. 3个月   B. 6个月   C. 1年   D. 2年

二、简答题

1. 工业互联网安全有哪三大特点？

2. 请列举工业互联网工程项目安全生产管理制度。

3. 简述安全技术交底的要求。

模块九

工业互联网项目信息管理

【情境导入】

近年来，国家对工程建设信息化的发展给予了高度重视，出台了一系列政策措施来推动信息化建设。《国家信息化发展战略纲要》要求将信息化贯穿我国现代化进程始终，以信息化驱动现代化，建设网络强国。以物联网、大数据和人工智能为代表的信息技术的发展，已使工业互联网项目信息管理具备了扎实的技术基础。如何将信息化技术与实际工程建设相结合，提高项目管理的效率，是本模块要解决的重要问题。

【学习目标】

- 了解工程项目信息分类及工程项目信息管理的原则和基本环节。
- 理解项目管理信息化的发展趋势。
- 理解工程项目管理信息系统、智慧项目管理平台的功能和应用。

【能力目标】

- 能够区分工程项目信息的类别。
- 能够将工程项目信息管理原则应用于实际。
- 能够描述智慧项目管理平台的功能模块。

【素质目标】

- 准确把握政策发展方向，精准服务国家战略。

- 具备敏锐的信息意识，勇于探索新的信息管理模式和方法。
- 具备信息安全与保密意识。

【知识链接】

任务一　项目信息管理概述

信息是指用口头、书面或电子的方式传输的知识、新闻，或可靠的或不可靠的情报等。声音、文字、数字和图像等都是信息表达的形式。

项目的信息管理是管理各个系统、各项工作和各种数据，使项目的信息能方便和有效地获取、存储、存档、处理和交流。

信息管理的目的是通过有组织、有效的信息流通，决策者能及时、准确地获得相应的信息，最终实现项目目标。

9.1.1　工业互联网工程项目信息分类

工业互联网工程项目跟其他工程项目一样，涉及的信息繁多，包括项目决策阶段、实施阶段产生的信息，以及其他与项目建设有关的信息。

工程项目信息包括以下内容。

（1）文字图形信息。其包括条例规范、勘察测绘记录、设计文件、合同、专题报告、工单、统计图表、报表等信息。

（2）语言信息。其包括口头分配任务、汇报、工作检查、工作讨论、会议等信息。

（3）多媒体信息。其是指通过网络会议、互联网沟通软件、电话、无人机等现代化手段收集及处理的音视频信息。

可从不同的角度对工程项目的信息进行分类，具体如下。

（1）按项目管理工作的对象，即按项目的分解结构，如子项目1、子项目2等进行信息分类。

（2）按项目实施的阶段，如可行性研究、设计、招标投标和施工等阶段进行信息分类。

（3）按项目管理工作的任务，如投资控制、进度控制、质量控制等进行信息分类。

（4）按信息的内容属性，如组织类信息、管理类信息、经济类信息、技术类信息等进行信息分类，分类参考如图9.1.1所示。

在工程实践中，为满足项目管理工作的要求，往往需要对工程项目信息进行综合分类，即按多维进行分类。例如：第一维可按项目实施的阶段，如可行性研究、初步设计、施工图设计、施工等阶段进行信息分类；第二维可按项目本阶段的工作分解结构进行信息分类；第三维可以按项目管理工作的任务，如投资控制、进度控制、质量控制等进行信息分类。

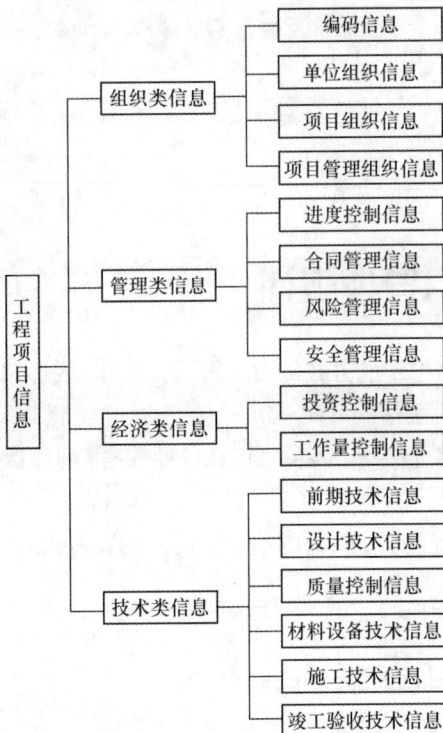

图 9.1.1　按内容属性划分的工程项目信息

9.1.2　工业互联网项目信息管理的原则

工业互联网项目产生的信息数量巨大，种类繁多。为便于信息的搜集、处理、存储、传递和利用，工业互联网项目信息管理应遵循以下基本原则。

1. 标准化

在工程项目的实施过程中，信息管理应坚持标准化的原则，做到信息分类统一、信息流程规范、项目报表标准化。信息管理符合国家相关标准规范要求，如《建设工程文件归档规范（2019年版）》（GB/T 50328—2014）、《电子文件归档与电子档案管理规范》（GB/T 18894—2016），项目管理平台数据文件名称规范、采用统一代码等。

2. 时效性

标准规范具有严格的时效性，须保证工程项目采用的标准规范是现行有效的。随着科学技术的发展和生产管理水平的提高，标准的升级替代变化复杂。项目管理人员可通过相关部委网站和刊物，及时准确地获取最新的标准信息。

3. 有效性

针对不同层次管理者的要求，能分别提供不同要求和详细程度的信息。例如，对项目的高层管理者而言，提供的信息应简练、直观，以满足其战略决策的信息需求。又如，为了保证信息能及时服务于决策和管理，提供的信息应采用月度、季度或年度报表等形式。

4. 定量化

应尽量采用定量方法对项目实施过程中产生的数据进行分析和比较。基于项目实施的历史数据信息，采用科学合理的分析工具和方法，为决策者提供制定未来目标和行动规划所必需的信息。

5. 安全性

数据是工业互联网重要的生产要素。工业互联网平台接入的工业数据包括生产控制系统数据、运行数据、生产监测数据等。数据安全包括传输、存储、访问、迁移、跨境等环节的安全。在工业互联网工程项目建设中，除了项目管理信息的安全，还要重点考虑工业互联网平台数据的安全。

9.1.3　工业互联网工程项目信息管理的基本环节

工程项目信息管理贯穿工程项目建设的各个阶段。工程项目信息管理的基本环节包括信息的收集、加工与处理、发布与检索、存储。

1. 信息的收集

在项目建设的各个阶段，项目参与各方的信息收集内容和侧重点有所不同。项目决策阶段，工程咨询单位从编制项目可行性研究报告的角度收集信息；设计阶段，设计单位从编制设计文件的角度收集信息；项目招标投标阶段，招标代理机构从编制招标文件的角度收集信息，承包单位从编制投标文件的角度收集信息；施工阶段，工程监理单位从管理工程项目的角度收集信息。另外，利用项目管理软件能够自动采集大量数据。

例如，项目决策阶段，工程咨询单位收集的信息是为开展项目可行性研究、进行项目决策提供服务的，收集的信息主要包括以下方面。

（1）相关市场方面的信息，如工业互联网平台现有市场规模和发展潜力、项目产品当前和未来的市场占有率、市场需求量、价格变化趋势等。

（2）项目建设需求，平台产品各使用方的功能需求、资源需求等相关方面的信息，如投资方式、工业数据供应情况和需求情况、平台维护需求情况等。

（3）新技术、新设备、新工艺、新材料、专业配套能力方面的信息。

（4）政治、法律、社会、文化等方面的信息。

2. 信息的加工与处理

工程项目信息的加工与处理是指对收集到的信息进行鉴别、筛选、核对、合并、排序、更新、计算、汇总、转储，生成不同形式的信息，提供给不同需求的各类人员使用。在信息加工时，往往要求按照不同的需求，分层进行加工。

工程项目信息的加工与处理从信息鉴别开始。首先要对信息的来源、真实可靠性、价值、数据精度、时效性等进行判断；其次对各种信息进行筛选，依据使用需求，保留来源真实可靠、与使用目标相符、时效性强的信息，其目的是对收集到的信息进行去伪存真、去粗取精；最后是对信息进行核对、合并、排序、更新、计算、汇总、转储等。

项目管理平台可以使用数据挖掘和机器学习等技术，对大量数据进行分析和处理，以便获取有用的信息；同时采取数据加密和访问控制等措施，确保数据安全。

3. 信息的发布与检索

工程项目信息的发布与检索一般使用软件实现。在对收集的工程项目信息进行加工处理后，要及时提供给需要使用信息的相关部门和个人。

工程项目信息发布与检索应保证需要使用信息的部门和个人，有权在需要的第一时间，方便地得到所需要的、以规定形式提供的一切信息，并且保证不向不该知道的部门和个人提供任何相关信息。

4. 信息的存储

信息的存储一般需要建立统一的数据库，把各类信息以文件的形式组织在一起，并选用合适的方式，采用合适的加密技术和数据清理技术保证数据安全和质量。

对于任何数据存储方式，备份策略是必选项，以保证数据的安全性和可用性。数据备份可以通过多种方式实现，如完全备份、增量备份等。备份周期应根据数据重要性、更改频繁程度等因素灵活调整。当出现数据意外被删除、数据损坏、系统崩溃等情况时，可以通过数据备份及时找回数据。

任务二　项目管理信息化

9.2.1　项目管理信息化的意义

信息化指的是信息资源的开发和利用，以及信息技术的开发和应用。工程管理信息化指的是工程管理信息资源的开发和利用，以及信息技术在工程管理中的开发和应用。

《国家信息化发展战略纲要》指出，当今世界，信息技术创新日新月异，以数字化、网络化、智能化为特征的信息化浪潮蓬勃兴起。全球信息化进入全面渗透、跨界融合、加速创新、引领发展的新阶段。谁在信息化上占据制高点，谁就能够掌握先机、赢得优势、赢得安全、赢得未来。

《国家信息化发展战略纲要》要求推动工业互联网创新发展。以智能制造为突破口，加快信息技术与制造技术、产品、装备融合创新，推广智能工厂和智能制造模式，全面提升企业研发、生产、管理和服务的智能化水平。普及信息化和工业化融合管理体系标准，深化互联网在制造领域的应用。

《关于开展对标世界一流管理提升行动的通知》（国资发改革〔2020〕39号）要求针对信息系统互联互通不够、存在安全隐患等问题，结合"十四五"网络安全和信息化规划制定和落实，以企业数字化智能化升级转型为主线，进一步强化顶层设计和统筹规划，充分发挥信息化驱动引领作用；促进业务与信息化的深度融合，推进信息系统的平台化、专业化和规模化，实现业务流程再造，为企业生产经营管理和产业转型升级注入新动力；打通信息"孤岛"，统一基础数据标准，实现企业内部业务数据互联互通，促进以数字化为支撑的管理变革等。

信息技术在工程项目管理中应用的意义如下。

（1）"信息存储数字化和存储相对集中"有利于项目信息的检索和查询，有利于数据和文件版本的统一，并有利于项目的文档管理。

（2）"信息处理和变换的程序化"有利于提高数据处理的准确性，并可提高数据处理的效率。

（3）"信息传输的数字化和电子化"可提高数据传输的抗扰能力，使数据传输不受限制并可提高数据传输的保真度和保密性。

（4）"信息获取便捷""信息透明度提高""信息流扁平化"有利于各参与方之间的信息交流和协同工作。

对于工业互联网工程项目，项目管理信息化尤其重要。工业互联网平台是面向制造业数字化、网络化、智能化需求，构建基于海量数据采集、汇聚、分析的服务体系，支撑制造资源泛在连接、弹性供给、高效配置的工业云平台。海量数据的收集、分析、处理及存储须借助于信息技术及平台软件。

9.2.2　工程项目管理信息系统

工程项目管理信息系统用于项目的目标控制。工程项目管理信息系统的应用，主要是用计算机进行项目管理有关数据的收集、记录、存储、过滤和把数据处理的结果提供给项目管理人员。工程项目管理信息系统现已被广泛应用于项目管理。

应用工程项目管理信息系统，能够实现项目管理数据的集中存储，有利于项目管理数据的检索和查询，可方便地形成各种项目管理需要的报表，提高项目管理的效率。

一、工程项目管理信息系统的功能

《建设工程项目管理规范》（GB/T 50326—2017）明确规定，项目信息系统应包括下列应用功能。

（1）信息收集、传送、加工、反馈、分发、查询的信息处理功能。

（2）进度管理、成本管理、质量管理、安全管理、合同管理、技术管理及相关的业务处理功能。

（3）与工具软件、管理系统共享和交换数据的数据集成功能。

（4）利用已有信息和数学方法进行预测、提供辅助决策的功能。

（5）支持项目文件与档案管理的功能。

以投资控制和成本控制、进度控制、合同管理为例，工程项目管理信息系统的功能包括但不限于以下内容。

1．投资控制功能（业主方）

（1）估算、概算、预算、标底、合同价、投资使用计划和实际投资的数据计算和分析。

（2）进行项目的估算、概算、预算、标底、合同价、投资使用计划和实际投资的动态比较（如概算和预算的比较、概算和标底的比较、概算和合同价的比较、预算和合同价的比较等），并形成各种比较报表。

（3）计划资金投入和实际资金投入的比较分析。

（4）根据工程的进展进行投资预测。

2．成本控制功能（施工方）

（1）投标估算的数据计算和分析。

（2）计划施工成本。

（3）计算实际成本。

（4）计划成本与实际成本的比较分析。

（5）根据工程的进展进行施工成本预测。

3．进度控制功能

（1）计算网络工程计划的时间参数，并确定关键工作和关键线路。

（2）绘制网络图和横道图。

（3）编制资源需求量计划。

（4）进度计划执行情况的比较分析。

（5）根据工程的进展进行工程进度预测。

4. 合同管理功能

（1）合同基本数据查询。

（2）合同执行情况的查询和统计分析。

（3）标准合同文本查询。

二、工程项目管理信息系统发展趋势

近几年，工程项目管理信息系统呈现出以下发展趋势。

1. 智能化

应用大数据、云计算、人工智能、物联网等技术，工程项目管理信息系统能够自动分析数据、识别问题，并提供相应的解决方案，极大地提高项目管理的效率和准确性。

2. 云化

工程项目管理信息系统能够在云端进行数据存储和处理，提高数据的安全性和可靠性。同时，云化的系统还能够实现多地点协同工作，提高项目团队协作效率。

3. 可视化

工程项目管理信息系统能够将复杂数字信息转换为直观、易于理解的图形。例如，通过甘特图，展示项目各阶段的进度；通过柱状图、折线图等形式，展示项目的成本与预算情况；还能通过虚拟现实技术，实时呈现项目开展过程中的有用信息。

智慧项目管理平台满足了智能化、云化和可视化的项目管理需求。

9.2.3　智慧项目管理平台

智慧（数字化）项目管理平台是为项目参建单位提供项目全过程管理的信息化平台，实现信息集成、数据共享、标准统一，形成业务流、信息流、审批流闭环管理，降低多单位协同沟通成本。智慧项目管理平台通过项目现场物联网（Internet of Things，IoT）、智能设备和5G网络，实时采集、更新与共享项目信息，实现对项目现场实时的全数字感知，及时准确反馈项目现场的状况，极大提高现场管理和项目管控效率。

监管部门通过智慧项目管理平台，可强化项目监管。智慧项目管理平台同时对多个项目的安全、质量、进度、费用等关键信息实时监测，监管部门可以及时掌握项目情况，发现问题能够快速做出反应，有助于规范项目管理行为。

智慧项目管理平台包含的管理模块如图9.2.1所示。

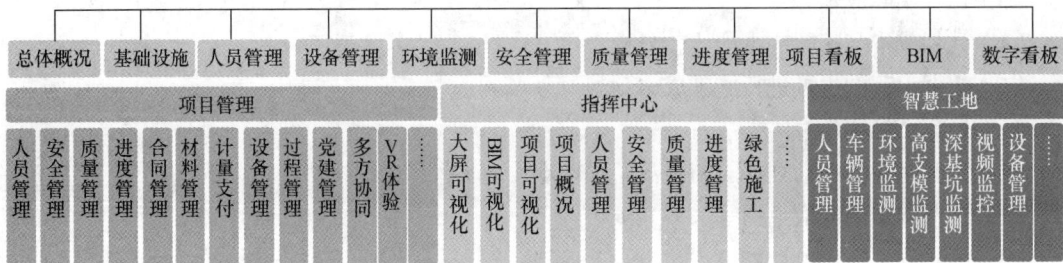

图 9.2.1　智慧项目管理平台模块

智慧项目管理平台能够实现的功能包括但不限于以下内容。

1. 实时数据和信息共享

智慧项目管理平台可以提供实时的项目数据和信息共享平台，使项目团队成员能够及时了解项目的进展情况。通过屏幕显示的内容，项目团队成员可以实时监测项目的关键指标和里程碑，帮助管理者及时做出决策和调整。

2. 协同和沟通

智慧项目管理平台提供协同和沟通的平台，让项目团队成员能够实时交流和合作。通过在线聊天、共享文档和任务分配，促进项目团队成员之间的有效沟通和协作，提高工作效率和项目交付的速度。

3. 任务和进度管理

智慧项目管理平台可以帮助项目团队进行任务和进度的管理。通过任务分配、优先级设定和提醒功能，管理者可以更好地跟踪和管理项目团队成员的工作进展。同时，数字化的进度管理工具可以提供项目进度的可视化展示，使整个团队对项目的时间线和关键时间点有清晰的认识。

4. 资源和投资控制

智慧项目管理平台可以帮助项目团队进行资源和投资的控制。通过资源管理和投资追踪功能，管理者可以更好地分配和管理项目所需的人力、物力和财力资源。数字化的投资控制工具可以提供实时的投资情况和成本分析，帮助管理者及时进行投资调整和风险管理。

5. 安全管理

智慧项目管理平台集成门禁系统、视频监控、智能广播终端及电子导引显示屏等多元感知设备，借助人工智能（AI）识别技术与智能广播系统，可有效提升安全监督的时效性，实现安全事故的实时预警与主动干预，从而减少乃至杜绝安全事故的发生。同时借助智能化手段提升安全隐患排查、治理的效率和能力，构建闭环式安全管理体系。

6. 风险管理

数字化管理工具可以为风险管理提供支持。通过风险识别和评估功能，管理者可以及时识别和分析项目可能面临的风险，并采取相应的措施进行风险应对和管理。数字化的风险管理工具可以帮助项目团队成员共享风险信息、跟踪风险状态，并制订相应的风险应对计划。

智慧项目管理平台实现全过程工程咨询的项目策划、项目管理、勘察设计、招标采购、施工管理、竣工验收、数据可视化等环节的信息化管理，如图9.2.2所示。智慧项目管理平台打破传统的分阶段作业的模式，实现建设过程一体化。

项目策划	项目管理		勘察设计		招标采购	施工管理	竣工验收	数据可视化
前期咨询	进度控制	投资控制	勘察方案	规划设计	招采计划	标段管理	竣工验收	项目概览
项目立项	报批报建	档案管理	初步勘察	初步设计	招采任务	施工进度	竣工结算	进度分析看板
总体策划	合同管理	多方协同	详细勘察	施工图设计	招采审批	质量安全	竣工移交	投资分析看板
管理组织建立	人员管理	……	勘察图像	设计变更	招采过程查看	过程文件	竣工决算	……

图 9.2.2 智慧项目管理平台实现全过程工程咨询管理

更具体地，智慧项目管理平台可针对工程管理中的资源、委托、执行、评估管理等关键环节提供有效管控，尤其是针对分包、项目交付、安全等问题提供有针对性的解决方案。智慧项目管

理平台以全流程、全视角的大数据为基础，对质量、安全、投资、材料、施工记录等数据进行智慧分析，及时发现问题并预警。图 9.2.3 是其使用界面示例。

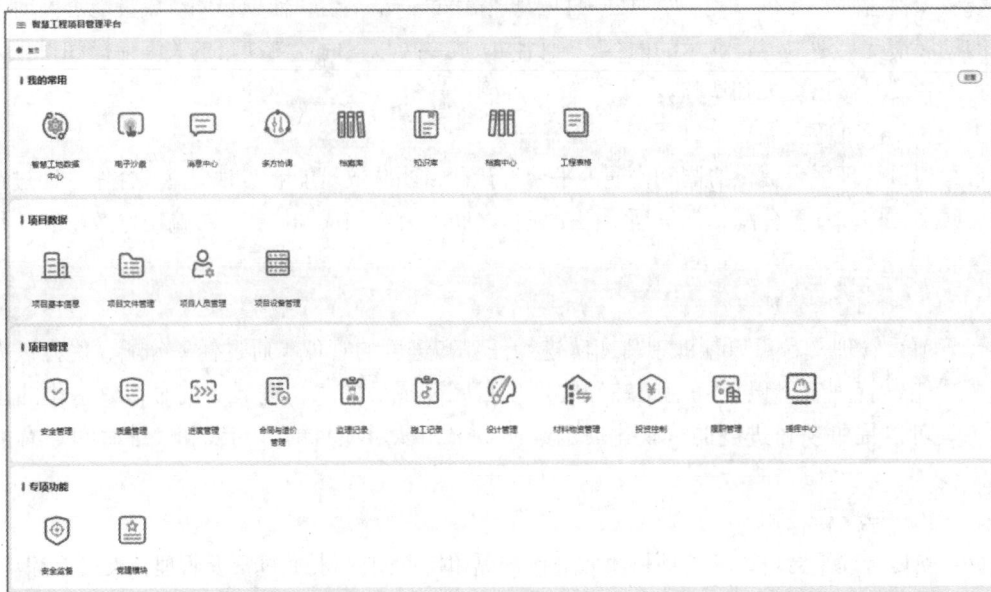

图 9.2.3　智慧项目管理平台使用界面示例

【实训演练】

项目案例——大型集团公司项目数字化管理

一、案例背景

某集团公司和总承包公司对所有分公司和项目进行统一管理，所有人、财、物资源在集团公司范围内进行集中管理和调配。总公司及分公司负责承接工程业务和合同签订，然后指定分派项目管理人员以及施工人员，总公司常年自有施工工人近 10 000 人，根据施工任务和施工进度在集团公司范围内统一调配。总公司和分公司对项目下达承包指标，项目部管理人员对项目承包施工，然后根据项目实际完成情况进行承包兑现。

该集团公司急需一个合适的平台解决方案来帮助公司建立管理信息系统，逐步实现"互联网+智慧项目"。需求分为项目层面和公司层面。

在项目层面，以项目整个生命周期为基础，侧重于项目的具体业务操作，完成项目各个具体业务的管理，最终使项目管理人员通过信息系统，完成项目从面到点的管理和控制。

在公司层面，对每个项目的施工状况进行监管，掌握每个项目相关的业务情况。通过对所有项目业务数据的汇总统计，全面掌握集团公司范围内人、财、物及经营管理方面的资源状况，进而做出对各种资源的集中管理和合理调配。通过对公司各种管理数据的积累，两年后达到集团公司对所有项目的事前规划、事中控制、事后分析等全方位决策管理。

224

二、解决方案

应用"互联网+智慧项目"，信息标准化、统一化，依托互联网、大数据、云计算、5G、数字孪生、趋势分析、安全预警、视频监控等手段，对工程项目信息进行动态管理。

1. 项目基本信息

项目基本信息包括工程名称、项目地点、项目规模、工期、工程造价、建设单位、监理单位等。

2. 招投标管理

（1）系统能够对招投标文件资料进行维护和查询，包括竞争对手的投标信息、工程分包的招标文件等。

（2）标书制作。系统提供标书模板和相关内容资料，自动生成标书初稿。通过权限设定，管理者可以对标书模板和内容资料进行修改。

3. 合同管理

（1）实现项目所有合同的电子化资料维护和查询，包括施工总承包合同、分包合同、供应商合同、施工期间的合同变更等。

（2）合同评审流程化，不同类型的合同设置不同的评审流程。

（3）能够根据施工进度和付款进度，结合合同条款要求，统计付款情况及某一时间点上的资金需求。

（4）通过权限设定，管理者可以制作各种类型的合同范本。

4. 分包管理

（1）实现对分包商名册资料的维护和查询。

（2）分包合同管理，功能参照合约管理。

（3）系统自动汇总统计付款情况和资金需求，根据施工进度和付款进度，结合分包合同条款，控制对分包商的付款。

5. 生产进度管理

（1）能够对总体施工任务进行详细分解，即工作量和作业段的划分。

（2）编制项目的总体进度、分部分项进度、各作业段的进度计划。

（3）根据各作业段的划分，自动计算配置施工人员、主要材料、机械设备、周转材料等各种资源。

（4）分析施工进度，将实际进度和施工计划进度进行对比。

6. 资源需求计划管理

（1）能够根据施工进度计划自动生成各种资源需求计划。

（2）制作详细的工期计划、劳动力需求计划、材料需求计划、机械设备需求计划、周转料具需求计划、分包任务计划、采购计划及资金需求计划等，在此基础上形成各项资源需求计划报告。

7. 人员管理

（1）根据施工进度安排上报各工种人员需求和富余情况。

（2）能够在系统中登记劳动力的进出情况。

（3）系统提供工人基本人事信息维护和查询功能，能对工人的培训和劳动技能证书信息进行维护。

（4）根据所有项目上报的劳动力需求和富余情况，在集团总公司和分公司层面进行劳动力汇总统计。

8. 项目成本管理

（1）实现预算成本、计划成本和实际成本的对比。

（2）根据项目的施工组织设计方案，参照当地的人、材、机价格，确定预算成本。

（3）根据项目施工进度，结合企业定额，编制项目成本计划，并完成量价分离。

（4）能够根据业务部门对项目人、材、机等各项费用的统计汇总，以及项目自身填报的数据，生成项目实际成本。

（5）系统从多角度对三种成本数据进行对比分析，如预算用量和实际用量的对比、计划成本和实际成本的对比。

9. 技术质量安全管理

（1）项目施工组织设计、技术方案、技术交底等技术资料，能够在系统中进行维护和查询。

（2）质量事故报告、质量事故分析报告、质量事故处理报告等质量事务处理资料，能够在系统中进行维护和查询。

（3）安全技术方案、安全事故报告、安全事故处理分析报告等安全事务处理资料，能够在系统中进行维护和查询。

10. 供应商管理

（1）实现对供应商信息的维护和查询。

（2）对供应商的资质、信誉、实力、质量、服务等方面进行考评，形成合格、不合格、战略、普通等级别判定。

11. 库存管理

系统能实现项目仓库的材料进耗存管理，具备各种材料入库、出库、调拨的台账管理功能，提供库存月报统计功能，具备主要材料的库存预警功能。

12. 机械料具管理

（1）系统除了具有库存管理的功能，在机械料具方面还具有报废管理功能。

（2）机械料具在公司内部的使用主要是在各项目上的流转租用。租用分为内租和外租。系统根据设备的租用期间、租用数量和租用价格，自动统计项目租用设备的租金与台班费用。

（3）项目机具租金和台班费用直接纳入实际成本，与项目成本管理形成统一。

13. 固定资产管理

（1）系统对所有资产进行卡片式管理，并做好资产编号登记。

（2）系统对资产设备具有申请、购买、调拨、报废和折旧等管理功能。

14. 工程设计管理

为公司的设计部门或设计院提供专业的设计软件。

15. 人力资源

（1）系统具有公司组织机构管理、人事信息管理、合同管理、薪资管理、社会保障管理、培训管理、绩效管理、招聘管理功能。

（2）系统具有员工异动管理功能。

（3）系统具有公司组织机构的岗位设置功能，实现公司各种应用系统用户的统一管理。

16. BI（商业智能）

（1）系统具备数据抽取、转换和加载（ETL）处理、数据仓库、数据挖掘功能。

（2）建立商业智能系统，对公司管理信息系统的数据进行 ETL 处理，建立公司的数据中心或数据仓库，在此基础上利用合适的查询和分析工具、数据挖掘工具、联机分析处理（Online Analytical Processing，OLAP）工具等对其进行分析和处理，为公司提供决策分析依据。

【模块小结】

　　本模块介绍了工业互联网工程项目信息的分类、项目信息管理的原则及基本环节，剖析了项目管理信息化的重要意义，以及工程项目管理信息系统的功能和发展趋势，并对近几年应用越来越广泛的智慧项目管理平台进行了介绍。

【思考与练习】

一、单选题

1. 工程项目信息分类中，进度控制信息属于（　　　）。

　　A. 组织类信息　　　B. 管理类信息　　　C. 经济类信息　　　D. 技术类信息

2. 下列工程项目信息中，属于技术类信息的是（　　　）。

　　A. 进度控制信息　　　　　　　　B. 投资控制信息

　　C. 质量控制信息　　　　　　　　D. 工作量控制信息

3. 工程项目信息的加工与处理从（　　　）开始。

　　A. 信息鉴别　　　B. 核对　　　C. 合并　　　D. 排序

4. 工程项目信息管理的原则不包括（　　　）。

　　A. 有效性　　　B. 时效性　　　C. 安全性　　　D. 定性化

5. 工程项目管理信息系统用于项目的（　　　）。

　　A. 投标报价　　　B. 合同管理　　　C. 技术资料管理　　　D. 目标控制

6. 智慧项目管理平台的功能包括（　　　）。

　　A. 质量管理　　　B. 安全管理　　　C. 多项目管理　　　D. 以上都是

7. 工程项目管理信息系统呈现出的发展趋势不包括（　　　）。

　　A. 智能化　　　B. 平台化　　　C. 云化　　　D. 可视化

8. 在工程项目信息管理中，信息的时效性是指（　　　）。

　　A. 信息的准确性高　　　　　　　B. 信息完整无缺失

　　C. 信息能及时获取和传递　　　　D. 信息格式规范统一

9. 工程项目信息管理中，用于管理项目进度计划信息的工具通常是（　　　）。

　　A. 甘特图　　　B. 鱼骨图　　　C. 帕累托图　　　D. 思维导图

10. 以下哪种技术可实现工程项目信息的实时监控（　　　）。

　　A. 物联网技术　　B. 大数据分析技术　　C. 云计算技术　　D. 人工智能技术

二、问答题

1. 请简述智慧项目管理平台应具有的功能。

2. 请收集相关信息，描述智慧项目管理平台的应用状况。

【情境导入】

工业互联网项目竣工验收是项目生命周期中的一个关键阶段，用于确保项目交付后系统的可靠性、安全性和性能，从而为组织提供长期的价值和竞争优势。这一阶段通过验证工业互联网系统是否满足预期的功能、性能和质量标准，确保项目成功地达到既定的目标。工业互联网项目竣工验收具有极其重要的意义，对项目的整体成功和未来运营产生深远影响。

【学习目标】

- 理解工程项目竣工验收的含义、分类。
- 掌握工程项目竣工验收的依据及应具备的条件。
- 掌握工程项目竣工验收的程序及组织。
- 了解工程项目竣工验收备案、项目评审和项目移交。

【能力目标】

- 能够按照竣工验收流程管理项目。
- 能够对项目进行数据分析。
- 能够对项目进行质量控制和测试。
- 能够编写项目竣工验收文档和报告。

【素质目标】

- 具备相应的专业知识，包括物联网技术、数据分析、工业自动化等方面的知识。

- 具备仔细观察和耐心解决问题的能力。
- 具备团队合作能力和良好的沟通技巧。
- 培养责任感，积极努力确保项目达到预期的标准。
- 培养诚实守信的专业素养，能够发现问题并提供真实的信息。

【知识链接】

任务一　工业互联网工程项目竣工验收程序及内容

10.1.1　工程项目竣工验收概述

一、工程项目竣工验收的含义

工程项目竣工是指工程项目经过承建单位施工准备和全部施工活动，已经完成了工程项目设计图样和有关文件规定的全部内容，并达到交付使用的标准。

工程项目竣工验收，就是由建设单位、施工单位或项目验收委员会，以项目批准的设计文件和相关合同文件，以及国家（或部门）颁发的施工验收规范和质量检验标准为依据，按照一定的程序和手续，在项目建成并试生产合格后，对工程项目的总体进行检验和认证（综合评价、鉴定）的活动。

按我国建设程序的有关规定，竣工验收是建设项目建设周期的最后一个阶段，是项目施工阶段和保修阶段的中间过程。只有经过竣工验收，建设项目才能实现由施工单位管理向建设单位管理的过渡，它标志着建设投资成果投入生产或使用。同时，竣工验收也是全面考核建设工作，检查工程建设是否符合设计要求和工程质量，保证项目的建设符合设计要求和国家规范的工作，对促进建设项目及时投产或交付使用、发挥投资效果、总结建设经验起着重要作用。

二、工程项目竣工验收的分类

针对竣工验收的主体和对象不同，工程项目竣工验收主要包括三种。

第一种是承包单位完工后企业内部组织的竣工验收。

第二种是由建设单位组织的多部门参与的竣工验收。验收后应当形成工程竣工验收报告，并及时上报建设行政主管部门。通过该阶段竣工验收后，施工单位可以将工程移交给建设单位，也称为交工验收。这一验收过程应当是按照《建设工程质量管理条例》的规定，由建设单位组织，勘察、设计、施工、监理单位等有关单位共同参与的、主要针对工程质量进行的竣工验收。

第三种是由建设单位申请，规划、消防等有关建设行政主管部门对工程项目进行的单项竣工验收。建设单位组织质量竣工验收后，应按照相关法律规定的时限向规划、消防等建设行政主管部门申请单项竣工验收，通过该部分竣工验收的项目才能办理备案手续，才能与业主办理所有权的移交。

下面主要介绍第二种工程项目竣工验收。

1. 工程项目竣工验收的依据

工程项目竣工验收的依据主要包括：可行性研究报告，施工图设计及设计变更洽商记录，技术设备说明书，国家现行的施工验收规范，主管部门（公司）有关审批、修改、调整文件，工程承包合同，其他有关工程竣工的规定。

2. 工程项目竣工验收应具备的条件

（1）完成工程设计和合同约定的各项内容。

（2）施工单位在工程完工后对工程质量进行了检查，确认工程质量符合有关法律、法规和工程建设强制性标准，符合设计文件及合同要求，并提出工程竣工报告。工程竣工报告应经项目经理和施工单位有关负责人审核签字。

（3）对于委托监理的工程，监理单位对工程要进行质量评估并具有完整的监理资料、提出工程质量评估报告。工程质量评估报告应经总监理工程师和监理单位有关负责人审核签字。

（4）勘察、设计单位对勘察、设计文件及施工过程中由设计单位签署的设计变更通知书进行了检查，并提出了质量检查报告。质量检查报告应经该项目勘察、设计负责人和勘察、设计单位有关负责人审核签字。

（5）有完整的技术档案和施工管理资料。

（6）有工程使用的主要建筑材料、建筑构配件和设备的进场试验报告。

（7）建设单位已按合同约定支付工程款。

（8）有施工单位签署的工程质量保修书。

（9）城乡规划行政主管部门对工程是否符合规划设计要求进行了检查，并出具了认可文件。

（10）居住建筑及其附属设施应达到节能标准，并出具建筑节能部门颁发的节能建筑认定证书。

（11）有公安消防、环保等部门出具的认可文件或者准许使用文件。

（12）建设行政主管部门及其委托的工程质量监督机构等有关部门责令整改的问题全部整改完毕。

10.1.2　工程项目竣工验收的程序及组织

工程项目质量验收体系包含过程验收和竣工验收两个方面。根据《建筑工程施工质量验收统一标准》（GB 50300—2013）的规定，工程项目竣工质量验收的基本对象是单位工程。各分部分项工程质量的质量合格，相应单位工程质量才合格。可以说，过程验收是竣工验收的保证。

工程项目竣工验收应当按以下程序进行。

（1）工程完工后，施工单位首先要依据质量标准、设计图样等组织有关人员进行自检，并对检查结果进行评定。质量自评合格后，由施工单位向建设单位提交工程竣工报告和完整的质量资料，请建设单位组织竣工验收。实行监理的工程，工程竣工报告须经总监理工程师签署意见。

（2）实行监理的工程，总监理工程师应组织专业监理工程师，依据有关法律、法规、工程建设强制性标准、设计文件及施工合同，对承包单位报送的竣工资料进行审查，并对工程质量进行竣工预验收。

对存在的问题，应及时要求承包单位整改。整改完毕由总监理工程师签署工程竣工报验单，并应在此基础上提出工程质量评估报告。工程质量评估报告应经总监理工程师和监理单位技术负责人审核签字。

这里的预验收是在承建单位完成自检并认为符合正式验收条件，在申报工程验收后、正式验收之前的这段时间内进行的。由于工程竣工预验收的时间较长，又由各方面派出的专业技术人员进行，因此对验收中发现的问题一般都在此时解决，为正式验收创造条件。为做好工程竣工预验收工作，总监理工程师要提出一个预验收方案，这个方案包括预验收需要达到的目的和要求，预验收的重点、预验收的组织分工，预验收的主要方法和主要检测工具等，并向参加验收的人员进行交底。

（3）建设单位收到施工单位的工程竣工报告，勘察、设计单位的工程质量检查报告，监理单位的工程质量评估报告，对符合验收要求的工程，应组织勘察、设计、施工、监理等单位和其他有关方面的专家组成验收组，制订验收方案。

① 由建设单位负责组织实施工程竣工验收工作，工程质量监督机构对工程竣工验收实施监督。建设单位应当在工程竣工验收 7 个工作日前将验收的时间、地点及验收组名单书面通知负责监督该工程的工程质量监督机构。

② 由建设单位负责组织竣工验收组，验收组组长由建设单位法人代表或其委托的负责人担任。验收组副组长应至少由一名工程技术人员担任。验收组成员由建设单位上级主管部门，建设单位项目负责人，建设单位项目现场管理人员及勘察、设计、施工、监理单位与项目有直接关系的技术负责人或质量负责人组成，建设单位也可邀请有关专家参加验收组。验收组成员中土建及水电安装专业人员应配备齐全。

（4）建设单位组织正式验收。建设、勘察、设计、监理、质量监督等各单位应当参与，承建单位也必须派人配合竣工验收工作。

建设单位应按下列要求组织竣工验收。

① 建设、勘察、设计、施工、监理单位分别汇报工程合同履约情况和在工程建设各个环节执行法律、法规和工程建设强制性标准的情况。

② 验收组成员审阅建设、勘察、设计、施工、监理单位的工程档案资料。

③ 实地查验工程质量。

④ 对工程勘察、设计、施工、监理单位各管理环节和工程实物质量等方面做出全面评价，形成经验收组成员签署的工程竣工验收意见。

⑤ 参与工程竣工验收的建设、勘察、设计、施工、监理等各方不能形成一致意见时，应当协商提出解决的方法。当不能协商解决时，由建设行政主管部门或者其委托的建设工程质量监督机构裁决，也可以是各方认可的咨询单位。

单位工程竣工验收的一般规定如下。

① 单位工程质量验收应由建设单位负责人或项目负责人组织。由于设计、施工、监理单位都是责任主体，因此设计、施工单位负责人或项目负责人及施工单位的技术、质量负责人和监理单位的总监理工程师均应参加验收（勘察单位虽然也是责任主体，但已经参加了地基验收，故可以不参加单位工程验收）。

② 在一个单位工程中，对满足生产要求或具备使用条件，施工单位已预验，监理工程师已初验通过的子单位工程，建设单位可组织进行验收。由几个施工单位负责施工的单位工程，当其中的施工单位所负责的子单位工程已按设计完成，并经自行检验后，也可按规定的程序组织正式验收，办理交工手续。在整个单位工程进行全部验收时，已验收的子单位工程验收资料应作为单位工程验收的附件。

③ 单位工程由分包单位施工时，分包单位对所承包的工程应按规定的程序检查评定，总包单位应派人参加。分包工程完成后，应将工程有关资料交总包单位。

④ 由于建设工程承包合同的双方主体是建设单位和总包单位，总包单位应按照承包合同的权利和义务对建设单位负责，分包单位对总包单位负责，也应对建设单位负责。因此，分包单位对承建的项目进行检验时，总包单位应参加，检验合格后，分包单位应将工程的有关资料移交总包单位，待建设单位组织单位工程验收时，分包单位负责人应参加验收。

（5）如果工程竣工验收不合格，各单位签署的工程竣工验收意见应给出解决办法。待问题解决完毕，重新组织竣工验收。如果工程竣工验收合格，建设单位应当在7日内提交工程竣工验收报告。

工程竣工验收报告主要包括工程概况，建设单位执行基本建设程序情况，对工程勘察、设计、施工、监理等方面的评价，工程竣工验收时间、程序、内容和组织形式，工程竣工验收意见等内容。工程竣工验收报告还应附有下列文件。

① 施工许可证。

② 施工图设计审查意见。

③ 施工单位提交的工程竣工报告。

④ 监理单位提交的工程质量评估报告。

⑤ 勘察、设计单位提交的质量检查报告。

⑥ 城乡规划行政主管部门出具的规划认可文件。

⑦ 建筑节能管理部门出具的节能建筑认定证书。

⑧ 法律、行政法规规定应当由公安消防、环保、气象等部门出具的认可文件或准许使用文件。

⑨ 验收组成员签署的工程竣工验收意见。

⑩ 市政基础设施工程应附有质量检测和功能性试验材料。

⑪ 建设单位和施工单位签订的工程质量保修书。

⑫ 城建档案管理机构出具的《建设工程竣工档案验收意见书》。

⑬ 法律、法规和规章规定的其他有关文件。

（6）工程质量监督机构应审查工程竣工验收各项条件和资料是否符合要求，对符合竣工验收标准的工程，工程质量监督机构应当在工程竣工验收之日起5日内，向备案部门提交单位工程的质量监督报告。不符合要求的，通知建设单位整改，并重新确定竣工验收时间。

（7）单位工程验收合格后，建设单位应在规定时间内将工程竣工验收报告和有关文件，报建设行政管理部门备案。

建设工程竣工验收备案制度是加强政府监督管理，防止不合格工程流向社会的一个重要手段。建设单位应依据《建设工程质量管理条例》与住房和城乡建设部的有关规定，到县级以上人民政府建设行政主管部门或其他有关部门备案；否则，建设工程不允许投入使用。

10.1.3　工程项目竣工验收的资料内容

工程项目竣工验收的资料内容因工程项目的不同而异，一般包括下列内容。

一、工程项目技术资料的验收

验收的工程项目技术资料包括：重要设备安装位置、勘察报告和记录，初步设计、技术设计方案、系统集成方案、关键的技术试验、总体规划设计，施工记录、单位工程质量检查记录，设备及管线安装施工记录及质量检查、仪表安装施工记录，测试计划、测试报告，验收运转、维护记录，产品的技术参数、性能、图样、工艺规程、技术总结、产品检验、包装、工艺图，设备的图样、说明书，涉外合同、谈判协议、意向书，各单项工程及全部管网竣工图等资料。

二、工程项目综合资料的验收

验收的工程项目综合资料包括：项目建议书及批件、可行性研究报告及批件、项目评估报告、环境影响评估报告书、设计任务书，土地征用申报及批准的文件、承包合同、招标投标文件、施工执照、项目竣工验收报告，验收鉴定书。

三、工程项目财务资料的验收

验收的工程项目财务资料包括：历年建设资金供应（拨款、贷款）情况和应用情况，历年批准的年度财务决算，历年年度投资计划、财务收支计划，建设成本资料，支付使用的财务资料，设计概算、预算资料，施工决算资料。

10.1.4　工程项目竣工验收备案

建设单位应当自工程竣工验收合格之日起 15 日内，向工程所在地的县级以上地方人民政府建设行政主管部门的备案机关备案。

一、建设单位办理工程竣工验收备案应当提交的文件

（1）工程竣工验收备案表。

（2）工程竣工验收报告。工程竣工验收报告应当包括工程报建日期，施工许可证号，施工图设计文件审查意见，勘察、设计、施工、监理等单位分别签署的质量合格文件及验收人员签署的竣工验收原始文件，市政基础设施的有关质量检测和功能性能试验材料，以及备案机关认为需要提供的有关资料。

（3）法律、行政法规规定应当由规划、公安消防、环保等部门出具的认可文件或者准许使用文件。

（4）施工单位签署的工程质量保修书。

（5）法规、规章规定必须提供的其他文件。

二、竣工验收备案手续

备案部门收到建设单位报送的竣工验收备案文件和建设工程质量监督部门签发的工程质量监督报告后，验证文件是否齐全，应当在工程竣工验收备案表上签署文件收讫。

工程竣工验收备案表一式两份，一份由建设单位保存，一份在备案部门存档。

任务二　项目评审与移交

项目的评审与移交是确保项目顺利完成并顺利过渡到运营阶段的重要步骤。项目评审与移交的一般步骤如下。

（1）制订项目评审计划。在项目开始时，制订项目评审计划，明确评审的时间表和关键里程碑；确定评审委员会和利益相关者。

（2）项目文档归档。确保项目文档的完整性和可访问性。项目文档包括项目计划、设计文档、测试报告、培训材料等。

（3）项目进度和质量评估。评审委员会应审查项目的进展和质量，检查项目是否按计划完成、是否达到了质量标准等。

（4）安全审查。进行安全审查，确保项目已经采取适当的安全措施来保护系统和数据。这是工业互联网工程项目中至关重要的一步。

（5）性能评估。评估系统的性能，包括响应时间、吞吐量和可扩展性等方面，以确保系统满足业务需求。

（6）用户培训。检查用户培训计划和材料，确保用户了解如何正确使用新系统。

（7）制订故障排除和支持计划。确保项目具有故障排除和支持计划，以应对在运营期间可能出现的问题。

（8）验收测试。进行验收测试，以验证系统是否满足事先定义的需求和规格。

（9）项目移交。一旦评审委员会确认项目符合要求，可以进行项目移交。这包括将项目交付给维护和支持团队。

（10）知识转移。确保项目团队向维护团队传递必要的知识和文档，以确保项目的可持续性。

（11）最终评审和批准。进行最终评审，由评审委员会批准项目的移交并进入运营阶段。

（12）运营监控。一旦项目移交完成，确保建立有效的监控机制，以持续评估系统的性能和安全性。

项目评审与移交是项目生命周期中的关键环节，项目的验收资料对项目的后续维护、改进以及未来项目的参考都至关重要，确保这些文件完整、清晰和易于理解，有助于确保项目的成功交付并实现预期的业务价值。

一、项目评审

一个项目完成后，必须能获取执行此项目的利益。项目的实施总是有目的的，而且业主也应该确保其为所有项目工作投入的资金是值得的。为达到这个目的，一种正式的做法是进行项目评审。

　　进行项目评审是为了判断计划的利益是否真正得以实现和辨别用以保证实现这些利益的行为。

　　项目评审可采取不同形式：一种是项目经理的项目完工报告，一种是举行简要说明大会，还有一种是更独立的项目分析或审计。这些不同形式的评审的目的基本上都是从有利于将来的项目出发，回答有关项目进行情况的一些问题，如项目是否达到了质量、时间和成本目标，如果没有，可以从中汲取什么经验，项目的后续工作有哪些等。这些问题的答案应形成文件，并交给管理层。

　　在我国，通常实施的项目评审有项目审计和项目费用审计等。

　　1.　项目审计

　　项目审计是指审计机构依据国家的法令和财务制度、企业的经营方针、管理标准和规章制度，对项目的活动用科学的方法和程序进行审核检查，判断其是否合法、合理和有效的一种活动。

　　项目审计的任务包括以下内容。

　　（1）检查审核项目活动是否符合国家政策、法律、法规和条例，有无违法乱纪、营私舞弊等现象。

　　（2）检查审核项目活动是否符合企业的管理标准和规章制度。

　　（3）检查审核项目活动是否合理。

　　（4）检查审核项目的效益。

　　（5）检查和审核各类项目报告、会计记录和财务报表等反映项目建设和管理状况的资料是否真实，有无弄虚作假或文过饰非的现象。

　　（6）在检查审核项目建设和管理状况的基础上，提出改进建议，为企业决策者提供决策依据，促使项目组织改善管理工作。

　　2.　项目费用审计

　　项目费用审计是项目管理中判断有关费用使用合法性、合理性和有效性的一种活动。项目费用审计贯穿项目的全过程。

　　在项目终结阶段，需进行竣工决算审计，审计主要从以下方面进行。

　　（1）审查项目预算的执行情况。审计人员要审查建设内容与批准的预算和建设计划是否相符，如果决算与预算相比超支过多，那么要核查有无擅自改变建设内容的情况、乱摊成本和搞计划外工程的现象，一经发现，要及时上报，严肃处理。

　　（2）审查项目的全部资金来源和资金运用是否正常。要认真审核竣工财务决算表和竣工决算总表是否正确，其所反映的全部资金来源和资金占用情况是否正常，有没有与历年统计数额不相符的问题，有没有建设资金和专用基金等其他资金相互挪用的问题，有没有技术方面的问题。

　　（3）审查交付使用财产总表和明细表是否正确。交付使用财产总表反映大、中型项目建成后新增固定资产和流动资产的价值，审查时要与各子项目或单项工程的交付使用财产明细表进行对比，看两者有无差异，交付使用财产价值的计算是否准确、可靠，有无虚列、重报等现象，发现问题要及时查明原因，尽快更正，并追究当事人责任。

　　（4）审查竣工情况说明书的编制是否真实。竣工情况说明书是对竣工决算报表作进一步分析和补充说明的文件，主要应审查其内容与编制的竣工决算表是否一致，与实际情况是否相符，如果发现内容不全、说明不充分、虚报成绩、掩盖问题等现象，审计人员要督促编制者及时做出修改和补充。

（5）审查竣工决算的编报是否及时。项目竣工验收交付使用后1个月内，要编制好竣工决算，并按规定上报。审计人员要检查有无拖延编报期或未将编制好的竣工决算及时送交相关部门等现象，检查经审查批复的竣工决算是否及时办理了调整和结束工作。

终结阶段项目费用审计的具体做法是对照项目预算审核实际成本的发生情况，看是超支还是节约。如果超支，要查明是因为成本控制不力还是因为擅自扩大项目范围或乱摊成本；如果节约，那么要查明是否缩小了项目范围或降低了标准。

二、项目移交

项目移交又称为项目交接，是指全部合同收尾后，在政府项目监管部门或社会第三方中介组织协助下，项目业主与全部项目参与方之间进行项目所有权移交的过程。

项目能否顺利移交取决于项目是否顺利通过了竣工验收。

在项目收尾阶段，主要工作由项目竣工、项目竣工验收和项目移交等三项组成。三者之间紧密联系，但三者又是不同的概念和过程。项目竣工是对项目团队而言的，它表示项目团队按合同完成了任务并对项目的质量和资料等内容进行了自检；项目的工期、进度、质量、费用等均已满足合同的要求。只有当项目质量和资料等项目成果完全符合项目验收标准，达到要求，才能通过验收。当项目通过验收后，项目团队将项目成果的所有权交给项目业主，这个过程就是项目的移交或交接。项目移交完毕，项目业主有责任对整个项目进行管理，有权利对项目成果进行使用。这时，项目团队与项目业主的项目合同关系基本结束，项目团队的任务转入对项目的保修阶段。

由此可见，项目竣工验收是项目移交的前提，项目移交是项目收尾的最后工作内容，是项目管理的完结。

1. 项目移交的范围与依据

对于不同行业、不同类型的项目，国家或相应的行业主管部门出台了各类项目移交的规程或规范。下面就依投资主体的不同，分别就个人投资项目、企（事）业投资项目和国家投资项目的移交范围与依据进行讨论，并且这些讨论以投资建设项目为主。

（1）个人投资项目移交的范围与依据。对于个人投资项目（如外商投资项目），一旦验收完毕，应由项目团队与项目业主按合同进行移交。移交的范围是合同规定的项目成果、完整的项目文件、项目合格证书、项目产权证书等。

（2）企（事）业投资项目移交的范围与依据。对于企（事）业单位投资项目，如企业利用自有资金进行的技术改造项目，企（事）业为项目业主，应由企（事）业的法人代表出面代表项目业主进行项目移交。移交的依据是项目合同。移交的范围是合同规定的项目成果、完整的项目文件、项目合格证书、项目产权证书等。

（3）国家投资项目移交的范围与依据。对于国家投资项目，投资主体是国家，但其是通过国有资产的代表实施投资行为的。一般来说，对中、小型项目，是地方政府的某个部门担任业主的角色，例如，可能是某城市的企（事）业单位或其他单位。对大型项目，通常是委托地方政府的某个部门担任建设单位（项目业主）的角色，但建成后的项目所有权属于国家。对国家投资项目，因为项目建成后，项目的使用者（业主）与项目的所有者（国家）不是一体的，所以竣工验收和移交要分两个层次进行。

① 项目团队向项目业主进行的项目验收和移交，一般是项目已竣工并通过竣工验收之后，由监理工程师协助项目团队向项目业主进行项目所有权的移交。

② 项目业主向国家进行的项目验收与移交，由国家有关部委组成验收工作小组，在项目竣工验收试运行 1 年左右后进入项目现场，在全面检查项目的质量、档案、环保、财务、预算、安全及项目实际运行的性能指标、参数等情况之后，进行项目移交手续。移交在项目法人与国家有关部委或国有资产授权代表之间进行。

2. 项目移交的程序及结果

工程项目经竣工验收合格后，便可办理工程移交手续，即将项目的所有权移交给建设单位。项目的移交包括项目实体移交和项目文件移交两部分。以工程项目移交为例，移交的内容如下。

（1）工程实体移交。工程实体移交即建筑物或构筑物实体和工程项目内所包括的各种设备实体的移交，工程实体移交的繁简程度随工程项目承发包模式的不同及工程项目本身的具体情况不同而不同。在工业建筑工程项目中，一些设备还带有备品和安装调试用的专用工机具。在实施单位负责设备订货和移交工作时，凡是合同上规定属于用户在生产过程中使用的备品备件及专用工机具，均应由项目团队向项目业主移交。

（2）工程技术档案文件移交。移交时要编制工程档案资料移交清单，详见表 10.2.1。项目团队和业主按清单查阅清楚并认可后，双方在移交清单上签字盖章。移交清单一式两份，双方各自保存一份，以备查对。

表 10.2.1　工程档案资料移交清单

编号	专业	档案资料内容	人员数	备注

（项目团队）签章 经办人：———	（接收单位） 签章 接收人：———	说明：

项目验收和移交后，按合同条款要求和国家有关规定，应在预约的期限内由项目经理组织原项目人员主动对交付使用的竣工项目进行回访，听取项目业主对项目质量、功能的意见和建议。

一方面，对项目运行中出现的质量问题，在项目质量回访报告中进行登记，及时采取措施加以解决；另一方面，对项目实施过程中采用的新思想、新工艺、新材料、新技术、新设备等，经运行证明其性能和效果达到预期目标的，要予以总结、确认，为进一步完善、推广积累数据，创造条件。对无法协调解决的项目质量及其他问题，提交国家有关仲裁部门仲裁。

回访和维修过程中的所有记录应该作为技术档案进行归档。

【实训演练】

项目案例——5G 建设项目竣工验收

一、案例背景

在 5G 建设项目竣工过程中，建设单位需提出预转固申请，确认结算审计文件并提交审计，收票支付，接收资料并归档，移交归档文件。

【问题】
总包单位应如何配合做好竣工交维工作？

二、案例分析及解答

总包单位全流程配合协调竣工交维，负责内容包括完成竣工资料提交、配合完成项目预转固、配合完成结算审计、负责完成审计支付、负责完成资料整理及归档，并移交维护部门。

关键环节如下。

1. 现场遗留问题处理

有源天线单元（Active Antenna Unit，AAU）侧设备标签、光路标签张贴，电源、接地牌；分布式单元（Distributed Unit，DU）侧下行端口光路标签，下行对应端口成端标签张贴及收集 AAU 侧与室内基带处理单元（Building Base band Unit，BBU）侧相关照片。

2. 网络性能指标验收

无线网设备调测完毕入网后，进行 DT/CQT 测试以获取无线网性能指标，测试结果需满足各单位对网络性能测试指标有关要求。主要性能指标包括：时延、连接成功率、上下行速率、无线覆盖率等。相关测试过程及测试结果需单独形成测试报告，统一上传系统，由无线网优中心进行审核及验证，并给出验收结果。

3. 验收资料收集与审核

验收资料由现场验收签字表、验收文档、验收站点图纸组成。验收文档由现场 AAU 侧与 BBU 侧相关照片及运行支撑系统（Operational Support System，OSS）对应数据截图组成。验收资料制作完成后上传集约化系统，先由监理人员审核资料，完成后系统流转至维护中心管理员，维护中心管理员将验收工单转至现场区域验收人员。

4. 现场工艺验收

工单转至现场区域验收人员处，施工人员和验收人员进行验收预约，到预约期满时施工人员接验收人员至现场进行验收，验收现场施工工艺及现场设备标签的正确性。

5. 验收通过与确认

现场验收完成后，验收人员在验收签字表签字并将电子档上传集约化系统让流程流转完毕，并制作现场验收文档，反馈给维护中心管理员并通报验收结果。

【模块小结】

本模块介绍了工业互联网项目竣工验收阶段流程及验收关键点。工业互联网项目竣工验收是项目生命周期中的一个关键阶段，对项目交付后系统的可靠性、安全性和性能，具有极其重要的意义，对实现预期的业务价值有深远影响。

【思考与练习】

一、选择题

1. 工程项目竣工验收主要包括（　　）。
   A. 承包单位完工后企业内部组织的竣工验收
   B. 建设单位组织的多部门参与的竣工验收
   C. 由建设单位申请，规划、消防等有关建设行政主管部门对工程项目进行的单项竣工验收
   D. 以上都是

2. 工程项目竣工质量验收的基本对象是（　　）。
   A. 单位工程　　　　B. 单项工程　　　　C. 分部工程　　　　D. 分项工程

3. 工程项目竣工验收由（　　）组织。
   A. 建设单位　　　　B. 施工单位　　　　C. 建设行政主管部门　　D. 监理单位

4. 建设单位应当自工程竣工验收合格之日起（　　）内，向工程所在地的县级以上地方人民政府建设行政主管部门的备案机关备案。
   A. 1 日　　　　　　B. 5 日　　　　　　C. 10 日　　　　　　D. 15 日

5. 在项目收尾阶段，主要工作有（　　）。
   A. 项目竣工　　　　B. 项目竣工验收　　C. 项目移交　　　　D. 以上都是

6. 预算资料属于工程项目资料验收中的（　　）。
   A. 工程项目技术资料　　　　　　　B. 工程项目综合资料
   C. 工程项目财务资料　　　　　　　D. 工程项目评估资料

7. 承包合同属于工程项目资料验收中的（　　）。
   A. 工程项目技术资料　　　　　　　B. 工程项目综合资料
   C. 工程项目财务资料　　　　　　　D. 工程项目评估资料

8. 以下不属于《建设工程质量管理条例》规定的工程竣工验收应具备的技术档案和施工管理资料的是（　　）。
   A. 工程竣工图　　　　　　　　　　B. 质量检验评定资料
   C. 监理会议纪要　　　　　　　　　D. 施工日志

9. 全部施工完成后，由国家主管部门组织的竣工验收，又称为（　　）。
   A. 动用验收　　　　B. 预验收　　　　　C. 交工准备　　　　D. 中间验收

10. 工程质量监督机构应当在工程竣工验收之日起（　　）日内，向备案机关提交工程质量监督报告。

      A. 5   B. 10   C. 15   D. 20

11. 建设工程竣工验收应当具备的条件不包括（　　）。

    A. 完成建设工程设计和合同约定的各项内容

    B. 有完整的技术档案和施工管理资料

    C. 有施工单位签署的工程保修书

    D. 有工程使用的主要建筑材料、建筑构配件和设备的进场试验报告

    E. 有建设单位的资金到位证明

12. 以下属于竣工验收备案应提交资料的是（　　）。

    A. 完成建设工程设计和合同约定的各项内容

    B 有施工单位签署的工程保修书

    C. 有工程使用的主要建筑材料、建筑构配件和设备的进场试验报告

    D. 有建设单位的资金到位证明

13. 在竣工验收流程中，施工单位完成自检后，应向（　　）提交竣工报告。

    A. 建设单位   B. 监理单位   C. 设计单位   D. 质量监督机构

二、简答题

1. 简述工程竣工验收的程序。

2. 简述项目评审与移交的步骤。

3. 工程项目验收资料包含哪几类？